数字经济生存之道

电信运营商转型

[爱尔兰] 马丁 · 克里纳（Martin J. Creaner）◎著
赵 波 徐俊杰◎译

TRANSFORMING THE TELCO

DEVELOPING THE INSTINCT FOR SURVIVAL IN THE DIGITAL ECONOMY

人 民 邮 电 出 版 社
北 京

图书在版编目（CIP）数据

数字经济生存之道 : 电信运营商转型 / (爱尔兰)马丁·克里纳 (Martin J. Creaner) 著 ; 赵波, 徐俊杰译. -- 北京 : 人民邮电出版社, 2018.6（2023.1重印）
ISBN 978-7-115-48192-4

Ⅰ. ①数… Ⅱ. ①马… ②赵… ③徐… Ⅲ. ①电信企业－企业发展－研究 Ⅳ. ①F626

中国版本图书馆CIP数据核字(2018)第057028号

◆ 著　　　[爱尔兰] 马丁·克里纳（Martin J. Creaner）
译　　　赵　波　徐俊杰
责任编辑　李　强
责任印制　彭志环
◆ 人民邮电出版社出版发行　　北京市丰台区成寿寺路 11 号
邮编　100164　　电子邮件　315@ptpress.com.cn
网址　http://www.ptpress.com.cn
北京捷迅佳彩印刷有限公司印刷
◆ 开本：720×960　1/16
印张：21　　　　2018 年 6 月第 1 版
字数：345 千字　　　　2023 年 1 月北京第 8 次印刷
著作权合同登记号　图字：第 01-2018-2240 号

定价：108.00 元

读者服务热线：(010)81055493　印装质量热线：(010)81055316
反盗版热线：(010)81055315

推荐序（一）

毋庸置疑，数字化转型是各行各业共同面临的商业挑战。当下，电信行业面临着一系列潜在的致命风险：如何在市场饱和的情况下保持盈利；如何同强大的互联网公司的颠覆性挑战进行竞争；如何让客户的数字化体验更加极致；以及在应对这些挑战时，如何重新设定电信公司在新的发展道路上的角色、目的和商业模式。

电信行业正处在十字路口：一个演进方向是成为提供连接的基础设施供应者，这对少数大型运营商而言是个可能的选项；另一个演进方向是成为不同垂直行业的合作伙伴，当下这些垂直行业也面临来自互联网行业的颠覆性挑战。

危机意味着挑战和机遇相伴而生。对运营商的领导来讲，在数字化转型中找到正确的发展方向并非易事。尽管全球充斥着对新技术和新商业模式的大肆宣传，但让人尴尬的是，并没有什么灵丹妙药可以包治百病。

数字化转型是一个持续的旅程，这就需要有系统性的变革、毅力和耐心。领导这场变革，需要高管们大胆地挑战传统的方法，与同行甚至是竞争对手进行合作，积极学习新的技能。实现这一变革则需要制定明确的目标——像“北极星”一样指引我们前进，需要锐意进取的团队、新的技能、持续学习和允许试错的文化氛围。

通过与全球运营商和高管的密切合作，我有机会在第一时间了解运营商高管们所面临的挑战。相比那些未来的、长期存在的挑战，通常领导们会更加注重短期的、常见的挑战。高管团队常常难以坚持长期目标，原因很简单：远期机会过于模糊、看不清楚；短期的商业挑战消耗了过多的时间、精力和金钱；传统的思维和行为模式过于根深蒂固。即便是经验丰富的团队在面对这些不确定时，也可能会对变革产生抵触情绪，因为可能没有明确的目标和变革所需要的成功经验，也没有获得开展变革的实际支持，他们或许最终不得不重新思考工作方式。

《数字经济生存之道：电信运营商转型》可以帮助我们全面地了解这些挑战的原因并掌握应对挑战的方式。本书作者马丁先生做了大量的研究，为行业领导和从业者全方位地剖析了市场的困惑和转型的紧迫性，为运营商未来十年的增长提供了可靠的选择路径。相信本书能够为您从事规划、引导和实践数字化转型时提供参考，成为您开启数字化转型之旅的有价值的指导工具。

最后，期待本书为您带来灵感，让我们共同拥抱数字化浪潮所带来的发展机遇！

TM Forum 主席兼首席执行官

尼克·威力茨（Nik Willetts）

推荐序（二）

近年来，全球电信运营商面临着传统增长方式难以为继的困境。这些挑战体现在：语音和短信等传统业务下滑明显，网络基础设施不适应新业务的发展，用户数增长面临天花板效应，产业链控制与影响力减弱，等等。如何走出困境、实现行业数字化转型，是全球通信行业利益攸关者关注的焦点。

挑战与机遇并存！大数据、云计算、人工智能、5G、物联网等技术的迅速发展，将为全球电信行业带来重大的发展机遇。在中国，政府“放管服”的改革加速了电子政务的应用，“互联网+”“中国制造 2025”“工业互联网”等国家战略开拓了互联网应用的新空间，积极推动着电信运营商数字化转型。

电信运营商的转型首先要牢记为客户服务的初心，既要提供差异化与快速响应的优质服务，又要以大众满意为标尺履行电信普遍服务提供者的职责，在获得市场回报的同时不忘支持国家信息化发展的使命。

电信运营商数字化转型既是市场竞争所需，也是打造数字化服务合作伙伴生态系统所望。数字化时代行业的界限模糊，互联网企业面对电信运营商同时呈现服务对象与业务对手的双重属性，需要提升服务的差异化，扩大生态链的共同利益，在这方面还有很多工作可以做。竞争不一定是同质的，合作完全可以跨界。电信运营商能否在信息化新时代扩展自己的业务，取决于网络平台是否具有更大的包容性和开放性，基础设施的升级改造是大势所趋。

电信运营商数字化转型的成败在于战略决心与创新思维。通常电信运营商具有对技术的敏感性，但在管理创新和商业模式创新方面的反应比互联网企业滞后不少。一般而言，电信运营商拥有的客户大数据的质量优于互联网企业，但在利用大数据为垂直行业服务方面的潜力还没有发挥。这不仅是我国的电信运营商的现状，全球的电信运营商在这方面仅是程度不同而已。因此，优化运营流程、提升运营效率、降低运营成本、实现运营转型，是数字化转型的重要任务。

马丁先生的《数字经济生存之道：电信运营商转型》一书，重点不是在技术上论述网络如何升级改造，而是突出数字化转型的理念，站位更高。书中提出了电信运营商十条转型之路，开拓了数字化转型的思路，系统阐述了运营商如何抓住机遇、重新返回快速增长的路径。本书虽然是以电信运营商为题，但关于数字化转型的价值、转型的路径与成熟度的评价及跨界融合模式等对其他行业也可触类旁通。他山之石，可以攻玉，本书对于数字中国的建设有很好的参考意义。

中国工程院院士

邬贺铨

推荐序（三）

什么是电信？利用电磁波传输信息的技术和业务叫电信。

大自然赐给人类的电磁波，从低频到高频，只有唯一的频谱。电磁波，对于电信，是最宝贵的资源。世界各国对于电磁波的使用，都有严格的管控。

谁是电信运营商？那些得到国家允许使用某些电磁波段来传输信息、开展服务的企业叫运营商。

AT&T，是世界最早的一家电信运营商，1877 年起名字的时候，注重当时的两大技术发明：电话与电报，于是公司就叫美国电话电报公司。NTT（日本电报电话公司），也是这样起的名字。

蜂窝通信的原理和建议，早在 1947 年就提出了。电信运营商正式推出移动通信业务是在 20 世纪 80 年代。那时候微电子技术已经比较成熟，手机可以做得比较小，放进口袋里。

1997 年，AT&T 公布了一个几年来语音和数据流量的对比图。并且预测，2001 年，数据流量将要超过话务流量。

事实上，正是因为互联网技术、协议的快速发展和网上数据业务流量的急剧增加，推动了电信运营商把传统的电话网逐步与互联网技术融合，改造成为今天这样宽带高速，包括了固定和移动，提供了语音、数据、图像、视频等各式各样业务的泛在网络。

2013 年，全球的手机市场，智能手机的销售量超过了一般手机。电信运营商又一次改称自己的网络为移动互联网。

假如当初运营商死守电报、电话两项传统业务，不开展移动电话业务，运营商能生存吗？假如运营商固执地坚持30年前提出的ISDN（综合业务数字网）和宽带B-ISDN的概念，不与互联网融合，运营商能生存吗？

可以说，电信运营商从诞生的那天起，就一直在不断地转型，是市场逼迫着运营商在转型。技术，转变得更强大、更合理；服务，转变得更好、更受欢迎。

然而，一个不容回避的问题是：在语音业务主导的时代，运营商的收入基本与流量成正比；而到了数据主导的时代，收入与流量却不再匹配，运营商面临着增量不增收的窘境。

实际上，几乎所有“数字经济”时代新的需要电信技术来传递信息的业务，如本书作者马丁·克里纳提到的，无人机、增强现实和虚拟现实、视频分析、人工智能、车联网，都是数据。未来这些新的业务越发展，流量越大，运营商面临增量不增收的压力也就越大。

这就是说，如果电信运营商仅仅守着自家的网络，把自己当作信息管道的提供商，按传统的流量收费，运营商将难以生存！

怎么办？转型！怎么转？先读一读《数字经济生存之道：电信运营商转型》这本书。

这本书，电信运营商的各级管理者应该读一读；电信专业的本科生、研究生应该读一读；对信息通信行业感兴趣的管理学院、商学院的本科生、研究生可以读一读；那些有志于在信息通信领域创业的青年才俊也可以读一读。开卷有益！

北京邮电大学　教授　第六任校长
中国通信学会　第三、四届副理事长
林金桐

2018年6月于北京

译者前言

电信行业经过近三十年的高速发展，已步入成熟期，运营商传统的发展模式已经遇到了瓶颈，其表现为：收入增长率放缓；利润开始下滑，行业盈利能力下降；行业从业人员的平均年龄达到40～50岁，新鲜血液补充不足；行业龙头出现，兼并大规模进行，2006—2015年运营商数量减少了67%。

电信行业是滑入衰退期，还是会适应新的数字经济环境，抓住新的增长机遇，探索新业务及新商业模式，重返快速增长的成长期？这是非常值得业内人士思考和探讨的问题。

马丁先生结合其在行业内多年的经验，以及其团队与哈佛商学院、埃森哲、Forrester等业界合作伙伴的联合研究成果，在书中系统地提出了运营商数字化转型之道，从运营商、厂商、监管机构、合作伙伴等视角全面、深入地揭示了电信行业当前面临的困境，并系统性地阐述了运营商数字化转型的关键理念和方案，包括五大转型目的地、十大转型旅程、五大高潜力数字化服务，以及运营转型实施方案等，向业界专递“运营转型提升客户体验、促进产业增效；商业变革驱动产业升级、实现产业增值；双轮驱动促进电信产业健康发展，成功实现数字化转型”的核心理念。这些研究成果为摸索前行的运营商数字化转型指明了方向，值得业界共同探讨和付诸行动。

非常荣幸能够承担马丁先生这部专著的翻译工作，翻译过程本身对我来说也是一个学习和提升的过程。马丁先生渊博的知识和独到的见解让我受益匪浅，感谢他在此过程中提供的问题交流与解答。

感谢华为公司战略部车海平博士，华为公司 2012 实验室 SPO LAB 吴建军、李强、王海玲、黎苏、李国、姚路远对图书的翻译出版给出了很多专业的指导建议；感谢华为公司编译部梁秀利、马方方、张静斐、翟戈对翻译工作的支撑。

感谢中国移动集团王烨、滕滨，中国联通集团刘海舟、常培，中国电信集团王桂荣、童兴对本书的宝贵支持，同时感谢他们为本书专业术语修订所做出的努力。

目录

第一章
打破数字化转型壁垒

“唯一不变的是变化本身。”

——赫拉克利特

飓风眼

2017年10月的一天，一场飓风径直朝着我居住的爱尔兰南海岸的小镇侵袭而来，这是一场五十年一遇的飓风。上午时分，飓风速度达每小时160公里，短短几小时，无数树木被连根拔起，电线杆被吹得横七竖八，附近房屋屋顶也被掀走。大自然向我们展示着它势不可挡的力量！然而，刚到下午，奇怪的事情发生了，剧烈的暴风雨袭击过后，雨停了，风变小了，小镇进入了“飓风眼”，进入短暂的宁静。不过，这一切并没结束。飓风仍在前行，不到一个小时，狂风暴雨再次袭击小镇。

数字经济崛起对电信运营商来说好比这场飓风。在过去的二十年里，我们已经目睹了科技和社会剧变史无前例地蔓延到全球各地，尤其是智能手机的无处不在。变革的旋风改变着我们传统的生活和工作方式，带来了无限的选择。20年以前，人们无法想象如今人们交流、旅行、购物、社交、娱乐、消费以及建立关系的方式。优步（Uber)、爱彼迎（Airbnb)、苹果APP Store、亚马逊（Amazon)、Kindle电子书、微信、阿里巴巴、百度、京东、滴滴、Snapchat、Instagram、Netflix、Tinder，以及其他我们熟知的品牌，现今已经深入世界各地人们的生活之中。

对于发生的这一切，运营商发挥了重要作用，可以说是核心作用。从20世纪90年代初开始到21世纪初，移动通信技术和互联网技术所带来的革命性创新，如催化剂一般使变革深入到人们日常生活的每一天，而不仅局限于我们的物理连接。

智能手机以及无处不在的移动计算和通信，已经对全球社会的发展产生了重要影响，如同青霉素的发现、汽车的发明及商用航空产业的形成。

奇怪的是，这场飓风般的变革给运营商本身带来的改变却相对有限。就好像运营商就处在飓风眼的位置，掀起了强有力的变革之风，彻底地影响着周围无数垂直行业，但其本身却相对平静。然而，飓风眼最终还是会向前移动，曾经处于飓风眼的安全位置最终会遭受暴风雨的强烈影响。

一个久经变化的行业

从我加入电信行业以来，这个行业就一直在讨论变革。20 世纪 80 年代，许多有关变革管理的挑战都是围绕着市场的自由化。从国有的邮电管理局（PTT，Post Telephone and Telegraph Administration）到上市公司的转型，再加上许多行业新玩家的涌现，的确给电信行业造成了冲击。那时我才刚进入行业不久，但我依然清晰地记得，运营商从缓慢发展的成本加成型基础设施公司蜕变成为考虑客户需求而且积极参与竞争的公司，运营商的文化发生了翻天覆地的变化。在此期间，每一个运营商都经历了一个痛苦的过程，即使不是裁掉几十万名员工，也得牵涉好几万员工。在许多国家，尤其是美国，旧的邮电管理局被撕裂成碎片。这个过程在当时看起来很艰难，但当我们回过头来看时，不禁对这个痛苦的“转变”感到欣慰。毕竟那时候，电信行业实际仍处于强烈的保护之中，甚至毫无实际竞争可言，转型之后便迎来了十几年空前繁荣发展的美好时光。

20 世纪 90 年代至 21 世纪初，电信业迎来了另一场剧变，通常叫作固定移动融合（FMC，Fixed-Mobile Convergence）。这期间，运营商挣扎着将旧的固定网络与新的移动网络相融合。移动网络以空前的速度发展着，基于运营商现有结构的改良已经不适于这个行业的快速发展，尤其是在计费、营销等领域。一些运营商决定从结构上将新的业务从旧的业务当中分离出来，但后来它们中的多数对此决定后悔不已。其他运营商则将二者置于同一屋檐下，努力实现固定移动融合，又试图找到二者的协同。而我认为当时许多运营商高管们对这个剧变的认识过于简单，他们以为面临的最大问题是固定与移动的融合问题，而实际上，固定移动融合可被视为一个“内部”问题，几乎完全处于运营商的控制下。运营商发展速度依然可观，唯一要面对的是来自于其他运营商的竞争，以及一些有线电视网络运营商出现所带来的竞争。

到2010年左右，基于IP网络话音技术（VoIP，Voice over Internet Protocol）的Skype通信发展成为一种可替代传统通话的方式，给运营商的语音服务带来了巨大的冲击，这暴露了运营商以技术为驱动的商业模式弱点。类似地，随着iPhone于2007年发布，即时消息类应用（Messaging APP）挤压了运营商传统的消息与数据业务，这暴露了运营商商业模式的不足，将使其长期处于衰退状态并很可能无法逆转。除此之外，还有一些因素影响着运营商，例如云计算的出现，YouTube、Netflix等视频应用的普及驱动全球宽带的快速增长。至此，运营商关于“变革的讨论”正式进入了下一阶段。这场数字变革不再完全处于运营商的掌控之内，变革过程的步伐也不再被运营商掌控，社会和科技变革的巨浪将运营商旧的思维模式推向一个不确定的未来。对于运营商而言，这是一场关于数字化转型的讨论，也是赢得生存的一种手段。

为什么做？做什么？怎么做？

如何应对变革，必须搞清楚3个重要问题。事实上，人们的努力都围绕这3个问题展开，即为什么要做？想达到的目标是什么？如何做？下面，我将从数字化转型角度探讨这几个问题。

我们为什么需要数字化转型?

我认为，行业中的大多数高管很少花时间探索为什么他们需要数字化转型这个问题。许多人已经在这个行业中沉浸了几十年，对他们而言，数字化转型的需求是不言而喻的。从最简单的层面来讲，运营商认为数字化转型是为了应对收入和利润下降的问题，这是全球范围内几乎每一个运营商都面临的问题。它们用"数字化转型"来指称，通过使用互联网巨头们所支持的最新工具和技术，提升运营效率和敏捷性。还有一些运营商则把数字化转型视为一种增收战略，为运营商提供开拓各种新业务的机会。与此同时，它们几乎都把数字化转型看作是一种更现代化的、与客户接触的方式。但在运营商数字化转型的讨论中，运营商高管并不是唯一的利益相关者。

第二章将陈述一个事实，即不管转型的原因是什么，运营商转型不只是其本身的转型，而是从一个独立的、依靠自身能力和投资而繁荣或衰落的实体，转变成由合作伙伴组成的复杂生态系统的实体。要转型，首先要对所有关键利益相关者的驱动力和认知有一个深入的了解，包括从股东到重要高管和员工、行业伙伴、监管机构，最后到各类客户。每一个角色需要或多或少认同转型的理念与愿景，需要相互合作才能使转型成为可能。举个常见的例子，供应商和运营商共同分担创新重任，或者多个运营商作为联盟或同盟在全球范围内共同引入新型业务，这都需要相互合作。其他相关方也需要参与转型，例如，公司董事会支持运营商高管以改革的姿态面对冒险，这促使运营商追求新型数字化服务；监管者支持新的管理制度，支持运营商探索新型业务，或针对现有业务进行商业模式变革。了解当前运营商生态系统中每一个利益相关方的观点是了解他们应如何行动来促使转型的起点。

下一步是对推动转型的普遍行业和社会因素进行探究，深入了解为什么需要转型。第二章探讨了一些因素，包括以下内容。

- 当今，消费者中出现了高使用意愿行为（Hyper-adoption Behavior），这对购买决定产生了影响。

- 数据分析、人工智能等新技术得到迅速发展并逐步被广泛应用。
- 如何平衡现有大规模4G投资和正在兴起的5G投资，这已成为一个重大疑问。
- 通过在垂直市场中运用新型商业模式，运营商有机会发展消费者和企业数字化服务。
- 运营商并购速度日益加快，如何与不断变化的监管政策适配。
- 网络功能虚拟化的发展面临大量复杂的挑战。
- 各地运营商的核心收入持续被侵蚀的问题日益严重。

无论进行数字化转型的原因是什么，构成成本效益分析的关键是看它能给电信行业带来什么经济价值。该章结尾分析预测了在接下来的十年里，数字化转型将如何给全球运营商带来约1.6万亿美元的利润，主要体现在以下几个方面。

- 提升客户体验。
- 提高运营商内部效率和敏捷性。
- 促进收入增长，创造收入新机会。

第二章还将分享关于数字化转型对其他行业带来的巨大经济影响，例如税前盈利（EBT，Earnings Before Taxes）表现、收入增长以及它对整个社会的更为广泛的潜在影响。

数字化转型将包含哪些方面?

有一则寓言故事叫盲人摸象。一群盲人试图弄清楚摸到的究竟是何物，但每个人摸到的部分都不一样，有的摸到鼻子，有的摸到长牙，有的摸到大腿，有的摸到尾巴……结果每个人得出了截然不同的结论。有人认为是一条蛇，有人认为是一头公牛，有人认为是一堵墙，有人认为是一条绳……这个寓言故事已有两千年左右的历史，但至今仍然传递着一个普遍的真理：如果我们未能充分看到全貌，最终得出的结论可能就会非常片面。

数字化转型也遭遇了类似的问题。我们局限于自己感兴趣的碎片化部分。因此，我们眼里的转型或是一种技术挑战，或是一个数字化服务新机会，或是一种文化变革，抑或是客户接触（Customer Engagement）问题。实际上，还有更多不同看法。在第三章将详细描述运营商实现数字化所需的十大转型旅程［转型旅程（Transformation Journey）表示整个转型之路中所要经历的不同旅程，包括技术、文化、商业、客户接触等方面，也可以理解成转型措施］，如图 1 所示。

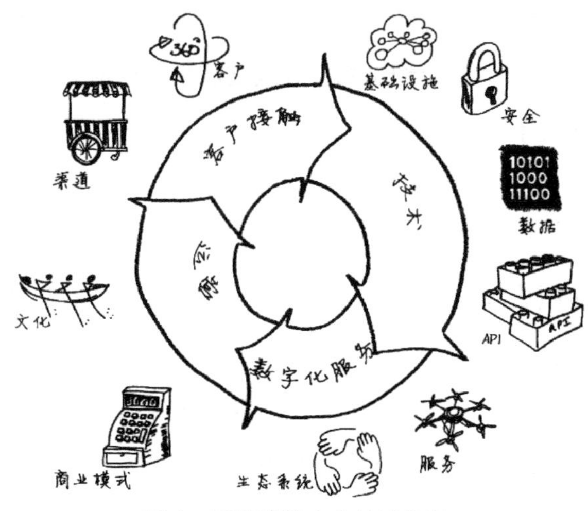

图 1　运营商的十大转型旅程

- **转型旅程 1**：从离散的网元向自治管理和虚拟化的通信及云基础架构转型。
- **转型旅程 2**：从被动的、某个特定产品的安全策略向主动的统一编排的安全策略转型。
- **转型旅程 3**：从有限的数据使用向以统一编排的数据为中心的企业转型。
- **转型旅程 4**：从封闭的管理系统向 Open API 平台架构转型。
- **转型旅程 5**：从有限的传统产品服务组合向多元的数字化服务组合转型。

- **转型旅程 6：** 从有限的供应商向活跃的合作伙伴生态系统转型。
- **转型旅程 7：** 从有限的商业模式向运用多种商业模式转型。
- **转型旅程 8：** 从传统运营商的组织和文化向数字化的组织和文化转型。
- **转型旅程 9：** 从关注传统渠道向多市场渠道转型。
- **转型旅程 10：** 从单维度客户关系管理向 360° 全渠道客户体验管理转型。

每一个转型旅程都会面临不同的挑战，各旅程之间存在着相互依赖的密切关系，这就意味着许多运营商需要尝试同时进行多个转型旅程。

在这些转型旅程中，有些主要涉及技术方面；有些更加关注商业运营的转型方式；有些趋向于“往里看”，关注组织结构；有些则从里往外看，关注客户以及更广的生态系统。它们涵盖了运营商的方方面面，每一个旅程代表了其在数字化转型上面临的主要挑战。

当然，对于任何转型旅程，最重要的是运营商要清楚到底要向哪转型，因为数字化转型不只有一个目的地。然而，答案并不那么显而易见。许多媒体报道只是泛泛地讨论数字化转型。它们大概描述了从运营商转型为成熟的、综合的数字化服务提供商愿景，包括提供下一代网络及新型数字化服务组合。但是，随着行业内深入、全面开展数字化转型，我们将看到各种运营商的涌现，它们或是仅聚焦提供通信基础设施而不提供数字化服务，或是仅聚焦提供数字化服务而不提供网络基础设施，或是处于二者之间。对于转型后的运营商，我们定义为以下 5 个类别。

- **“哑管道”**（Dumb Pipe）

  运营商几乎仅聚焦在 B2B 提供网络连接的批发。其客户可能是其他运营商，或者需要大型网络连接的大中型企业。这种运营商不会有显著的 B2C 业务。通过裁减 B2C 业务，大大降低运营成本，同时，通过提升运营效率实现人力精简，利润虽少但却可预见。

- **“传统玩家”**（Outmoded Player）

  运营商继续保留通信基础设施为个人客户和企业客户提供基础的通信业务。尽管“传统玩家”仍拥有个人和企业客户，但他们既不能为建设开放的 API 平台提供充足的投资，也无法成功构建数字化服务组合（可能根据管理规定不能这样做）。在这种情景下，大多数更为先进的业务都是由其他“OTT 玩家”提供，而“传统玩家”只能获取网络连接方面的收入，运营成本仍然居高不下。

- **“智能管道”**（Smart Pipe）

  智能管道型的运营商继续保留通信基础设施为个人客户和企业提供传统通信服务。同时，它还能提供充足投资来建设开放的 API 平台并成功投放市场，愿意与广泛“OTT 玩家”合作，共同将新型数字化服务带入市场。关键是，这使智能管道运营商不仅能获取网络连接的收入，还能从各个数字化服务中获取 API 使能收入。虽然运营成本仍然很高，但一旦识别有价值潜力的新服务和合适的合作伙伴，API 平台和相关商业模式能助力规模化的高效发展。

- **综合数字化服务提供商**（IDSP，Integrated Digital Services Provider）

  综合数字化服务提供商既能高效率提供通信基础设施，又能向更为庞大的且充满活力的客户群体提供复杂的新型数字化服务组合。要想成为综合数字化服务提供商需要在各个服务领域进行大量的商业投资，这还要求有一个良好的监管环境。只有少数运营商能成功转型成综合数字化服务提供商，并在数字化时代站稳脚跟。

- **“纯服务玩家”**（Services Player）

  这种运营商不再拥有网络基础设施，而是纯粹专注于服务的开发和提供，当前我们称之为虚拟运营商（VNO，Virtual Network Operator）。未来它很可能从运营商内部产生，运营商将通信基础设施业务转化成高效率的哑管道业务，并将其上层的服务部分剥离独立出来，以此形成“纯服务玩家”，以增加管理灵活性和推动运营全球化。

第四章将解释为什么数字化转型会产生多种类型的运营商，并探讨每种类型的运营商需要开启哪些转型旅程，因为不是所有旅程都必须经历。对于想要发展成为“哑管道”“传统玩家”或“纯服务玩家”的运营商来说，它们只需要关注其中的2～3个转型旅程。对于想要成为“智能管道”的运营商来说，它们则必须经历5个以上的转型旅程。对于少数想成为综合数字服务提供商的运营商来说，所有转型旅程都必不可少。而且，十大转型旅程并没有唯一正确的排序方式。例如一些公司可能刚开始选择第9个，然后又尝试第1个。事实上，大多数公司会同时开启多个转型旅程。这些转型旅程在难度、时间、成本等方面各不相同。例如，运营商可能通过API开放平台架构，从单边商业模式向多边商业模式演进，也有可能尝试从离散的网元向自治管理和虚拟化的通信及云基础设施演进。然而，相比之下，后者比前者更耗资源，也更耗时。

如何进行数字化转型?

在电信行业，运营商热衷于相互效仿。它们倾向于观摩最先进的运营商采取何种措施，然后在自己的公司尝试效仿。例如预付费计费、基础套餐包扩展（语音、流量、视频、固移融合）和产品捆绑等创新，它们始于最具创新性的运营商，现已在全球运营商中涌现和普及。这对单个产品的借鉴和推广起到了显著作用，但对于大规模的数字化转型而言，每个运营商必须量身定制适合自己的目的地和旅程，没有通用的模板可以照搬实现成功转型。虽然运营商可以学习其他先进同行的转型经验，但是不同运营商之间存在较大的差异，一家的成功经验并不一定适合另一家。比如，每个公司的员工年龄、技能各有不同；所处的监管环境不同；股东和其他重要利益相关者不同；CEO的风格和技能不同；财务稳定性水平不同；所面临的文化和技术问题也不同。所以，纵然观察同行必能发现可学之处，但最终每个运营商都必须找到属于自己的“成功转型之路”。

美国总统西奥多·罗斯福（Theodore Roosevelt）曾说过："Do what you can, with what you have, where you are"（立于所止，善用所有，竭尽所能）。对于如何做到转型，这句话可谓一语中的。永远不会有开始转型的完美时间，总会有更多的问题需要解答，要加深对商业案例的理解。当前业务中总会有潜在的"爆点"，因此需要你为之付出百倍努力。总之，时机只有更好没有最好。

第五章概述了在没有任何通用的转型计划的情况下，应对转型挑战的方法。该方法包括如何树立长远愿景来指导长达数年的组织转型，对组织当前状态和未来期望状态的分析，以及多个转型项目的执行实施，继而构成完整的转型计划。该方法还强调了运营商在十大转型旅程中需要解答的问题。这些问题揭示了每一转型旅程的多方面影响，从治理、组织和文化变革，到转型的收入、数据和技术影响。这些问题为运营商开始转型提供了一个有用的清单。

新型服务创新

对转型价值的研究表明，转型的大部分经济收益多源于成本节约或现有传统服务的收入增长，但运营商对数字化转型所使能实现的新兴业务抱有极大的兴趣。

自从亨利·切萨布鲁夫（Henry Chesbrough）开创性地提出"开放式创新"（Open Innovation）以来，大多数企业都明白，通过充分利用资源，跨越公司界限分担风险和回报，有意识地最大化创新投资回报率（ROI，Return on Investment）是有必要的。但是要在众多选择中找到合适的平衡点是非常有挑战的。创新是数字化转型旅程的一个关键因素。

第六章将概述当今运营商采取的各种不同的创新方式。从第三方或运营商创新实验室的外包创新，到将创新公司引入运营商母公司的内部创新，以及日益普遍的实践方法将创新方法留给供应商和合作伙伴，每种做法都有各自的优点，但也有各自的风险。第六章还将探讨 DevOps 在未来电信创新战略中的重要作用。DevOps 受全球软件行业宏观发展的驱动。在面对新型敏捷的世界竞争，采用 DevOps 已经成为运营商一项具有挑战但又必不可少的重任。一方面，在成功实现 NFV/SDN 和新型数字化服务的过程中，DevOps 越发变得重要；另一方面，运营商大部分研发都在公司外部进行，在这种情况下该如何实施 DevOps 也面临着巨大挑战。但背后值得关注的是，运营商在过去 10 年中采取出人意料的成本削减措施，迫使运营商“去技能化”（Deskill）。这可能导致它们无法理解或利用新技术，以适应快速变化的数字化经济。

即使你对创新战略已经有了较深的认识，但要想为运营商寻找到合适的数字化服务可不是件容易的事。媒体报道到处都是关于车联网、智能家居或电子健康（eHealth）等机会，但用这些“流行词语”来谈论项目未免过于宽泛。实际上，在这些“流行词语”中，每个词都对应数以百计的用例和项目机会。运营商在数字业务方面的成功将主要取决于是否选择了合适的用例。要做到这一点，运营商需要一个清晰的、可重复的方法来快速分析所有可能的机会，并筛选出最可能成功的几个用例。第六章总结了帮助运营商识别和验证高价值用例及其相关商业模式的最有效的方法。该方法的几个重要阶段如下。

- **机会地图创建**

  第一步是创建一个高水平的运营商的机会前景蓝图，详细说明关键竞争可能在哪里。

- **设计思维**

  设计思维（Design Thinking）是设计师用来解决复杂的问题并为客户找到理想的解决方案的一种方法。业界已有大量的著作描述了 Design Thinking 的概念，本质上它是一种以解决方案为中心，而不是以问题处理为中心的设计方法论，基于逻辑、想象力、直觉和系统推理能力来探索成功的可能性，并获得预期的结果。在本阶段，该方法可产生大量的想法（头脑风暴），然后可以把它们重组或聚合，生成初始的高优先级用例。该阶段的输出可以用作市场机会分析阶段的输入。

- **市场机会分析**

  该阶段侧重于通过了解具体的市场机会，识别高优先级用例，了解当前的细分市场以及机会存在的领域。它包括对机会周围的生态系统进行洞察，并对价值链每个环节可获得的利润池进行分析。

- **商业模式设计**

  该阶段着眼于为识别出的机会选择哪种商业模式，包括传统的商业模式。不过，平台商业模式的应用也变得越来越重要。

- **商业模式试点**

  一旦识别并选择了具体的机会，在真实的环境中快速地测试和验证就变得很重要。商业模式试点阶段旨在创建试点项目，可以在真实的受控环境中测试前一阶段的输出。这个阶段的目的是，测试已识别的用例和备选商业模式是否具有商业可行性。

该实用方法已被一些领先的运营商采纳并应用在商业创新项目中，用于识别不同类型数字化服务的商业机会。

第七章将讲述如何把上述方法用于评估一些新的数字化服务领域，包括无人机、车联网、虚拟现实/增强现实（AR/VR）、人工智能（AI）和视频分析等，从而确定哪些可能成为数字化服务投资最具前景的领域。

运营商转型后的新商业模式

数字化转型中没有神圣不可动摇的事情。运营商所涉及的每一个领域及其运营方

式，都必须经过极其详细的验证，必要时可做更改或丢弃，商业模式也不例外。本书多处讨论选择合适的商业模式的重要性，

第八章将讨论一种特殊的商业模式——平台商业模式，该模式对于未来转型后的运营商很可能至关重要。

平台商业模式正在主导数字时代。在谈起平台商业模式时，那些固守传统商业模式的高管们总是充满敬畏，因为它促成了价值数十亿美元的独角兽兴起，比如家喻户晓的优步（Uber）和爱彼迎（Airbnb）。平台商业模式似乎有种“魔力”，让企业可以绕开传统路径成为市场的领导者。每个高管都想知道如何在自己的行业施展平台商业模式的“魔力”，无论是带来业务增长的机会，还是防御新进入者的进攻。

这当然不是什么“魔力”！平台商业模式的工作原理清晰明确，但难以正确把握。平台模式尝试失败的例子远远多于那些令人惊叹的成功案例。高层管理人员对平台商业模式的观察和理解，并不意味着大多数运营商知道如何成功踏上这趟列车。

运营商在利用平台驱动的商业模式上遭遇了巨大的挑战。运营商需要编排和运营复杂的生态系统，需要发展以数据为中心、业务敏捷性所需要的技能。此外，运营商还需要必要的规模，使平台业务可以正常运作。成功的平台业务一般需要具备全球性的规模，否则因受地域性限制而很难发展壮大，除非面对某个特定的商业机会，且平台拥有者具备不可或缺的领域知识，差异化的竞争力使其能在某个区域立足。这对历来受到地域、法规、监管限制的运营商来说是一个尤为艰巨的挑战。另外，第八章还将解释运营商如何采用联合方式运营平台的商业模式，并且以云服务为例来说明这类平台的关键组成部分，以及如何管理和运营此类联合平台。

危机

在人类的固有认知中，危险与机遇就像同一枚硬币的两面，这种思想早已跨越文化且流行数千年。中国古代著名的军事家、政治家孙子就曾写道："胜利源于在问题中寻找机会。"2000年后，莎士比亚在《亨利四世》中写道："在如荆棘般的危险中，安全撷取花一朵。"从文艺复兴时期伟大的哲学家和诗人约翰·弥尔顿到马基雅维利，一直到现代领导人如肯尼迪和丘吉尔，都在他们的著作和演讲中一再重复这个主题。甚至在中文里用了两个汉字来表示"Crisis"这一概念，即"危机"，第一个汉字意为危险（Danger），第二个汉字意为机会（Opportunity）或变化（Change）。

这本书不仅探讨了数字化转型所带来的危险，也探讨了数字化转型带来的许多机遇。沃伦·巴菲特以简洁的方式描述了这种危险和机遇的双重性。他认为："风险来自于不知道自己在做什么。"所以这本书旨在帮助运营商降低数字化转型固有的风险，帮助运营商更多地了解自己在做什么。就像大多数书一样，从头至尾阅读全书是汲取论证和逻辑的最好方法，但我试图让每一章都合理地自成一体，哪怕粗略地阅读也能让读者提取一些有价值的见解。特别是第九章将数字化转型挑战的诸多方面汇集在一起，试图总结本书的重点。

数字化转型无疑是对这一代电信行业高管的挑战，如何应对这一挑战将决定未来几十年电信行业的形态。若处理不好，我们将看到运营商的影响力逐年削减，直到变成主要靠价格来竞争的通信公司；若处理得好，我们将看到多种新型运营商的出现，包括一些超高效的传统通信服务供应商和一些成熟的平台和数字化服务提供商，每一种都以自己的方式与其他"数字经济玩家"竞争。这完全在于运营商自己的抉择！

第二章

理解转型的价值

“提问一时愚，不问一世迂。”

——中国古代谚语

“为什么”是一个最简单、最有力的问题。每个孩子早就发现这个秘密，他们总是循环反复地用这个简单的问题无休止地纠缠他们的父母。问题的力量在于孩子们即使不知道目前苦苦追求的答案是什么，他们也依然能够怡然自得，不会假装知道问题的答案。但是，随着时间的推移，我们往往丢弃了这个好习惯。如果要让我们承认对一些基本事实的无知，我们会感到不舒服，因为我们觉得凭借自己的地位或经验，我们应该知道这些事实！在追求数字化转型的过程中，我们需要重新找回那种孩子般的本能，不再害怕问为什么。

对于为什么要做数字化转型，我相信本书的读者都有自己的见解。从最简单的层面来讲，运营商直觉地认为需要数字化转型是为了应对收入和利润下降的问题，这是全球范围内几乎每一个运营商都面临的问题。它们用“数字化转型”来指称，通过使用互联网巨头所支持的最新工具和技术，帮助企业实现更精益、更敏捷的运营。一些运营商更关注数字经济带来的机遇，认为数字化转型对他们来说是通往开拓新型业务机会的大门。另外一些运营商则认为数字化转型仅是重振行业的一种方式，使它们能够更有效地与客户接触，让电信业成为一个更具吸引力的行业。对于屹立行业已久的运营商巨头来说，这甚至可以上升为国家经济战略，并被视为国家项目的关键组成部分，以促使向数字化经济转型。

本章将从提升客户体验、提高电信内部效率和促进收入增长 3 个关键方面阐述电信行业数字化转型的驱动力和经济价值。此外，本章还将探讨在数字化转型的过程中，其他领先于电信的行业如何通过税前盈利和收入增长等可度量的指标从数字化转型中获益。最后，本章还将探讨数字化转型对整个社会的更广泛影响。

利益相关者

运营商转型不仅涉及运营商。从这本书中，我们可以得到的一个重要观点是，数字化转型是运营商从一个独立的依靠自身能力和投资而经营运转的实体，转型到由合作伙伴组成的复杂生态系统的过程。因此，这个转型过程从一开始就需要被视为由一群相互依赖的“玩家”共同转型进入新的生态系统的过程。当前的每一个“玩家”都需要或多或少地在这个过程中转型。

为了实现转型，每个“玩家”还需要与其他“玩家”合作。举个常见的例子，供应商和运营商共同分担创新重任，或者多个运营商作为联盟或同盟在全球范围内共同引入新型业务。其他相关方也需要参与转型，例如，公司董事会支持运营商高管们以改革的姿态面对冒险，促使运营商能够追求新型数字化服务的机会；监管者提供新的管理制度，支持运营商探索新型业务，或针对现有业务进行新商业模式变革。了解当前运营商生态系统中每一个“玩家”的观点，是了解他们如何行动来促成转型的起点。

运营商股东的立场

全球电信行业的股东们在过去的几十年中已经发生转变，但大致可以分为 3 类：养老基金和私募股权投资公司等大型企业投资者；国家政府；家族或创始人投资者。它们对于数字化转型都有兴趣，尽管原因略有差异。

- **大企业投资者**

  他们极其关注从运营商投资中能获得的回报。他们把运营商视为可靠的收入来源，当前股票价值已经把大量潜在的资产净值增长因素考虑进去。他们期望从运营商获得稳定可靠的红利（一般是 3%～6%），因此他们并没有把数字化转型看作一种颠覆性的机制，反而认为数字化转型会促使运营商从平庸的基础设施公司发展为下一个轰动互联网的新事物。他们无疑拥有不同的投资组合，并期待其他高风险投资能带来潜在的高回报。他们对运营商的态度是，开展数字化转型的目标是以防守的方式保障投资回报承诺，以降低运营成本，维护现有客户群。如果新型数字化服务的意外成功能带来激动人心的额外回报，他们当然会很欢迎，但他们并不是以赌徒的心态。所以对于大企业投资者来说，数字化转型投资需要很好地量化成本，而且要深入了解短期回报。重点往往是增加自动化的机会（无论是在运营方面，还是在客户接触方面）和降低相关成本。

- **国家政府投资者**

  他们对数字化转型投资持不同的看法。尽管从运营商那儿获得不错的投资回报能很好地充实国库，但它们往往不会受此驱使，它们的兴趣点总是落在数字化转型对国家经济的潜在影响。例如，马来西亚最近开展了一项国家数字化方案，重点推动 2020 年后的经济增长；而印度尼西亚等国家则雄心勃勃地想成为东盟地区最大的数字经济体。显然，电信行业的数字化转型是这些宏伟计划的重要组成部分。政府投资者通常倾向于从长远的角度来看待数字化转型计划，这也往往导致受到关注的是数字化转型的基础设施方面，而不是新型数字化服务方面。

- **家族或创始人投资者**

  他们也很关注运营商的投资回报率，但同时会更为强调“荣誉感”。他们倾向于洞察运营商的生命力，尤其是运营商品牌。他们常常透过新型数字化服务看待运营商转型，或许又对客户看待品牌的态度以及数字化转型如何提升客户体验等更感兴趣。

运营商高管的立场

运营商高管则从非常务实的角度看待转型。近年来，他们尽力达成董事会施加的财务和其他目标，认为数字化转型有可能帮助他们摆脱困境。总体而言，他们的动机往往偏向于短期的财务表现和短期到中期的股票价格。因此，转型方式往往被这些因素所主导。

数字化转型带来的潜在效益符合他们的当前目标。从量化的财物角度来说，虽然与数字化转型息息相关的客户接触机会稍显空洞，但仍有足够的说服力来证明对此转型的预算投资是合理的。

面对当前营收大幅度下滑，运营商高管们努力识别可以产生收入的新型数字化服务。而大多数新型数字化服务都需要一种不同于当前的以订阅或分钟/流量为基础的商业模式。由于许多运营商高管的职位任期比新型数字化服务上线商用并带来规模收入所需的时间要短，因此他们很难致力于必要的数字化转型投资。首当其冲的就是在过去的5～10年中，为了更专注核心财务目标，他们不得不“去技能化”（准确来讲，是去除那些能支撑创新的技能）。这导致他们高度依赖于其他第三方来“创新”，这是个危险的举措！

运营商员工的立场

员工的视角也同样存在着细微差别。对许多中层管理人员而言，数字化转型是令人兴奋的，员工因公司将进入下一个发展历程而备受鼓舞。但与此同时，这种鼓舞又因管理团队不断施加的责任和义务而被消磨掉。整体来说，新型数字化服务的投资非常充分（许多业务正在跟不同的供应商签署合同联合投资），但成熟服务方面的投资进展却非常缓慢。

对于基层员工来说，他们对数字化转型的概念了解得很少或根本不了解，对公司数字化转型目标的认识也通常停留在AR/VR、车联网等概念性服务上。而且，他们往往觉得自己所在的企业很难与那些提供新型数字化业务的“OTT 玩家”相提并论。

不管是哪个层面的员工，他们都会担心，数字化转型带来的效率和敏捷性的提升将不可避免地导致失业。他们意识到，数字化转型会促使新的组织架构诞生，但这也意味着需要新技能和雇佣新员工！

鼓励员工积极参与数字化转型是一项棘手的任务。员工需要了解有利于企业稳定性的积极的一面，尤其是增加企业收入机会、提升客户体验方面。同时，也不要忽视数字化转型在效率提升方面的机会。员工还需要对个人发展和成长树立现实且有挑战的目标，并在企业转型中抓住承担新角色的机会。

电信设备供应商的立场

当谈到数字化转型时，供应商的感受是复杂的。所有的供应商都面临着利润下滑的问题，这是由于市场饱和、技术变化和日益激烈的竞争等导致的。更重要的是，它们的客户，即运营商还在为了盈利而挣扎。在英国电信集团公司（BT）工作时，曾有一位主管对我说：“客户打喷嚏，你就会感冒”。用这句话来描述当前的电信行业再合适不过了。不管你多么地聪明或富有创新精神，如果你的客户在挣扎，那么你的回旋余地就很有限。

对基础设施供应商来说，数字化转型在解决盈利问题方面无疑是一把双刃剑。一方面，数字化转型为下一代基础设施的销售以及软件和服务的支持提供巨大的机会。在未来的十年里，虚拟化网络的发展将独自肩负使命为该行业带来数十亿美元的收入。然而，这一新的收入是否能像前几代的专有的独立网元一样盈利，还有待观察！另一方面，这一发展还将为市场带来新的竞争。传统企业的 IT 供应商将利用网络功能虚拟化这个大好机会，进入电信网络基础设施市场。这种市场的争夺最终会导致赢家和输家的出现，在变革结束后将呈现出另一番不同的格局。

电信软件和解决方案供应商与基础设施供应商有着相似的观点。在过去的十年里，运营商的创新遭遇了挫折。在过去，运营商一直以来拥有世界一流的研发实验室，但如今多数已经遭受大幅削减，而许多新兴的运营商几乎没有技术创新的历史。大多数运营商正逐步转向依赖于软件和解决方案供应商对新数字经济的探索。它们期待供应商能为这些创新试验做出巨大的资金贡献。当一个新的想法落地并进入市场阶段时，运营商通常会要求供应商采取灵活的商业模式，包括收入分成、按业务成长付费（Pay as You Grow）、成果定价等。所有这些都意味着供应商必须在前期大量投资，以换取后期的回报。这对那些焦虑不安的供应商首席执行官来说可是一个煎熬。

对供应商来说，数字化转型并不完全是坏事，它为供应商发展与运营商更为紧密的关系提供了机会，使其不仅能够实现更多 B2B 收入，而且最终能从运营商 B2C 收入中分一杯羹。然而，我们在此讨论的主要是对全新风险的应对，这些风险都是让供应商感到恐惧的，供应商如果应对得不好，可能对其造成巨大的损害。

监管机构的立场

电信行业生态系统中最具影响力之一的利益相关者就是监管机构。监管机构并不会过分关注某个运营商的盈利性问题，对数字化转型中的技术和商业模式也兴趣不大，它们只关注自己真正感兴趣的话题。监管机构认为自己代表着广大消费者利益和政府的社会经济政策。

在大多数管辖区域中，监管机构关注的关键指标有：管辖范围内通信服务的渗透率和质量、向消费者提供通信服务的能力、管辖范围内的竞争状况，以及为国家稀缺和宝贵的频谱资源寻求的最大限度的回报。监管机构通常透过这些角度对数字化转型进行审视。

这对运营商规划数字化转型的战略有很大的影响。人们普遍谈论的是，自治的虚拟化网络环境可以带来巨大的、潜在的成本节约，但这些节约在现实世界中还有待证实。运营商需要降低监管机构的期望，让其明白这些潜在的成本节约将何时以及如何传递给消费者。否则它们会面临监管机构的苛刻要求，被迫以比成本节约更快的速度压低价格。

对监管机构来说，电信行业无疑应该就是一个受到监管的行业。但随着运营商雄心勃勃地将服务产品扩展到一系列新的垂直行业，它们会变得紧张起来。如何说服监管机构，使其明智地授权运营商提供金融服务，或在多个垂直市场提供类似OTT 服务，这是许多运营商正在面临的挑战。

运营商有可能赢得这场争论，但这很大限度上取决于是否能说服监管机构，使其相信此类举措不仅能扩大消费选择，还能降低成本，从而给消费者和企业都带来利益。

最后，监管机构总是密切注意市场内部的竞争水平，并对数字化转型是否有利于当前的大型运营商的发展非常敏感。在规划数字化转型的方案时，考虑监管机构的观点是非常必要的。

客户的立场

虽然客户并不一定会使用“数字化转型”这样的字眼来描述行业中发生的变化，但毋庸置疑的是，他们对这一变化会给他们来带什么结果非常关注。从广义上讲，客户主要分为以下 3 类。

B2B2C 客户

在新的数字环境中，运营商的 B2B2C 客户群体正在迅速崛起。对这些 B2B2C 客户来说，运营商是基本网络连接的提供者，使他们的业务实现成为可能，同时他们视运营商为传统商品化服务提供者，能创造的附加价值较少。与所有的传统商业化服务一样，B2B2C 客户认为他们为网络连接服务支付了过多费用，因此希望找到更便宜的替代品。他们认为与运营商合作并非易事，但又不得不将运营商视为更广泛数字化服务的商业合作伙伴。

因此，曾经被认为是运营商神圣和受保护的“领地”——网络，现在开始受到大型 B2B2C 公司的侵蚀。例如，谷歌的 Project Fi、Google Fiber 和 Project Loon 项目吸引了大家的眼球；Facebook 的无人机网络（Drones Network）也产生了巨大影响。坦白地说，我们很难判定这是一场毫无成功希望的闹剧，还是一种深思熟虑后的尝试（试图控制整个包括从服务到核心基础设施，到接入网，再到云处理、存储和分析、机房在内的电信行业价值链的尝试），其答案有待进一步观察。无论是什么尝试方式，其成功的可能性正不断大大增加，并逐渐获得全球媒体的广泛关注。

数字化转型也为这些客户开创了许多重要的机会，特别是较小的客户。每个 B2B2C “玩家” 都能在生态系统中自在地运行，如果运营商能够通过数字化转型提供一系列的配套服务(不只是网络连接),它们就能更好地加深与 B2B2C“玩家” 的关系。这些配套服务包括向 B2B2C “玩家” 开放渠道，提供诸如收费和计费、数据存储和分析、高级连接（如网络切片和精准定位）、基础设施即服务（IaaS）和市场推广等各种服务。B2B2C 客户不见得最先就想到运营商，但是作为数字化转型的一部分，运营商有机会提供部分甚至所有上述服务，使这些 B2B2C 客户从不情愿购买传统通信网络连接转变成有价值的多方位客户和生态系统合作伙伴。

B2B 客户

B2B 客户与运营商的关系有些奇怪。他们对运营商来说是颇具价值、可靠、可重复的收入来源，但通常是由运营商最过时的系统来支持的。B2B 客户往往认为运营商服务的价格过高。过去 B2B 客户切换运营商的速度比较慢，但是这种状态正在发生改变。从竞争对手赢回这些 B2B 客户所需的成本不断影响着运营商的净利润，同时，诸如 Skype、WhatsAPP 和微信等“OTT 玩家”提供免费服务的做法也直接冲击着运营商的总体收入。

数字化转型能带来一系列的好处，有助于未来很好地将 B2B 客户与运营商更为紧密地联系在一起。尤其是基础设施转型和网络切片所带来的好处，将促使 B2B 客户能够按需选择网络，并以更符合其业务需求的方式进行配置。如果运营商能够不负所望，这将有利于稳定它们与 B2B 客户的关系。此外，运营商还有机会利用数字化转型过程树立它们在安全性和可信度方面的强大声誉地位，有助于对抗在处理客户数据上存在潜在弱点的免费 OTT 产品。

B2C 客户

虽然 B2C 客户确实已经向服务更丰富的免费 OTT 产品转移，但他们仍然是电信运营商的客户。运营商是他们的移动或固定宽带连接服务的主要提供者。此外，数字经济的出现导致个人客户从根本上改变了他们的思维方式，特别是对新事物的采用、推荐、引用的速度，这将彻底改变运营商与他们的关系。第三章将会更详细地探讨这个话题。但可以说，为了应对这些不断变化着的消费者，运营商需要为客户开发全新的模型，包括客户关注的重点方面，以及客户全生命周期体验管理等。

作为数字化转型的一部分，运营商需要逐渐针对这些B2C客户推出新的服务组合。

如今的 B2C 客户可以很容易地从运营商提供的语音和短信业务切换到 OTT 的对应业务上，许多人认为 OTT 应用程序更易于使用、更丰富、更灵活，并且更符合他们的现代生活。

运营商很难成为这些 B2C 客户心目中下一代数字化服务的可靠提供者。不过，Forrester Research 公司近期与华为公司的联合市场调研表明，无论是在美国还是在中国，客户都对运营商的一系列的数字化服务保持开放的态度，特别是与智慧家庭有关的服务。运营商需要基于现有 B2C 客户对服务的体验回馈来达到巩固和发展 B2C 客户目标。不同的利益相关者面临的行业挑战如表 1 所示。

表 1　不同的利益相关者面临的行业挑战

<table>
<tr><th></th><th>投资者&董事会</th><th>首席执行官&高管</th><th>员工</th><th>供应商</th><th>监管机构</th><th>B2B2C客户</th><th>B2B客户</th><th>B2C客户</th></tr>
<tr><td rowspan="3">典型行业挑战</td><td>投资回报太弱，无法证明投资会增长</td><td>与“OTT玩家”相比成本高</td><td>技能不足，难以达到未来需要</td><td>收益性差</td><td colspan="4">电信服务价格太高</td></tr>
<tr><td></td><td>传统核心收入及ARPU下降</td><td>自动化对工作岗位构成威胁</td><td>创新难以达到互联网“玩家”的速度</td><td>缺乏消费者保护</td><td colspan="3">服务价格太高</td></tr>
<tr><td></td><td>无法实现新服务内部创新</td><td>难以吸引顶尖人才</td><td>碎片化新服务需求</td><td colspan="3">客户体验太差</td><td>与“OTT玩家”相比客户体验太差</td></tr>
<tr><td rowspan="2">典型影响</td><td>寻求其他投资机会</td><td>减少成本→降低客户体验</td><td>难以招募和留住人才</td><td rowspan="2">减少成本→进一步影响创新投资水平</td><td>反复要求降低价格</td><td rowspan="2">开始开发自己的网络连接解决方案（如无人机、气球等）</td><td colspan="2">不断地更换服务商→使服务运营商增加获客成本</td></tr>
<tr><td colspan="2">转型中延迟投资</td><td>质疑数字化转型</td><td>管控消费者隐私</td><td colspan="2">可能转向“OTT玩家”</td></tr>
</table>

关键行业趋势

数字化转型并不孤立于全球经济和国际 IT 市场的总体发展趋势。相反，它的许多方面都是对这些全球化趋势的反应。数字化转型的节奏将取决于这些行业变革的速度。推动全球经济的因素无疑有许多，以下是我认为的一些重要趋势，每一个都势必对运营商的数字化转型决策产生重大影响。

消费者高使用意愿

“……如今，颠覆性的数字经济使人们能够绕过那些萦绕在我们脑海中的老套的、避免损失的算法，正是它们常常让我们对新事物更加谨慎……”

——*詹姆斯·麦奎维，Forrester Research 公司副总裁*

网络连接的激增和数字化产品在每个垂直市场的普及几乎已经从根本上改变了消费者的消费观念，也改变了他们对于服务提供商的期望。截至 2020 年，超过 70% 的世界人口将拥有移动设备，全球将有数量为 200 亿～500 亿台的连接设备。新产品和新服务正以惊人的速度被消费者所采用，这使得公司几乎没有时间准备并对变革做出反应。Forrester Research 公司称这种现象为“消费者高使用意愿”（Customer Hyper-Adoption），并解释了 3 个关键驱动因素：（1）无处不在的网络连接；（2）廉价的可用设备；（3）易于消费的服务。

Forrester Research 公司的詹姆斯·麦奎维创造了“高使用意愿”一词，从令人耳目一新的角度对这个问题进行了剖析。尽管他专注在高科技产业中探索消费行为的趋势，但他的经验来源于神经系统科学。他认为，在未来 10 年中，“高使用用意愿”行为将促使普通消费者生活呈数量级的变化。过去，产品和服务的开发成本非常昂贵，因此早期使用者需付出较高的代价，消费者对服务的使用往往呈现出可预见的、缓慢的增长曲线。随着云计算和在线零售业的出现，开发服务的成本急剧下降，相关的使用成本也在大幅度降低，再加上无处不在的网络连接和廉价可用设备的普及，促使人们以低廉或免费的方式逐渐使用一系列前所未有、有趣和有用的产品和服务。那些制约采用新服务的传统因素被消除，服务也就顺利地转变成“高使用意愿”状态。

这一变化促使新服务在几个月内就成功实现大规模增长，使公司在更短的时间内获得成功。更重要的是，这种“高使用意愿”趋势还缩短了公司对失败服务的判别时间。

运营商核心业务被侵蚀

我们所熟悉的新型 OTT 服务，如 Skype、WhatsAPP 和微信的快速发展，已经不可避免地影响和侵蚀着运营商的核心业务收入。无论是每用户平均收入（ARPU，Average Revenue Per User）逐年下降（全球范围内每年 2%～10%的幅度），还是传统服务收入无法阻挡地下降，都标志着运营商核心业务指标在恶化。Ovum 公司已经推算出，在 2012—2018 年的 6 年时间中，电信业 3860 亿美元的收入被 Skype、WhatsAPP 这一类公司所侵蚀，且这一趋势还将继续。这个数字令人难以置信，运营商即使增加新服务也很难弥补这一损失。

势不可当的科技发展

近 30 年，技术不断地以更快的速度发展。20 世纪 90 年代，手机和互联网迅速发展。21 世纪初，智能手机迅速发展，服务向移动终端迁移，云技术出现。今天，我们关注无处不在的云、大数据、网络功能虚拟化、人工智能、AR/VR，以及可能会带来颠覆影响的软件技术，如区块链等。同时，我们即将迎来 5G 技术，以及因 5G 低时延和高带宽特性可能激发的新服务。无论是哪个年代，技术的更新速度都在不断加快。

21 世纪的第二个十年中，运营商相对缺乏对新技术趋势的吸收和探索。在过去的几年中，运营商倾向于“去技能化”，越来越依赖于供应商的技术专长。很难下定论运营商内部的“去技能化”是否已经达到了企业无法应付和利用技术解决问题的程度，但这势必将成为影响运营商做何转型、如何转型的重要因素。

数据为王

这不仅是指数据的持续和不可阻挡的增长，而且也关系到数据对运营商各方面的重要性和中心作用。目前，全球数据流量约 1 ZB（1000 EB），并以惊人的速度增长。在移动通信世界中，数据在所有业务流量占比中接近 100%，其他类型的流量之和低于 1%。数据被称为“新石油”。过去，我们常常看到的是这个说法的积极意义，即拥有数据就意味着拥有巨大的财富。但它也有着“黑暗”的一面，就如同缺乏石油则经济被判“死刑”一样，缺乏合适的数据对于任何试图想在数字经济中起主导作用的企业来说也是“死刑”。

此外，数据的质量也在随着时间的推移而变化。在过去，数据游戏都是关于采集和分析所存储的信息，并根据明确的特征（如名称、年龄、性别、收入等）将其组织到数据库中。如今我们已经将目光转移到更实时的世界中，把焦点放在通过使用 AI 和数据分析技术从大量的视频、图片、位置信息、交易、社会媒体、股票价值等实时信息流中提取价值并实时辅助决策。这些数据流产生于通信网络，以及包括冰箱、汽车、航空座椅等在内的不断壮大的物联网生态系统。了解如何传输、处理和应用数据必将成为每一个运营商的核心任务。

消费者和企业的数字化服务机会激增

数字经济的出现带来了市场的大规模的颠覆，第一次让几乎所有的全球消费者和企业市场都暴露在竞争之下。在过去的100年里，从金融到医疗再到零售，每个垂直行业都被该行业的市场领导者所主宰。但随着数字经济的出现，未来几乎每个领域的商业利润都将被争夺。我们已经看到了图书零售业如何被亚马逊（Amazon）吞并的例子，出租车业逐渐被优步（Uber）吞并，酒店业逐渐被爱彼迎（Airbnb）吞并。运营商对某核心业务的利润如何被OTT提供商侵蚀和颠覆再熟悉不过了，但这可能还只是冰山一角。

似乎遵循这样的规律：一旦一个看似简单却富有创新的商业模式出现在某个行业，“高使用意愿”曲线就会发挥作用，短时间内，我们就会看到该行业出现大量、无法逆转的颠覆现象。目前，零售业正受到亚马逊和阿里巴巴（Alibaba）的进攻，汽车行业也正处于这种颠覆的边缘。一旦无人驾驶变得司空见惯，拥有一辆汽车很可能就会变得不合时宜，这将导致汽车经销商、加油站、汽车修理厂、轮胎和排气设备更换中心逐渐消失。同样，优步（Uber）的商业模式也可能导致私家车向无人驾驶汽车转变，形成由私人投资、24小时经营的“优步式”商业模式。从逻辑上来说，这些汽车不太可能由福特或奔驰生产，而是产自亚洲的低成本但设计优良的电动汽车，如中国的比亚迪和印度的塔塔（TaTa）。

在这场“战争”中，运营商的起步比互联网巨头晚，但它们确实拥有许多有价值的武器，能帮助其在这场新的消费数字化服务战争中获胜。其广泛的客户基础就是一个良好的起点，再结合拥有的网络，以及为具体服务提供优化网络的能力，这些都是运营商具有的优势。本书第七章将围绕车联网、无人机、AR/VR、视频分析以及 AI 等激动人心的行业，具体讨论运营商的机会点。

新商业模式的需求

大多数情况下电信行业不必过多地担心商业模式，它所创造的价值是显而易见的，并得到了客户的充分认同，这个世界已经接受了运营商采用的这种适度且直接的价值获取方式。

但新的收入模式，包括订阅、佣金和广告，正在不断地被市场中的其他玩家所创新，而运营商传统的订阅或按使用付费（Pay Per Use）的模式也越来越不能满足消费者对服务支付模式的期望。再加上新的平台商业模式的出现，例如从 Snapchat 到阿里巴巴，情况更是如此。有一点越来越清楚，那就是运营商如何适应这种新的商业模式很可能成为影响它们在数字经济中生存的主要因素。

全球运营商并购的增长

全球并购仍然是许多运营商整合和网络扩张战略背后的关键推动力。根据 IQ Capital 调查，2016 年运营商花费了 2240 亿美元用于并购，比前一年度增加了 137%。这些收购或者是专注通过发展规模经济来扩大现网投资，或者是使用并购来获取新客户。我们也看到了主要的运营商投资进入新的垂直行业，最引人注目的是对内容服务提供商的投资，比如 AT&T 公司收购时代华纳（Time Warner），或 Verizon 收购合并 AOL 和雅虎。业界普遍认为亚太地区和拉美地区市场已经发展成熟，可做进一步巩固，因为运营商的目标是在其数字化转型投资中进一步发展规模经济。

监管的影响力

如果问运营商，影响它们数字化转型成功的最强烈的因素是什么，它们本能的反应就是监管。因为与“OTT 玩家”相比，运营商可能处在不平等的环境中，所以它们不指望获得同样的回报。这也许是对的，但有迹象表明，这点也在发生改变。例如，欧盟提出了“欧洲 2020 战略”（Europe 2020 Strategy），在此激励下，服务提供商开始为小型农村社区建立宽带网络。在其他市场，监管机构开始要求 OTT 公司尽可能少地提供本地内容。中东的监管机构已经采取行动，保护诸如语音等传统服务，并通过本地数据托管需求使运营商免受云市场的全球竞争。

在未来的几年中，说服监管机构维持一个公平竞争的环境，对运营商数字化转型能否取得成功至关重要。运营商必须与政府和区域监管机构密切合作，以确保监管能够为通信行业营造良好的发展环境。

找到经济引爆点

在我的前一本书《跨界与融合》（*Delivering the Digital Economy*）中，我曾写道，运营商就像坐在一壶温水中的青蛙，无视热度正在上升的事实。你看，虽然青蛙知道它的环境在逐渐变化，但它缺乏评估实际水温的能力。水温一点一点逐渐上升，等它意识到时，水已经沸腾了！

该书首次出版已经四年多了，我相信现在运营商确实意识到自身处在热水之中了。他们不再把这一行业的变化看成是一些微小的刺激，而是认识到数字经济的各个微小变化共同构成了对其业务的生存威胁。最突出的一个问题就是，我们还有多少时间在“游戏”结束之前扭转局面！

在流行病学中，引爆点是指某个时刻一个微小的变化就能打破系统平衡导致大规模且往往不可逆转的变化。一个常被引述的例子是，在人群中正常传播的流感突然变成一种传染病，原因往往是由于感染率的一点点增加。格拉德威尔（Gladwell）在他 2000 年出版的《引爆点》（*The Tipping Point*）一书中使用了这个词语，并认为它也适用于商业的多个方面。他论证的观点是，商业往往处于一种脆弱的平衡状态，即使较小的变化也能够将商业“引爆”到呈指数级变化。毫无疑问，我们正在逐步接近电信行业的引爆点，关键的问题是，我们离引爆点还有多远。让我们再仔细地看一下运营商的整体财务状况。

在过去的 10 年中，电信行业几乎每一个财务指标都处于下滑轨迹。Applied Value Group 报告称，自 2012 年以来，全球电信市场的总资本投资已有所下降，总体市场盈利能力也有所下滑。资本周转在整个行业同样恶化，主要是在中东和非洲地区。在过去几年中，几乎每个地区的资本支出本身都停滞不前或下降。

除此之外，“微观经济”方面也出现了些问题，例如运营商在传统核心业务的支配地位不断受到侵蚀。

WhatsApp、微信、苹果的 iMessage，还有众多其他消息应用程序所发送的消息在所有消息发送量中占比超过 80%，仅 Skype 就占了国际语音通信总时间的 1/3 以上。许多运营商面临着多达 30%短信消息业务，20%国际语音业务，以及 15%漫游收入的减少。

或许最可怕的是，过去 10 年中，全球电信行业的每用户平均收入（ARPU）长期下降，并在过去的 5 年中加快了下降速度。从以前的年均下降 1%～6%，到最近 5 年下降速度为 2%～10%。随着世界每个区域消费者占有率达到饱和，我们不难计算出每年 10%的下降速度很快就会降临！

但另一方面，在世界许多地区，尽管每用户平均收入率下降，电信行业仍继续实现了税息折旧及摊销前利润（EBITDA）25%～35%的增长。这是因为在最近几年里，每一个业务部分都加大了成本控制和效率提升。但是能挤出来的效率提升也只有这么多了。确切地说，近年来，运营商在容易操作的领域进行了有效的成本控制，这使公司免受整体经济下滑带来的最坏影响。

我们还看到，全球利润已经从电信行业转移到更广泛的互联网行业。这不应该只被看作是一种直接的因果转变，而是全球支出走向的一盏指示灯。Keystone Strategy 研究报告表明，在 2010 年，全球运营商的累计利润总额大约是全球互联网行业“玩家”利润的两倍；而到 2015 年，两个行业所获得的累计利润大致持平。预计到 2020 年，互联网“玩家”的累计利润将是全球运营商累计利润的 3 倍。可见 2010—2020 年这 10 年间，财富收获发生了惊人的转变，值得投资界持续关注。电信行业准备寻求融资，用于支持下一代 5G 投资，这引起了更大的争议。

还有一点也预示着运营商正在接近引爆点，即运营商整体通信收入的“蛋糕”在不断缩小。在 2010 年，无线和有线运营商的收入约占全球电信行业总收入的 58%，到 2018 年，尽管运营商涉足的行业领域更大，但内容创造者、聚合者和发布者所占收入的比重不断上升，无线和有线运营商的收入比例将缩水到大约 45%。

业界担心的是，在未来数年内，OTT 服务会持续影响传统收入。许多国家和地区监管的限制，导致运营商的财务稳定性呈现逐渐下降趋势。再加上投资无法达到所需的水平，尤其是下一代 5G 网络技术和相关频谱，使我们可能已经接近电信行业的经济引爆点。即使不会马上引爆，也不会太远了。

电信行业转型的经济价值

对于电信行业面临什么挑战，以及希望从这个行业中得到什么，每一个利益相关者都有着不同的观点。同时，不同的观点决定着他们对于数字化转型的经济价值所在有着不同的理解。有些人认为该经济价值纯粹在于从根本上提高效率，有些人认为数字化转型是推动收入强劲增长的引擎，还有人认为它能改变运营商与客户达成契合的方式，通过减少客户流失和提高客户满意度来实现经济效益增长。

事实上，这些都是正确的！为了满足所有利益相关者的期望和要求，数字化转型必须实现以下三大关键目标，如图 2 所示。

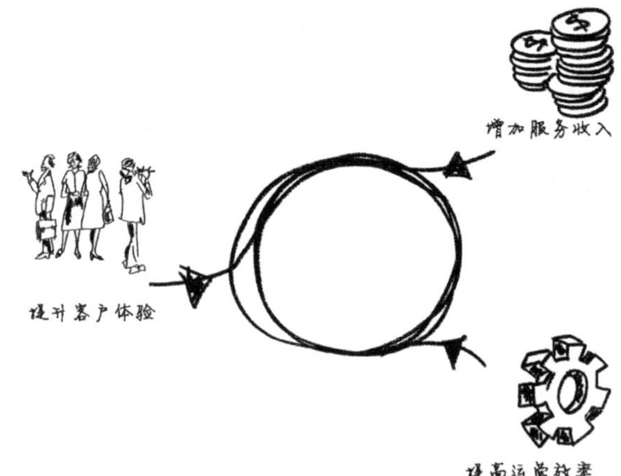

图 2　数字化转型价值的三大目标

- 通过数字化转型，提升客户体验。
- 通过数字化转型，提高运营商内部效率和敏捷性。
- 通过数字化转型，促进现有收入增长，开创新的收入机会。

提高效率和敏捷性的价值

在许多高管看来，进行数字化转型的首要原因是它可能带来根本性的成本节约。成功的数字化转型将精简业务运营的流程从而提升效率，同时诸如网络功能虚拟化（NFV，Network Functions Virtualization）和软件定义网络（SDN，Software-Defined Networking）等新技术将实现新的效率提升。除此之外，人们普遍相信数字化转型很可能给整体服务提供带来更高的可靠性，并为更好的努力目标创造机会。下面，我们将更加详细地了解哪些领域存在潜在的成本节约。

运营成本节约

通过审视典型运营商的运营成本以及识别哪些成本科目可能受到数字化转型的重大影响，我很惊讶地发现大约只有三分之一的成本科目可能因数字化转型而锐减或消除。例如，虽然数字化转型可能会对某些关键的运营成本（如产品开发或网络规划）产生重大影响，但其他重要的成本（如办公室租金）不会因数字化转型发生显著改变。其他则体现在数字化转型对真正的主要运营成本的影响——那就是人！人们很容易认为数字化转型与新技术的应用相结合将大大降低人力成本，但许多运营商并不想减少主要劳动力。

因此，保守地估计，运营成本降低对未来十年利润的贡献很可能在于数字化转型使受影响的成本科目实现 10%～20%的提升，将导致运营成本节约预计能达到运营商收入的 3%～4%。在全球范围内，这一数字每年合计约 450 亿美元，或者说在未来十年内对利润的累计贡献约为 4500 亿美元。

虚拟化带来的成本节约

2017 世界经济论坛（WEF，World Economic Forum）提出了数字化转型倡议并对其做了估计，认为虚拟化主要通过以下两种方式带来成本节约。

- 虚拟化技术的推出势必降低网络和技术支出。如果你可以将支出从购买专有硬件运行专有软件的模式转向采用通用硬件运行开源软件改进版本的模式，你可能会获得不小的收益。此外，这种方法无疑将减少运行基础设施所需的能源。据世界经济论坛估算，在接下来的十年里，虚拟化对这个行业的累计利润贡献将达 2000 亿美元左右。
- 最重要的虚拟化成本节约是通过实现自治零接触网络（Autonomous Zero-Touch Networks）产生效率增益。随着我们迈向虚拟化网络，网络系统能够自治解决自身问题、调整适应负载和其他因素的变化，据世界经济论坛估算，这将能在未来 10 年实现约 750 亿美元的利润。这可能主要是因为专业服务和管理服务的支出减少，以及由于网络质量提高而带来的客户流失的减少。

其他可能的运营成本节约

- 数字化转型的一个重点领域就是安全性的提升。本书的其他章节详细讨论了这一主题。数字化转型使运营商面临问题的复杂性日益增长，驱动安全性投资不仅是十分必要的，它也可以带来真正的、实实在在的经济实惠。据估计，作为数字化转型的一部分，网络弹性伸缩能力的提高将为未来 10 年贡献 800 亿～1000 亿美元的利润。信任度的提高使处理数据违规和市场份额转移的成本降低。事实上，由于 2017 年发生的一些引人注目、影响甚大的全球网络攻击，这一估计可能还处于较低的范围。

- 其他一些小的因素，如到 2025 年移动宽带普及率的小幅增长，将在未来十年内贡献约 250 亿美元的利润。

数字化转型带来的效率和敏捷性的提高对未来 10 年的利润贡献，我们估计总体收益能达到约 8500 亿美元。

但数字化转型不仅是关于成本节约，它还将推动新的收入，取代不断下降的核心业务收入。

数字化转型的潜在新收入

为了一致性起见，本书又对数字化转型在未来十年可能带来的新收入做了一番分析预测。新收入的来源包含两大关键领域。

- API 开放所带来的新收入。
- 全新数字化服务所带来的新收入。

API 使能服务

我一直认为运营商未来会将基础设施和相关系统通过 API 开放给第三方公司，允许第三方向他们自己的客户以及运营商客户提供增强服务。这势必将造就更丰富、备受广泛关注的数字化服务，但实际上，在近期看来，使用的许多 API 将围绕对传统服务提供的简单增强，或者将语音接口集成到智能家电和车联网等。当然，从长期来看，电信 API 支持的传统以消费者为中心的服务收入预计将会趋于稳定，而与物联网服务相关的收入将成为新的市场驱动因素。

近年来，有许多课题研究都是关于通过运营商开放 API 产生新收入的。最近一份来自 Research & Markets 公司的报告就是一个很好的例子。这份报告声称，到 2022 年，通过运营商 API 获得的收入在全世界范围内年均将达到 2070 亿美元。假设典型的运营商的利润率都是基于 API 服务，我估计在未来的 10 年，API 能够有效实现大约 4000 亿美元的利润贡献。

数字化服务

第七章将探讨新型数字化服务，运营商可能最终会把它作为整体数字化转型的一部分。为了更好地评估数字化转型的经济价值，本书把“数字化服务”定义为非直接来源于传统电信语音和数据连接的收入流，其中主要包括以下内容。

- **个人客户及企业客户相关的数字化服务**

  世界经济论坛估计，个人客户和企业客户服务及其相关的应用在未来 10 年中为运营商产生的利润将累计达到 2000 亿美元左右。

- **物联网连接和相关应用**

  目前有数十亿设备的连接逐步实现，虽然每台设备只会带来很小的利润，但在未来 10 年内，数千亿的设备不断被连接并进行聚合将产生一笔不小的利润。另外，一些用来监控和使用设备的简单应用程序也会带来利润，预计在未来的 10 年中将会实现大约 1000 亿美元的盈利贡献。

数字化转型的其他收入增长点

数字化转型还将通过以下几种非直观方式提高收入，为运营商带来更多利润。

- **创新速度**

  更大限度地采用包括 DevOps 在内的开放式创新方法，最终加快创新速度。由于供应商越来越多地承担着运营商的创新成本，创新速度的加快将降低供应商的创新成本，运营商也因此从中受益。保守地估计，未来 10 年创新速度的增长将给运营商累计带来 250 亿美元左右的盈利贡献。

- **网络连接拓展和减少宕机**

  随着数字化转型的发展、新技术和管理能力的部署，电信行业网络可用性将大幅提升，预计将给该行业带来更多的利润。据估计，未来十年的利润将多达 250 亿美元。这是一个相对较小的数字，但已达到足够的计算规模。

总结未来十年潜在新收入的增长机会点，我们估计运营商的可实现收入约为 7500

亿美元。

客户体验提升的财务价值

自从 30 年前开始在电信行业工作以来，我一直在定期参与公司项目，致力于改善客户接触方式，几乎每家公司的商业论证流程都包括坚持对这些项目进行经济价值的估价。虽然没有人质疑提升客户体验的必要性，或者履行这一承诺带来的收益，但对其进行财务估价是极其困难的。我曾尽力为客户体验提升项目进行经济价值的估价，但最终不得不承认失败，就好像我只是编了一个数字而已。

但显而易见的是，提升客户体验将带来真正的经济收益并体现在财务上，或是成本的降低（源于高效、主动的客户管理），或是收入的增加（得益于有效的客户接触、客户流失减少等）。单独给客户体验项目进行财务估价可能会与公司内同时开展的大量成本节约或收入增长的业务案例相互重叠。

因此，数字化转型非常注重提升客户体验并响应客户期望变化，提升客户体验的财务价值将表现为降低成本或增加收入。

数字化转型为全球运营商带来的经济价值

基于成本节约和新收入带来的利润，我们可以看到数字化转型有望在未来 10 年为全球运营商额外创造 1.6 万亿美元的收益。

这无疑是一笔非常可观的数目，并有力地激励投资者和管理层高度重视数字化转型，如图 3 所示。率先实现成功数字化转型的“玩家”将最先获得价值奖励。

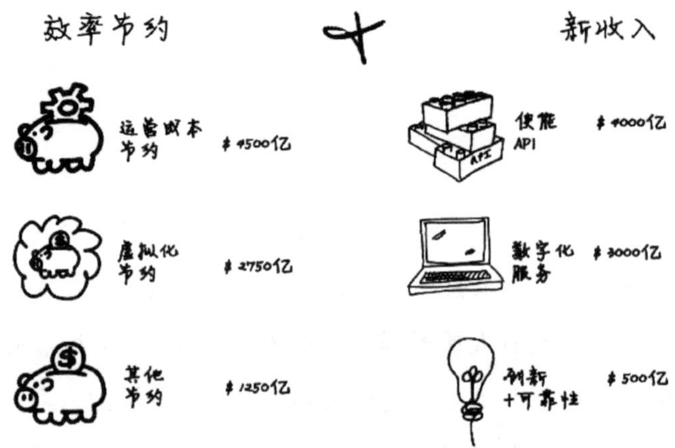

图 3 数字化转型的经济价值

数字化转型对其他行业核心经济指标的影响

哈佛商学院的马尔科·伊恩斯蒂（Marco Iansiti）教授和卡里姆·拉哈尼（Karim Lakhani）教授是我的朋友，他们一直潜心研究数字化转型对电信以外的行业的影响。在最近的研究中他们强调，有效的数字化转型带来的财务价值可以体现在公司一些重要的指标上。

他们在《哈佛商业评论》（*Harvard Business Review*）发表的一篇研究报告，对来自多个行业的 344 家公司（包括制造业、包装消费品行业、金融服务和零售业）进行了以数字化转型进展为主题的采访和评估，并根据基于数字化转型“四大支柱”评估的转型进展情况对这些公司进行了排名。

- **客户互动和关系管理**

  这着眼于评估企业在多大程度上利用广泛的新数据和分析平台来塑造客户关

系和瞄准机会。

- **制造、产品和服务交付**

  这着眼于评估企业如何有效地管理内部运作，以及如何管理日益重要并不断扩展的合作伙伴和外部贡献者构成的生态系统。

- **产品创造和交付**

  这着眼于评估企业在产品创造和交付流程中进行多大程度的整合工程、产品管理、数据科学、传统工程操作、设计和经济资源等量身定制的操作工序。

- **人力资本管理**

  这着眼于评估企业在多大程度上重视招募、培养和赋能信息工作者，提供流程和系统，使他们能够掌握用于互相连接和保持生产力所需的工具。

这两位教授的研究结果显示，数字化领先者和数字化落后者之间的经济表现有显著差异。从毛利润到净收入等关键经济业绩指标中，我们发现数字化领先者明显超过数字化落后者。

表 2　数字化领先者相比数字化落后者的财务表现提升

	数字化领先者	数字化落后者	二者差距百分比
平均毛利润	55%	37%	+49%
平均营业毛利润	18%	10%	+80%
平均税前利润	16%	11%	+45%
平均净收入	11%	7%	+57%

来源：《哈佛商业评论》

研究还表明，数字化领先者相比数字化落后者的财务表现提升，不仅是费用支出方面的原因。一般来说，数字化领先者的 IT 支出占收入的百分比与数字化落后者相比大致持平（3.5%和 3.2%）。关键的区别在于费用支出的重点不同！

虽然电信行业的确有一些独有的特点，但其他数字行业的运营和电信行业的运营有很多相似之处。因此，不难想象，数字化领先的运营商在重要经济指标方面将大幅度超越数字化落后的竞争对手。

数据，数据，数据！

房地产业有这样一种说法，影响房产价值的三要素是“位置，位置，位置！”类似地，在数字化转型中，影响数字化成熟度水平的前三个因素是“数据，数据，数据！”伊恩斯蒂（Iansiti）和拉哈尼（Lakhani）详细分析和介绍了数字化领先者和数字化落后者之间的一些关键区别，但是它们基本上都为提升内部效率和锁定外部客户降低所需的数据复杂度。

客户互动和关系管理

在采用实时数据分析来提供量身定制的客户体验方面，数字化领先者相比数字化落后者领先了约 2.5 倍；在采用数据分析为它的客户开发深度智能方面同样领先了约 2.5 倍；在采用数据分析来驱动业务措施以限制客户流失方面领先了约 2.6 倍。

制造、产品和服务交付

在需求预测优化生产运行方面，数字化领先者相比数字化落后者领先了约 1.5 倍；在通过采用高级数据分析法预测设备停机时间方面领先了约 1.7 倍；在采用预测数据分析法主动预测客户期望的支持请求方面领先了约 2.3 倍。

产品创造和交付

在通过捕获产品使用方面的数据来提高产品设计方面，数字化领先者相比数字化落后者领先了约 2.3 倍；在基于数据视角来远程监控产品和推动客户支持方面领先了约 1.8 倍；在通过使用数据对客户进行基准化测试并建议客户如何实现更高价值方面领先了约 1.9 倍。

人力资本管理与员工生产力

通过收集员工绩效数据并为其发展提供建议方面，数字化领先者相比数字化落后者领先了约 2.6 倍；在使员工能够接触自助式业务智能和数据可视化工具方面领先了约 1.4 倍；在使员工能够定义和接收实时提醒以更有效地管理业务变化方面领先了约 1.7 倍。

无论是我们利用数字化转型来提升客户体验管理、提高产品创新能力，还是提升员工生产力，通常都是经过深思熟虑收集数据，然后有意识地将数据分析结果应用到组织中。

在描述一些公司如何正确成为数字化领先者时，“实时分析”和“预测分析”是经常会用到的词汇。

有一点很明确，任何正在进行数字化转型的公司必须时刻思考：已有哪些数据，可能收集到哪些数据，以及具有多少数据分析能力。此外，它们需要全面了解哪些企业成员需要访问原始数据和分析后的数据，以及何时何地需要访问这些数据。当企业开始这样思考的时候，改变才真正开始！

数字化转型对社会的广泛影响

虽然本章主要关注数字化转型的积极经济影响，但我希望本章内容能够呈现对数字化转型价值更全面的认识。数字化转型的影响必然比本书中所提及的相对简单的商业角度要了得多。例如全球二氧化碳排放目标、全球 GDP 增长、全球就业和国际政治稳定的增长都可能受到数字经济和电信行业数字化转型的影响。政策制定者、经济学家和行业领导者之间也在激烈讨论着数字化转型对社会的长期影响是积极的还是消极的。这种长期的社会影响主要集中在以下 3 个方面。

就业

据估计，到 2030 年，由数字化转型造成的全球失业人数有 200 万～20 亿人不等。但相反的是，世界经济论坛（World Economic Forum）却指出数字化也可以为一些行业创造新的就业机会。

但无论是数字化转型的赢家还是输家，政策制定者都将注意力集中在短期的业务能力上，以培养员工技能和塑造下一代人才。

环境可持续性

迄今为止，经济增长还不能脱离排放量的增加以及资源的使用等因素，然而，数字化转型可以在改变这种模式方面发挥重要作用。分析表明，到 2030 年，电信业（和其他行业）的数字化转型可能有助于将目前全球自然资源的供需差距缩小约 80 亿吨，这是因为更高效的数据中心、智能电网、电动汽车、数字化和虚拟化等通过减少物理传播带来能源节约。

全球政治稳定

这是一把双刃剑。社交媒体和无处不在的信息访问对许多社会群体在提高透明度和缓解信息不对称方面起了重要作用。除了隐私和安全方面的担忧外，公司使用数字技术的方式所牵涉的更广泛的道德问题可能也会削弱民众对这些机构的信任。

上述这些社会效益预测对一些电信利益相关者如监管机构和政府来说具有重要意义。即使没有如前所述的给转型的运营商直接带来预期的经济利益，转型所带来的社会效益也能有力地推动对数字化转型的重大和快速的投资需求。

第三章

通向数字化运营商的十大转型旅程

“世上没有完全相同的两个人，也没有完全相同的两条路，所有的计划、防卫、控制和强迫都是徒劳无益的。经过多年的挣扎，我们会发现不是我们选择了一条路，而是一条路在指引着我们。”

——约翰·史坦贝克

美国 20 世纪伟大的作家约翰•史坦贝克（John Steinbeck）在他的许多代表性著作中都写道“路途”，其中最值得纪念的作品就是《愤怒的葡萄》（*The Grapes of Wrath*）。在这本书中，他描述了约德一家在经济大萧条时期背井离乡，从贫困的美国中西部地区前往西部传说中的加利福尼亚。在那里，每个人都将拥有财富和工作。这本书重点描述了随着他们在通往西部的路途上不断前行，一切幻象和伪装都慢慢被揭穿，路途尽头的最初灿烂幻想和现实之间的天壤之别让人震惊。

不过，我们不要过于戏剧性地把当前的电信行业和美国中部干旱尘暴区的大萧条等同起来，数字化转型的目的地也不能等同成故事中“地狱”般的加利福尼亚。在此我想着重强调的是，当你所有的路途都是从 A 地到 B 地时，目的地 B 是不会让你失望的，在你到达的时候还会有更多惊喜。更重要的是，每一条大路都包括很多小路，每一条路途代表了各自的重大挑战，都需要一种独特的思维方式和专注的心态来前行。

把数字化转型当作一个可规划和交付的项目是件容易的事情，但数字化转型与企业以前经历过的任何事情都有所不同。

转型不是去解决公司已有的明确问题，而是从根本上改变企业思考的方式、看待世界的方式，以及在世界中生存的方式。

转型是一个漫长的过程！人们常说“A dog is for life, not just for Christmas”（小狗不只是圣诞节礼物，你要对它的一生负责到底。美国一个组织发起的倡议，倡议大家圣诞节买礼物时，别因为冲动买宠物小狗，过后再抛弃），这个道理同样也适用于数字化转型。这不是一个一时流行的想法，它将延续多年，直到最终充分融入整个公司。如果转型成功，数字化转型将比任何首席执行官、首席信息官和数字化服务趋势还经久。如果不能完全接受“小狗不只是圣诞节礼物”的喻义，那么进行数字化转型也就没有意义。一个公司要能履行这样的长期承诺，唯一的方法就是通过深层次、多维度地充分理解数字化转型。如果做不到，运营商将莽撞地进入数字化转型，并迅速被不断上升的成本搞得焦头烂额，产生不了切实的回报。

从基础设施转型到商业模式转变，运营商必须接受广泛视角的真正改变。文化变革巩固了数字化转型的方方面面，同样也改变了运营商应对安全性、大数据、渠道管理和客户接触的方式。本章概述了运营商要想寻求真正转型必须要走的十大转型旅程（Transformation Journey），表示整个转型之路中所要经历的不同旅程，包括技术、文化、商业、客户接触等方面，也可以理解成转型措施。

转型概述

有一则古老的寓言故事叫盲人摸象。一群盲人试图弄清楚摸到的究竟是何物，但每个人摸到的部分都不一样，有的摸到鼻子，有的摸到长牙，有的摸到大腿，有的摸到尾巴……结果每个人得出的结论截然不同。有人认为是一条蛇，有人认为是一头公牛，有人认为是一堵墙，有人认为是一条绳……这个寓言故事已有两千年左右的历史，但至今仍然传递着一个普遍的真理：如果我们未能充分看到全貌，最终得出的结论可能就会五花八门。

数字化转型也遇到了同样的问题，我们都局限于自己感兴趣的碎片化部分。因此，我们眼里的转型或是一种技术挑战，或是一个数字化服务新机会，或是一种文化变革，抑或是客户接触（Customer Engagement）方式的改进。事实上，还有更多不同的看法。

我认为数字化转型有十个不同的旅程，包含了运营商的方方面面，如图 4 所示。每一个旅程代表了其在充分实现数字化转型中必须要应对的主要挑战，每一个旅程都会面临不同的挑战，各旅程之间存在着相互依赖的密切关系。在这些旅程当中，有些主要涉及技术方面；有些更加关注商业运营方面的转型；有些趋向于“往里看”，关注企业内部；有些趋向于“往外看”，关注客户以及更广的生态系统。总之，它们涵盖了运营商的方方面面，不同的旅程面临不同的挑战以待解决，以充分实现数字化转型。

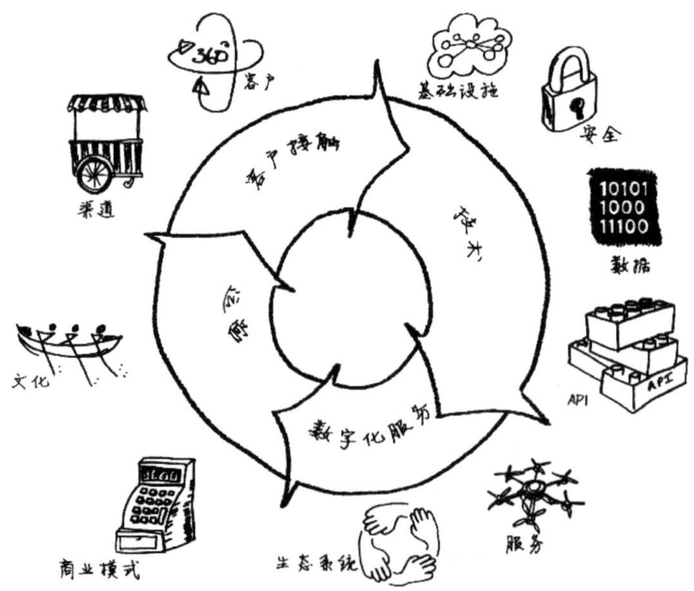

图 4　电信运营商的十大转型旅程

转型旅程 1：从离散的网元向自治管理和虚拟化的通信及云基础架构转型。尽管我在书中反复强调转型不只是技术上的挑战，但不可否认的是，技术仍是核心元素。在转型过程中，运营商的基础设施必须从成本高昂且难以管理的一套离散网元向虚拟化的通信和云基础设施转变，以便能够实现高度自治的管理和极其低廉的成本。

网络功能虚拟化（NFV）和软件定义网络（SDN）正使运营商的第一个转型旅程成为现实，但要让这项技术变得易于管理还有很长的路要走，而且成本、复杂性以及由此带来的市场扰乱都是巨大的。与此同时，5G 离我们越来越近，其下一代网络能力需要 NFV/SDN，同时也带来相关投资成本和市场扰乱的影响！

转型旅程 2：从被动的、某个特定产品的安全策略向主动的、统一编排的安全策略转型。虽然没有人会否认安全在现代通信中的重要性，但出人意料的是关于安全的讨论已经与转型讨论脱节。随着运营商拥有新技术、新商业模式、新合作伙伴、新垂直市场以及全新的客户接触，对安全的管理必须成为转型的核心考虑因素。

第三方将越来越多地通过运营商提供的各种渠道实现新的数字化服务。在许多情况下，这些服务将具有更高的安全性要求，商业范围内完整的安全性转型需要包括全技术栈、数据、服务创建过程、合作伙伴、物理环境和安全意识文化的改变。最后，物联网的出现迅猛地扩展了需要管理的安全边界，以此带来了巨大的潜在安全问题。因此，在计划安全方面的转型时，预先考虑到这些方面的影响对所有的转型项目都非常重要。

转型旅程 3：从有限的数据使用向以统一编排的数据为中心的企业转型。数字化转型的核心是用一套利用了预测性分析来理解和使用数据的全新方法，与全新的企业信息架构（EIA）和商业文化相辅相成。在转型过程中，运营商会涉及一个重要环节，就是通过与基础设施、服务、社交渠道、商业、第三方资源协同，实现数据的采集、分析、分布、安全和货币化。所有数字经济中的成员，其成功与否将很大程度上取决于它们如何利用数据，无论是内部业务优化，还是外部货币化。

转型旅程 4：从封闭的管理系统向 Open API 平台架构转型。运营商的 IT 架构总是建立在向“自己的客户”提供“自己的服务”的隐含假设之上，然而数字化转型在从根本上挑战这个假设。为了让运营商能够在数字化服务领域有竞争优势，它们必须从封闭的 IT 架构向开放式平台架构发展，方法就是通过开放的 API 访问。这种平台既能支撑运营商内部开发的服务，又能支撑外部第三方开发的服务。

转型旅程 5：从有限的传统服务组合向多元的数字化服务组合转型。该转型旅程的一个关键部分就是运营商学习如何有效地扩展服务组合，提供新的数字化服务组合，以此应对具有强大收入增长潜力的新兴垂直市场。运营商必须了解哪些服务最适合它们，并最终改变其运营方式，使其能够有效地管理这些多样化的服务组合，同时最大限度地减少运营的复杂性。

转型旅程 6：从有限的供应商向活跃的合作伙伴生态系统转型。在过去的 100 多年里，运营商一直享受着相对其他行业独立的运营。它们的确有许多供应商和合作伙伴，但在很大程度上，合作关系的发展速度和深度总是由它们自己决定。在数字经济中，它们将不得不放弃这种合作模式。为了能在多个垂直行业中与众多“OTT 玩家”竞争，运营商需要在合作伙伴的数量、种类以及管理方式的复杂性方面进行逐步的改善。这就需要对合作伙伴生态系统的管理方式进行根本性的转型。

转型旅程 7：从有限的商业模式向运用多种商业模式转型。公司商业模式的定义通常是看它如何为客户创造价值（价值主张）以及它如何获取价值（它如何为其服务收钱）。合适的商业模式可以促使平凡的服务获得成功，而错误的商业模式会扼杀原有的优秀服务。随着运营商在新的垂直市场中探索更大的数字化服务机会，它将需要发展新的灵活性更强的商业模式，以应对如何从这些数字化服务市场中创造价值，以及如何与生态系统中的其他“玩家”竞争或合作而获取价值。优化新商业模式需要新的运营模式，与现有的商业和运营模式并行协同。

这一转型要求运营商建立新的支撑精益化的运营与 IT 架构，使其能够灵活地支持多种商业模式，而不会显著增加运营复杂性和成本。新的企业和 IT 架构需要大量内部流程的转型，与合作伙伴的资金流、物流、信息流也需要做精益的转型。

转型旅程 8：从传统运营商的组织和文化向数字化的组织和文化转型。如果说传统的运营商组织和文化不适用于数字经济，应该不会有人反对。传统的运营商一般以基础设施为中心，与其他运营商竞争，提供有限的传统服务组合，其组织和文化与提供大量数字化服务组合的互联网、OTT 服务提供商存在巨大差异。这可能是转型中最艰难、最痛苦的一段旅程，因为它影响到人的技能和行为。为了成长为未来数字化运营商，运营商需要在公司文化和技能方面做出改变，建立领导力愿景、战略和路线图。

转型旅程 9：从关注传统渠道向多市场渠道转型。数字化运营商进行销售的方式将大大不同于当今运营商采取的传统方式。随着数字化服务扩展到不同垂直市场，数字化运营商将不得不开辟新的沟通和合作伙伴渠道来推广品牌，实现数字化服务和产品收入最大化，也同时增强了传统渠道的市场效果。这些渠道要求使用新的运营流程、新的激励员工或合作伙伴的方式，以及新的业务标准调整路线来满足垂直市场期望，而不是坚持旧的运营商标准。

转型旅程 10：从单维度客户关系管理到 360°全方位渠道客户体验管理转型。企业和消费者的期望越来越高。他们的期望建立在 OTT 服务提供商已提供的无缝融合体验的基础上，而不是建立在其他运营商提供的体验的基础上。向 360° 全方位渠道客户体验管理转型，既能提高客户满意度，又能减少客户流失。因此，转型的需求刻不容缓，许多运营商已经开启了这个转型之旅，包括转型系统、流程、数据管理、技能和文化，最终使客户接触类体验与所有其他高消费类垂直行业的水平保持一致。

十大转型旅程

充分理解每一个转型旅程的详细含义是设计数字化转型路径的核心。本章接下来的部分将深入探讨每一个转型旅程及其意义，为运营商如何在每个转型旅程中迈出第一步提供蓝图。后面的章节将阐述并非每一家运营商都需经历所有转型旅程，并强调了数字化运营商的类型决定了需要经历哪些重要的转型旅程。

转型旅程 1：从离散的网元向自治管理和虚拟化的通信及云基础架构转型

2014 年，我出版了《跨界与融合》(*Delivering the Digital Economy*)。在这本书中，我构想了一个世界，“弹性”将延伸到整个网络，所有网络功能将在数据中心结合存储和处理进行虚拟化和管理。

在这个构想中，每个网元（或每 Gbit/s）的成本将大幅下降，通信和云基础设施的灵活性将会成倍地提高，实现弹性伸缩，以响应需求的峰值和低谷。这种对价值从硬件向软件根本性地转变的构想仍然存在，然而，向 NFV 转型比我之前预想的还要更具挑战性、更昂贵。

为了更好地理解 NFV，我们可以把网络和计算机进行对比。这两者对于实现任何数字化服务都是必需的，但迄今为止，它们的生命周期成熟度处于截然不同的水平。我们现在已经适应云计算的概念，几分钟内就能在世界任何地方进行部署，通过鼠标点击就能实现无限扩展。相比之下，传输数字化服务所需的网络仍缺乏灵活性，这些仍然主要是手动调配的，需要通过晦涩的软件指令和命令行接口来控制特殊而昂贵的硬件。虽然计算环境可以在几分钟内运行，但为支持数字化服务部署和优化，所需的基础设施却能拖上几天、几周甚至更长的时间。NFV 和 SDN 能够弥补当前计算环境具备的能力以及网络环境中应该具备的能力之间的差距。

我们经常把 NFV 和 SDN 两个概念混为一谈，但我是这样理解的：SDN 解决的是网络连接虚拟化，本质上是一种允许网络流量重新动态路由的使能技术；NFV 解决的是对网络涉及的许多计算功能进行虚拟化。NFV 概念源自希望加快部署新的网络服务以支持其收入和增长的服务提供商。这种技术能将网络地址转换、防火墙、入侵检测、域名服务和缓存等网络功能从专有的硬件设备上解耦出来，以便能够运行在标准硬件上的软件中。

NFV 旨在提供用来支持充分虚拟化的基础设施（包括虚拟服务器、存储甚至其他网络）所需的网络组件。它将标准的 IT 虚拟化技术运行在大容量服务器、交换机和存储硬件上，适用于有线和无线网络基础设施中的任何数据面处理或控制面功能。

NFV 的优点已受到广泛讨论，虽然客观来说，其中还有很多待进一步证明。NFV 优点如下。

- **减少资本支出**

  NFV 将所有内容转移到虚拟数据中心的环境中，大大减少了对特定用途的硬件的购买需求。同时，还能促进按业务成长付费（Pay-as-You- Grow）的商业模式的出现，从而消除过度供应造成的浪费。

- **减少运营支出**

  同样，将大部分网络基础设施整合到运行在大型数据中心的服务器上，减少了设备的空间、电源和冷却需求，并简化了新容量和新网络服务推出所需的成本。它还降低了维护成本，不需要人员上门服务来处理每个网络问题。

- **加快服务上市**

  理论上通过点击鼠标就能扩大网络容量，这大大减少了部署新网络服务的时间，从而支持不断变化的业务需求，抓住新的市场机会，并提高新服务的投资回报率。它还使提供商可以轻松地尝试和改进服务，确定最能满足客户需求的服务，从而降低推出新服务所带来的风险。

- **实现敏捷性和灵活性**

  NFV 凭借弹性伸缩的能力应对日益变化的需求，使运营商能够迅速应对市场条件变化。

- **客户自助服务**

  有了基于软件的虚拟化网络，就很容易以可访问 API 的方式为客户提供网络服务。这将能够支持从应用或设备端触发的动态连接和网络服务变更的技术需求。

上述内容听起来很不错，但目前还没有真正实现，即使存在，要达到期望的价值也需要经过一番努力。下面，我将简要地探讨全面实现 NFV 将面临的一些挑战。

实现 NFV 将面临的挑战

首先，我必须承认我是一个永远的乐观主义者！不管经历了多少次技术炒作循环，我在一开始仍会陷入乐观之中，但也不可避免地对缓慢进展的现实感到失望。我曾以为 3G 在 2001 年就会实现，结果 5 年之后它才进入我们的大街小巷。4G 也是如此。对于 5G，我毫不怀疑它会以同样的方式打击我。等 5G 进入我的家乡时，我很可能已经在计划我的退休派对了。

然而，我曾认为有了 NFV 就会不一样了。早在 2012 年，NFV 的价值主张使我相信这种技术将比预期进展更快，但在 2017 年年底，我发现我错了！在过去的 4 年中，尽管对 NFV 技术进行了大量投资，但它并没有产生预期的实际影响。许多运营商目前正在大力投资部署 NFV 技术，但预期的资本支出或运营支出节约还尚未实现。

NFV 技术的主要挑战既有技术上的，也有流程上的。没有人会质疑当前行业正在努力让这些技术发挥作用。但事实证明，在虚拟化环境中实现同时具有高 I/O 和低时延属性的网络业务并非轻而易举的事情。

即使这些问题已经在运营商的测试实验室中被攻克了，但商用所需的技能和知识仍然是一个巨大挑战。

与流程相关的挑战同样也很重要。让人们以完全不同的方式运营，不仅需要新的技能，也需要有全新的运营流程和采购流程。此外，适应新的商业模式是转型过程中的又一挑战。许多供应商已经转向提供虚拟化产品，但却未能显著改变其产品上市的商业模式，对虚拟产品采用与物理设备相同的定价模式。当然，这样做有很好的商业因素，毕竟“罗马不是一天建成的”，但这种商业模式存在不灵活性，可能导致错失 NFV 巨大潜力的发挥。云的弹性特点为 NFV 提供了机会，能够在云基础设施中动态扩展网络功能以满足即时需求。要有效地做到这一点，不仅需要技术变革，也需要相应的商业模式改变。

NFV 编排

虚拟化带来了大量的技术挑战，并且近年来业界也出现了大量关于这个话题的书籍、白皮书、文章。然而，我认为 NFV 面临的最大挑战是虚拟化环境的编排和管理。在过去的一年半中，业界出现了多个 NFV 编排解决方案。市场上已经有了一些商业产品，也推出了多个开源计划，其中大多数提供了初始代码发布，还有一些计划在 2018 年或 2019 年推出软件产品。

下面是对当前存在的一些 NFV 编排选项的简要概述。

- **开源 MANO（OSM）**

  OSM 提供了一个开源的管理和编排（MANO）堆栈，与 ETSI NFV 信息模型紧密结合。作为一个运营商主导的社区，OSM 提供了满足商用 NFV 网络需求的生产质量（Production-Quality）的开源 MANO 软件堆栈。全球各地的 ETSI 成员和非成员以及个体的开发人员和最终用户都能参与 OSM 社区。

- **ONAP**

  开放网络自动化平台（ONAP，Open Network Automation Platform）是 Linux 基金会的一项创举，它将 ECOMP 和 Open-O 两大开源项目合并成一个统一的综合平台，以实时策略驱动对物理和虚拟化网络功能的编排和自动化处理。ONAP 软件平台的目标是实现虚拟化愿景的全部价值，使新服务能够快速上线，并大大减少资本和运营支出。领先的参与者，例如 AT&T 和中国移动，都对 ONAP 平台鼎力推动，引领对它的定义和采用。

- **CORD**

  中心机房重构成数据中心（CORD，Central Office Re-architected as a Datacenter），旨在将 NFV、SDN 和商用云的弹性伸缩结合起来，为运营商带来数据中心的经济性和云计算的敏捷性。它的重点是让运营商通过使用声明式建模语言（Declarative Modeling Languages）来管理中心机房，实现敏捷、实时的新客户服务，主要服务提供商，如 AT&T、SK 电讯、Verizon、中国联通以及 NTT 通信公司，它们都在一定程度上参与支持 CORD。

- **Cloudify**

  Cloudify 是一个开源的云编排框架。它有助于为应用程序和服务建模，促使整个生命周期实现自动化，包括在任何云或数据中心环境上进行部署，对应用程序部署各方面的状态进行全程监控，问题和故障检测，手动或自动修复此类问题，并执行日常维护任务。

- **其他**

  除上述之外，还有许多 NFV 项目已由欧洲的研究和开发项目资助，如 OpenBaton、T-NOVA/TeNor 以及 SONATA。大多数项目的代码库对外开放，但在行业支持、外部贡献者的参与以及进一步可持续性方面可能还存在挑战性。

作为多年的电信行业从业者，我认为这些不同的标准化倡议本质上都在试图解决相同的问题，且都带着某种程度的无力感。不同的方案都分散了可用的“脑力”池，延缓了迫切需要的标准的可用性。Open-O 和 ECOMP 合并成 ONAP 是向前迈的一大步，我们还需要更多这样的行动，否则“互联网玩家”将可能凭借“独家方法”在能力上远远超过运营商，并最终成为行业“事实上”的标准。

多厂商编排和管理的环境也是需要考虑的问题。认真的 NFV 供应商们不仅投入了大量的时间和精力开发编排自己产品的解决方案，而且还促使运营商编排多厂商的解决方案。这当然是必要的，因为如今大多数运营商的目标是拥有多家供应商。但是，供应商在开发多厂商编排解决方案中投入的努力和成本，是以开发更大的增值产品为代价的。这不仅延缓了供应商潜在的价值创新，也不可避免地把产生的成本转移到运营商身上。在过去的 30 年中，我一直处在运营商、供应商和行业标准的困境中，在我看来，要想走出这种困境不是件简单的事。但我很清楚的是，这种多厂商编排遭遇的挑战正在不断影响 NFV 机会。这也许为行业峰会提供了一个很好的话题！

转型旅程 2：从被动的、某个特定产品的安全策略向主动的、统一编排的安全策略转型

忧惧无处不在。在过去的 20 年中，政治、法律和媒体行业对安全挑战可以说充满担忧。无论是个人安全、金融安全、国家安全、边境安全还是网络安全，大部分对话都围绕讨论如何提升安全性，但在数字化转型中似乎不是这样的！

运营商的首席信息官们在转型讨论中提到“安全”这个话题时，整个对话的基调就会莫名发生变化。在大多数领域，首席信息官对转型将带来什么挑战有一定的了解，但是在谈到安全时，他们往往首先重申当前系统的安全性是可靠的，然而稍作停顿之后，开始对未知的威胁表示深切的关注，有时还会援引唐纳德·拉姆斯菲尔德（Donald Rumsfeld）的那句话：“已知的已知、已知的未知和未知的未知……”，以此说明在这样一个快速发展且内部不稳定的专业领域中分析威胁是如此困难。

我们可以用图 5 来说明这种担忧。

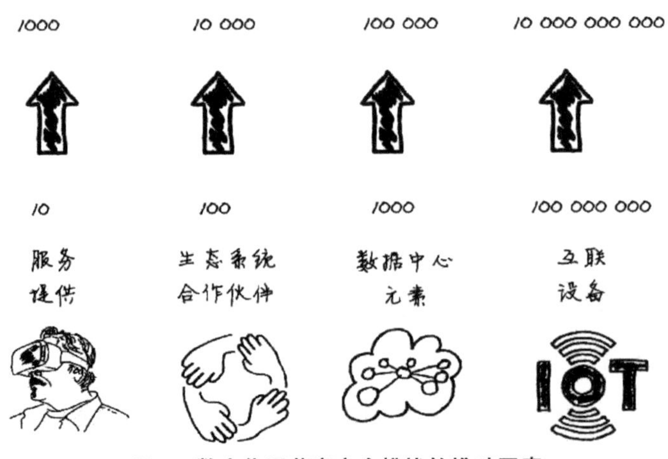

图 5　数字化运营商安全挑战的推动因素

在转型过程中，许多事情都会发生变化。上图表示的是 4 种关键变化趋势，能够改变当前对安全的被动响应方案的游戏规则。

- **数字化服务随时可部署**

  随着运营商从提供数十种传统服务，到潜在地提供数以千计的新型数字化服务，确保每项服务的安全所带来的复杂性也在成倍增加。要做到每项服务的每次更新都不会给相邻的服务埋下意外的安全漏洞，这是一个巨大的挑战。而且，许多新的服务将通过广泛开发和利用客户数据来转变商业模式。在过去 5 年或更长时间中，运营商一直紧张于客户数据的开发和客户数据安全和隐私责任等带来的信任隐患问题，在前面我们也已经讨论过监管机构对这个领域的警惕。不断激增的数字化服务产品导致客户数据的处理越来越容易出错。所以，难怪它们会紧张——它们应该紧张！

- **与生态系统伙伴合作**

  运营商不仅需要担心自己的内部安全，而且要考虑数以千计的外部合作伙伴处理安全问题，以及潜在的危险业务操作。数字化运营商所在的安全框架必须相比目前更全面地覆盖到组织之外。

- **从管理离散网元到管理数据中心的众多单元**

  运营商基础设施不断向虚拟化环境演进，但占主导地位的新数据中心安全性相比互联网竞争对手略有逊色，这意味着首席信息官不得不考虑为其开发安全协议。

- **物联网的出现驱动设备互联的惊人增长**

  众所周知，分析师认为行业的长期预测非常不可信。他们对物联网设备数量的模糊预测比其他模糊预测还要更胜一筹。据说到 2025 年，预计互联设备的数量在 200 亿～1000 亿之间。不管最终的数量是多少，可以肯定的是那将是一个非常大的数量。运营商对这样庞大的数量及其复杂性所带来的安全隐患不免有些担忧。

新安全架构的需求

要了解安全性转型旅程，我们首先要熟悉安全行业的现状。从基于签名和基于规则的方法，到机器智能主导的解决方案，再到先进的人工智能，我们可以看到安全技术在持续加速发展。这一演进最初是由资金充足的公司和国家资助的专业人士来解决高级持续性威胁（APT，Advanced Persistent Threats），因为基于规则的方法过于简单，防御中留下的漏洞越来越多。最近，分布式大数据处理体系架构（如 Hadoop 和 Spark）的改进提供了使用强大的安全分析应用程序，可以对大量数据进行批处理和实时处理。虽然这些大数据技术在日趋成熟，我们也目睹了企业功能向云的快速转移。集中式"保护堡垒"企业的概念已经基本消失，企业不得不开发新的安全架构和流程来保护这种新的分布式基础架构。目前，一些运营商正在研究的一个项目是量子密钥分发（QKD，Quantum Key Distribution），它是一个涉及量子力学的组件的安全通信密码协议。

在开发新的安全体系架构时，需要考虑以下几个方面的关键技术和创新（简称"OBVIOUS"），以成功实现以安全为中心的转型。

- **AI 使能的编排**（Orchestration Powered by AI）

  这是一种使用高级数据分析和机器学习的方法对威胁自动检测和分类的能力。运营商在此面临的主要挑战是，制定和实现所需的标准化的网络基础设施接口。运营商和获得批准的生态系统合作伙伴可能都需要访问这些接口，以便对运营商或其值得信赖的合作伙伴投放市场的服务进行安全性管理。

- **行为分析**（Behavioral Analytics）

  20 世纪 90 年代后期开始引入被广泛称为"安全 AI"的统计模型，用于垃圾邮件过滤。虽然许多创新已经被应用到像深度人工神经网络这样的方法中，但大多数基于行为分析的方法仍然是一样的。关键要点是，基于大量数据使用和数据处理能力，提供越来越精确的模型。数据越多，行为模型越准，安全性越好！成功的以安全为中心的转型将依赖良好的系统设计，对大量数据进行处理，并以有效的方式进行数据分析。

- **可视化**（Visualization）

  可视化对下一代安全来说是一个重大的挑战，能够掌握这个领域的企业将比竞争对手有明显的优势。聪明的算法和聪明的人之间存在重大差异。越来越聪明的算法擅长处理不断增长的数据，但往往容易出现误报。虽然聪明的人根本无法处理大量的数据，但是他们却非常擅长区分真正的威胁与误报。

  开发强大的可视化方案需要利用机器处理和显示数据方面的能力，以及人类对趋势和模型的视觉识别能力，并使他们都能发挥自己的优势，聪明的人应用聪明的算法。以安全为中心的转型，既需要拥有强大的可视化的能力和应用方面专业知识，也需要意识到这个市场的生态系统正在壮大，且其中的供应商正在不断完善方案。

- **仪表化**（Instrumentation）

  要进行行为分析，需要密集地采集网络数据。运营商向 SDN/NFV 的迁移提供了一个很好的机会，可以检验数据采集的密度，以及将结果标准化输出给第三方厂商。

- **数据所有权**（Data Ownership）

  解决不同类型数据所有权的问题不仅是以数据为中心的企业的核心，而且是以安全为中心的企业的核心。在决定数据的生命周期中允许采用安全和隐私方案时，数据的所有权是一个需要考虑的关键因素。如果运营商拥有这些数据，那么通过某些安全措施可能足以保护数据。如果数据属于客户、合作伙伴或其他第三方，则可能需要采取不同的安全措施来保护。不仅许多政府希望在消费者隐私领域进行监管（如 GDPR 将在 2018 年 5 月在欧盟范围内生效，并且明确要求数据“控制者”和数据“处理者”所需的谨慎义务），而且那些意识到数据可以提供巨大价值的公司也开始探索如何以受控的方式与第三方分享这些数据。

- **预防攻击**（Untruthfulness AKA Deception）

  最佳实践安全方法不仅依靠多层外围防御，而且主动监视内部网络和系统，以发现异常的活动。

  一旦确定你的外围防御已被攻破，最好的策略就是努力误导你的入侵者。像蜜罐这样的不真实的欺骗技术可以让你快速确定黑客什么时候处于活动状态，并记录下他们所有的行为。这将告诉你他们正在访问哪些数据，他们使用什么技术来渗透你的系统，最重要的是他们的木马、间谍软件等造成了什么影响。这样，你就能判断你的主要（非欺骗性）系统是否已经以同样的方式被感染。

- **微分段**（Micro-Segmentation）

  不管是哪个安全专家都会告诉你，你需要假设你的周边防御会不时地被攻破！虽然这样做很糟糕，但是如果在对安全性进行设计时能考虑防止威胁迁移，那么即使当一部分网络遭受威胁且转移到网络中的其他服务器时，这可能也不会造成灾难。微分段是一种架构方法，用于在企业基础架构的不同部分之间创建防火墙，以限制数据破坏的影响。

物联网安全

物联网的出现急剧扩展了需要管理的安全边界，因此其成为困扰业界的一大新兴安全挑战。如今，几乎每一个行业都在竞相利用物联网抓住潜在的机遇，但由此带来的安全挑战却还停留在口头讨论上。消费者物联网设备，如联网照明和联网婴儿监视器，已经在现实生活中得到应用。2016 年 10 月，Mirai（一款恶意软件）利用分布式拒绝服务（DDoS，Distributed Denial of Service）攻击的方式感染了 10 万个物联网设备，其中主要是闭路电视、数字视频录像机（DVR）和不安全的路由器，导致互联网的大部分域名系统基础设施失效，包括 Twitter、Guardian、Reddit、CNN 等网站，由此可见其攻击能力的广泛影响，以及给消费者带来的恐惧。物联网的弱点还备受大众娱乐的关注，例如最近的《速度与激情》系列电影中，我们可以看到电影里的坏人通过控制成千上万的联网汽车摧毁了一座城市。

如今，这种“速度与激情”的场景不再是幻想。2014 年，克莱斯勒（Chrysler）公司召回 140 万辆汽车，研究人员证明他们可以对这些汽车进行远程控制或禁用转向、制动和加速器！在不久的将来，随着物联网设备的使用数量涨至数百亿，届时同样可怕的真实场景大有可能出现！显然，如果我们不充分重视物联网安全在工业、政府和消费者等方面的应用，潜在的后果可能会非常严重。

事实上，物联网呈现的巨大机遇不是数字经济本身能暂停的，其中的安全问题都需得到妥善处理。因此，我们可能会继续保持全速发展，直到某个时候遇到一场重大灾难，引起媒体的广泛报道，不得不通过加大监管力量对业界进行整顿。美国参议院已经为物联网引入了一些轻量级的基本安全标准，可见这种情况在美国已有萌芽。在欧洲，欧洲网络和信息安全局（ENISA，European Union Agency for Network and Information Security）非常坦率地表示，“互联智能设备的安全和隐私还没有零级别定义，物联网设备和服务信任还没有法律指导，也没有适当的预防性要求。”他们建议欧盟对物联网安全迅速建立适当的基线要求，并为物联网设备引入欧盟“信任标签”（Trust Label）。

运营商将物联网视为它们的业务发展蓝海，与自身的核心能力完美契合。他们的目标是能够在家庭、汽车和更广泛的工业世界的下一个阶段物联网服务中处于前沿和中心位置。不幸的是，这也意味着，当“物联网灾难”发生时，运营商会不可避免地走向“火线”。为了在一定程度上缓解这个问题，运营商需要建立一个安全框架，以为其避免重大物联网安全问题提供一个防御机会。Beecham Research 公司的 Romeo&Cory 开创了良好的开端，提供了一份基础的安全标准检查清单。

他们明确了物联网安全的九大支柱。

- 认证（Authentication）——确认实体的真实性。
- 授权（Authorization）——指定访问权限。
- 可用性（Availability）——设备在规定的时间内可用（例如 99.99%的可用性），以及确保设备在发生灾难后可用。
- 保密性（Confidentiality）——仅向授权个人提供访问。
- 标识性（Identification）——确保设备的唯一标识。
- 完整性（Integrity）——确保数据无法以未经授权的方式修改。
- 不可否认性（Non-Repudiation）——确保数据中有精准的可信度。
- 信任根（Root of Trust）——一种确保设备基本上不会受到损害的启动机制。
- 安全更新（Secure Update）——一种安全更新设备的机制。

从上述安全标准清单的几个方面来审核最新的物联网驱动型服务的安全性，对任何运营商来说都是一个明智的起点。

转型旅程 3：从有限的数据使用向以统一编排的数据为中心的企业转型

“……如果没有大数据分析，企业就会又盲又聋，就像迷失在高速公路上的鹿一样，在互联网上游荡。”

——杰弗里·摩尔，《跨越鸿沟》作者

杰弗里·摩尔（Geoffrey Moore）在他的《跨越鸿沟》（*Crossing the Chasm*）这本书中谈到了数据在企业发展方面的重要性。上面的引用是我最喜欢的一句话。如今有很多公司就处在这条高速公路上，但在数字经济这盏大灯的强光照耀下迷失了方向！

值得一提的是，数据科学家又是怎样看待数据挑战的？他们采用“5V”来阐述数据所呈现的挑战和机会的规模。

- **容量**（Volume）

  有大量的数据需要存储和分析，并且每天以 PB 级的速度增长。截至 2017 年，全球每年有超过 16 ZB 数据生成，预计到 2025 年将增长 10 倍。

- **速度**（Velocity）

  时间敏感性正变得极其重要。在金融市场，这点一直都很重要，因为在交易中几百毫秒的时间可能意味着数百万美元的利润。在大数据世界中，更多的行业重视及时性。反诈骗、实时竞价数字广告，以及面向移动消费者的定位服务等显然都具有高度时间敏感性。亚马逊最近也发现每 100 ms 的时延会造成 1%的销售额损失。因此，根据应用情况，如果要将数据的价值最大化，必须从几分钟到几毫秒不等的时间范围来采集、分析和使用大数据。

- **多样性**（Variety）

  大数据可能涉及任何类型的数据，包括结构化和非结构化的数据，如文本、传感器数据、音频、视频、点击流、日志文件等，它们可以来自任何可想象到的东西，如社交媒体，设备，AR 和 VR 系统，人工智能系统，呼叫分析、计费系统以及物联网等。以一种高效经济的方式处理复杂的数据类型面临着巨大的挑战。

- **真实性**（Veracity）

  你相信数据吗？你相信数据来源吗？你相信数据分析吗？在未来几年，大数据的货币化成功与否将取决于可感知到的数据的真实性。

- **价值**（Value）

  数据既有对某些群体的固有价值，也有场景化的价值，以及数据传递的及时性价值。

例如，了解一座城市最好的法国餐厅中哪些在晚上 7:00 可供订餐，以及凌晨 2:00 最近的出租车排队等信息具有很大的价值。如果这些信息有延迟，其价值就会骤然下降。又例如，提前 3 周了解俄罗斯可能收获的粮食作物收割的产量，对于纽约商品交易所来说非常有价值。如果延迟 3 周获取信息，其价值就会直线下降为零。同样地，运营商需要充分了解数据的使用场景以及如何实现数据价值的最大化。

数据虽然被比喻成“新石油”，但如果在“恰当”的时候缺乏“恰当”的数据，对任何想要在数字经济中占据主导地位的组织来说，都相当于被判处了死刑。在数字化运营商的转型过程中，数据转型是一个必选的过程。以超高效的、安全的并且符合规定的方式采集、处理和分发数据的能力是数字化运营商需具备的必要特征，无论运营商是将依靠这些数据来获利，还是想熟练利用数据来更好地管理业务。

游戏规则正在改变

数据的质量也在随着时间的推移而变化。以前的数据游戏都是采集和分析具有姓名、年龄、性别、收入等明确特征的相对静态的信息。现在我们已经进入了一个更加实时的世界，重点集中在从视频、图片、社交媒体、股票价值、乘客和工业传感器等巨大实时数据流中产生价值。这些数据流来源于通信网络和不断增长的物联网生态系统（如物联网设备不断深入到冰箱、汽车、航空公司座位等）。运营商的数据转型过程包括建立用于实时分析非结构化数据流的系统和流程。但这还不够，运营商还需要开发利用这些数据的机制，该机制不仅用于优化运营商的内部业务运营，还可以通过信息货币化来创造新的收入。

几乎每一个与我交谈过的电信行业人士都能理解我上面所讲的概念。他们都明白，信息就是力量。如果你能从数据堆中提取和洞察出有用的信息，那么你就创造了财富，可以自己采用来改善业务，或者卖给别人驱动他们的业务增长。此外，每家运营商都明白自己幸运地拥有“超级甜区”。电信行业正坐在世界上最大的一座数据“矿山”上，包括客户打的每一个电话或发送的每一条信息，以及他们的当前和历史位置、信用情况、浏览社交媒体的习惯、购买和下载喜好等信息。为了实现真正的数据转型，运营商必须提取、处理、存储、挖掘和可视化数据，以最大限度地挖掘该“矿山”的价值。

数字化运营商要想揭开数据的内在价值，必须通过以下的关键步骤。

- **实时数据生产**

  运营商所管理的数据是非常复杂的，包括电话细节记录、视频流、VoIP 流、文本、交易数据记录、浏览行为、偏好、选择等。这些是从网络、第三方来源，以及诸如性能管理、故障管理、网络库存和客户关系管理等不同的业务系统中抽取的。数据生产包括将这些数据流转换成可用的数据工件，通过自动化业务流程进行实时分析，最终挖掘出可行的见解和可视化效果。

- **非实时数据处理**

  并非所有数据都需要实时处理。运营商生成的大部分数据可以进一步离线处理，以产生有价值的信息，从而改善电信运营流程和步骤。

- **数据自动化**

  这涉及对数据生成和数据处理所产生的信息实施自动化流程和策略的能力。有效的数据自动化需要在不同的应用程序、数据库和系统之间协调多个独立的操作，即所有这些操作都是以正确的顺序、在正确的时间和正确的条件下进行的。在这个过程中缺少一个步骤，或者在错误的时间执行一个步骤，都可能会导致大量处理时间的浪费，或者最糟糕的可能会导致貌似可信，但实则错误的数据。

因此，基本设计指导就是遵循对端到端客户和用户使用过程的映射。在不同的系统和应用程序之间使用一个统一的自动化引擎有助于消除供应商应用程序之间的时延，提高吞吐量，并确保正确的执行顺序，以加快数据集成周期。

- **数据存储**

  数字化运营商需要在分布式服务器集群中存储大量数据集，然后在整个集群中运行分布式分析应用程序。这个过程必须是高效、可靠的，即使单个服务器甚至服务器集群出现故障时，系统仍然可以继续运行大数据应用程序。Hadoop是这一挑战的首选武器，因为它大大降低了存储数据的成本，同时使得搜索和分析变得更容易。简单地说，通过在Hadoop集群中添加更多的通用商品服务器，运营商可以在不进行任何额外开发的情况下增加集群的存储容量和处理能力。对于处理EB和ZB级数据时，尽可能降低可搜索存储的成本是至关重要的。重要的数据存储设计包括决定存储哪些有用的数据以及存储多久，避免大量的无用数据导致成本不断增加。除了Hadoop还有一些可供选择的方式，例如Ceph和Datastorm，它们基本可以实现同样的目标。

- **数据分析**

  数据分析技术提供了一种用于分析数据集并得出结论的方法，以帮助企业做出明智的业务决策。目前有多种系统可用于分析结构良好的数据流，包括从顶层的SAS和SAPHana系列解决方案到各种小型供应商。成功的数据分析的关键在于分析结果如何流向需要这些信息的人员。数据分析在自动化流程中的应用越来越受到重视，预测性和主动性分析的价值也越来越大。例如，对于某些战略投资决策，预测性数据可能会优于历史数据。

- **数据可视化**

  可视化是我们的大脑接收和解释大量信息最简单的方法。人工智能结合日益成熟的算法，可以处理不断增长的数据量，但人类在发现趋势方面仍然扮演着重要的角色。开发强大的可视化方法，利用机器对数据处理和呈现的优势，结合人类对趋势和模型的正确识别的优势，各尽所能，并提供更强大的解决方案。

这 6 个关键因素需要加以实施和结合，以产生所需的信息来推动内部业务运营效率提升和外部货币化。

但除了对数据的采集、处理、存储和可视化之外，对数据处理和授权过程进行转型也至关重要，可以及时将数据分发给需要的人员。因此，内部流程的改变是数据转型过程中的一个关键要素，需要像技术数据挑战一样重要对待，也就是说，它也是大数据设计挑战的内在组成部分。

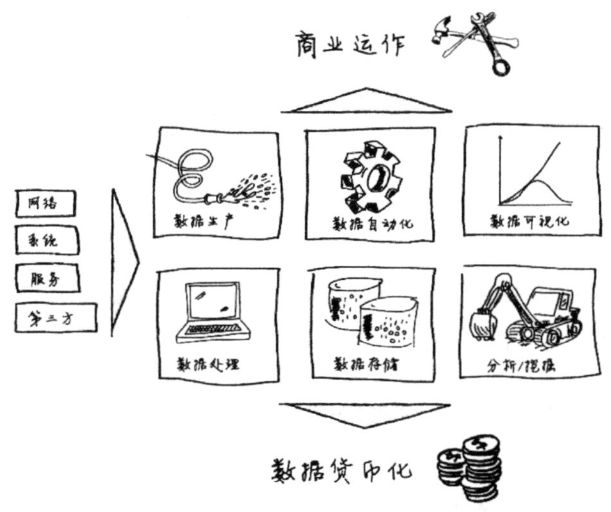

图 6　数字化运营商的数据处理

信任与数据的法律难题

虽然前面介绍的重点在于我们如何采集、挖掘数据并提取相关的、及时的和可行的信息帮助运营商从中获利，但是大多数 CxO 高管关心的是数据转型的另一个方面，即对于所得到的信息的哪些做法是合法的。

许多运营商的高管认为，无论出现什么技术挑战，都终将被克服。但行业高管真正担心的是在采集、存储和使用客户个人数据和信息方面必须遵守的法律和法规界限。如果他们在多个地区经营数据，这些边界是如何随着国家的不同而变化的？不同垂直行业的不同信息类型（如医疗保健行业的电子健康记录、零售行业的客户浏览信息）又是如何变化的？

个人数据的合法使用前景将通过欧盟的“通用数据保护条例”（GDPR，General Data Protection Regulation）促进转型，该条例是隐私法规的新黄金标准，于 2018 年 5 月在 31 个欧盟国家和欧洲自由贸易联盟（EFTA，European Free Trade Association）国家生效。GDPR 规定了每次数据泄露的重大处罚（高达 2000 万欧元或全球年营业额的 4%）。因此，如何实现和维持对法规的遵从是一个严肃的问题。GDPR 区分对待个人数据和敏感个人数据（如健康记录），定义了数据处理的 7 个原则，包括如下内容。

- 合法、公正、透明的数据处理。
- 目的限制（仅限于特定目的）。
- 数据最小化（充足的、相关的、有限的数据）。
- 准确的、最新的数据处理。
- 以允许被识别的方式限制存储。
- 保密和安全（保护数据完整性和隐私）。
- 问责和责任（遵循规定）。

数据主体（运营商的个人客户）有以下权利。

- 退出市场营销。
- 拒绝数据处理。
- 纠正或删除数据。
- 请求限制处理数据。

- 被遗忘。

因此，控制信息使用的权利最终取决于运营商的客户，但即使将数据处理外包给数据处理者，合法使用数据的责任仍由数据控制者（运营商）负责。这些对个人数据使用的法律限制将大大影响运营商客户数据生命周期管理和数据分析设计，因为使用权限需要定期更新。

如果广大的客户群认为你对他们不够尊重或不诚实，那么即使你合法地使用客户数据和信息也并不会令他们满意，即便是运营商确实获得了相比其他公司或行业更高的客户信任。当运营商向客户发送每月账单时，客户直觉性地认为这是正确的。他们对于向运营商提供敏感的信息（如信用卡详细信息、账单地址和银行账户详细信息）往往不会感到不舒服。这已经持续了几十年，总的来说，运营商已经证明了自己是值得信赖的。但在爆炸式增长的数字经济中几乎没有人注意到这点，至少到现在为止是这样的。信任已经开始被理解为一种有价值的商品，与全球经济中的其他新竞争对手相比，运营商正处在一个令人羡慕的位置。

回到数据转型挑战这个问题上，运营商必须确保系统和流程的问题得以解决，以巩固数据转型旅程，并始终没有忽视它们目前所拥有的可信任位置的重要性。我认为针对可接受的数据使用，“信任”的责任需要遵循以下 3 条规则。

规则 1：了解数据采集、存储和利用涉及哪些法律义务。
规则 2：任何数据的使用都应促进客户生活方式的提高，客户应从其数据的使用中得到切实的好处。
规则 3：客户数据的任何使用都应对客户透明可见。

运营商对于使用客户数据来实现何种程度的数据货币化而感到紧张是可以理解

的，尽管它们许多已经在实现数字化转型的数据架构方面取得了长足的进步，但大多数都没有真正推动数据货币化。相反，互联网行业正在推行强劲的数据货币化战略，并越来越迅速地向前发展。如果运营商想要有效地利用在转型中获得的大量数据，成为一个以数据为中心的组织，同时保持拥有它们目前的信誉，则必须按照上述 3 条规则来发展。

- 运营商必须学会详细了解自己在数据管理方面的当前责任以及发生的变化。这并不仅意味着聘请少数几位律师或 GDPR（General Data Protection Regulation）专家来关注新提议的服务的合法性，而且必须深入整个产品管理和营销组织，数据责任正在成为新的关键领域知识。
- 运营商必须为客户建立一个效益分析评估，以某种方式与有代表性的客户进行验证，并将其纳入每一个新的数据使用计划中。
- 运营商必须投资开发透明机制，使客户不仅可以看到他们的数据正在被使用，而且可以看到数据被用来做什么。最近关于这个话题的讨论提出了区块链，作为一种构建透明机制的核心可选技术，区块链可以用来作为使用客户数据的公正审计试点。

如果能够遵循这条路径，运营商将对自己何时能够安全地实现数据货币化和开发充满信心，同时，通过建立内部系统和产品开发流程，它们能够让客户明白数据开发所带来的好处。

转型旅程 4：从封闭的管理系统向 Open API 平台架构转型

开放式架构的发展对于下一代数字化运营商来说是必不可少的。虽然电信行业的历史主要是由封闭式或专有架构形成的，但未来运营商不太可能通过封闭式架构发展壮大。开放的架构意味着数字化运营商需承认，运营商只是大型数字经济的一部分，他们的未来取决于他们是否能够融入其他更具优势的竞争对手所构成的系统中，从而实现创新的新服务。同时也要认识到，允许第三方融入电信系统和进入市场也能带来可观的收入。允许第三方融入运营商核心平台各个方面，意味着让运营商从单边的商业模式向多边的商业模式发展，比如它能促进运营商内部不同功能间互通的效率和能力。本书后面将谈到运营多边的商业模式所需要付出的努力。拥有开放的平台无疑是令人既担忧又兴奋的！

TM Forum Open API 方法

TM Forum 已经真正向 Open API 的挑战敞开了怀抱，且近年来已经在这个领域形成了行业领导地位，这对任何正在进行数字化转型的运营商来说都非常重要，其中包括巨大的 Open API 和资源库，可以帮助人们很好地运用并理解使用 API 的好处。这些好处包括以下几个方面。

- **极大地提高业务和 IT 敏捷性**

  Open API 可从根本上缩短新服务上市时间，降低创建和运营新服务的成本。

- **使全球网络互联**

  通过实现 Open API，运营商可以从根本上改进和简化批发服务的开通，灵活地对服务进行扩展。运营商能在全球范围内联合提供网络功能和数字化服务，与大型互联网对手竞争。

- **降低整个供应链的整合风险和成本**

  Open API 是切实减少业务转型时间和风险的一个关键要素。

- **为运营商的创新开辟平台**

  通过通用 API 呈现运营商业务和基础设施能力，使电信运商营能够利用更广泛的开发人员社区的创新。

- **减少对单一供应商的依赖**

  多个供应商支持的开放的标准 API 使运营商能够通过竞争性招标降低成本。

为了在电信行业推广这个概念，截至 2017 年年底，TM Forum 已经开发并发布了 50 多个 Open API，涉及电信运营的多个方面。这些信息涵盖在一个开放的 API 地图中，能够反映数字化运营商的关键应用，从营销或销售管理，到产品、服务和资源管理，再到合作伙伴管理以及最终的企业管理。TM Forum 还发起了“开放 API 宣言”（Open API Manifesto），通过标准 API 的使用推动电信行业步调一致。迄今为止，已经有大约 28 家大型运营商签署了该宣言。TM Forum 的目标是在未来一年左右的时间中，让世界上绝大多数的运营商接受该宣言。

设计开放式服务使能平台

Open API 架构的核心将是一个开放式服务使能平台，有助于为自己和第三方创建服务。设计这样一个开放式平台有很多种方法，一些关键逻辑元素如图 7 所示。

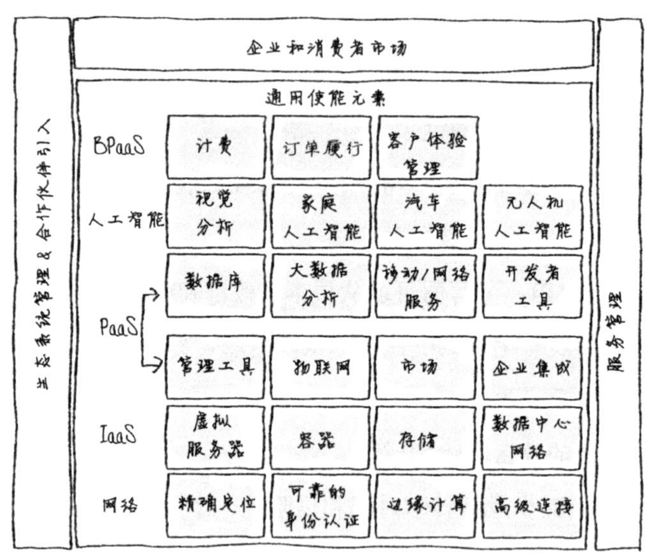

图 7 Open API 平台架构

- **通用使能元素**

  旨在建立支持“DevOps”的环境，以 API 组的形式展现平台功能。合作伙伴和第三方开发人员可以使用该环境来创建新的服务。这种平台的强大功能可以由网络、IaaS、PaaS、人工智能和 BPaaS（商业流程即服务）功能组合。每个通用元素都将提供重要的服务支持功能，如大数据分析、视频分析、人工智能服务（如自然语言处理）以及开发人员和内容创建者的工具。此外，它还将打包网络功能，提供从基本连接到高级网络切片、精准定位和边缘计算等一系列服务。此外，该平台还可以通过 API 展现一系列运营商商业流程，包括计费、履行等。

- **生态系统管理和合作伙伴引入**

  数字电信生态系统将由战略联盟合作伙伴到第三方开发商等众多不同类型的合作伙伴组成。生态系统管理必须能够提供所需的系统和软件，以便合作伙伴加入，并方便从法律和技术上进行管理。无论是自行加入还是通过手动管理引入，系统都会向合适的合作伙伴提供合适的合同，将同意的服务级别协议（SLA，Service-Level Agreement）反映到服务绩效和收入管理系统中，监控合作伙伴在合同生命周期内的表现。同时，其还包括向合作伙伴提供直接法律、技术和服务支持的系统。

- **纵向解决方案堆栈**

  从最高层次来讲，库目录应该包含一系列为行业定义的业务场景和业务模式，这些行业可以用作创建新服务的模板。从较低层次来讲，库目录应该包含通过开发者平台以及企业和消费者市场公开的服务。在这里，库目录注重的是维护定价、配置和其他用于特定服务的信息。

- **消费者和企业市场**

  这些系统提供方便与客户交易的市场，包括支持合作伙伴解决方案的验证和引入，如检验价格和其他策略项目是否已经完全明确，以及解决方案是否通过预发布检查。

虽然对开放式平台架构进行定义是必不可少的，但在这一领域实现成功转型的关键在于建立支撑该架构的运营流程和组织设计。

实施 API 战略

实施 API 平台战略并非易事，特别是对于那些过去一直维护封闭数据和系统信息库的运营商来说。

构建这种 API 方案以及 API 消费者生态系统（主要由第三方软件开发人员组成）的一些关键考虑因素如下。

- **数字战略推动 API 战略**
  运营商需要开始将 API 视为战略性业务资产，而不只是技术项目交付。必须根据数字计划的业务优先级考虑如何构建 API，以及如何将这些 API 推向市场。
- **关注数字生态系统能力**
  API 是外部和内部生态系统的关键。为合作伙伴提供正确的功能集以便在技术和商业上轻松访问 API，这对于开发蓬勃发展的 API 生态系统、推动创新和收入增长起着关键作用。
- **商业用例引导**
  确保 API 支持商业用例，并验证可用作综合解决方案开发中的组件。
- **只建立已确定消费者的 API**
  有很多 API 项目是由技术创新驱动的，但在推出时却没有任何市场吸引力。因此，确保 API 概念和设计经过目标消费者验证和测试是非常必要的。
- **为自己代言**
  运营商应该致力于成为自己 API 的热心消费者，同时在日常业务中结合使用外部 API 作为不可分割的一部分，这有助于促使公司取得更大的成功。
- **关注开发人员**
  对开发人员经常访问的社区进行推广和投资。使开发人员更加方便地通过自助服务注册、交互式文档和开发人员社区来发现和使用 API 以促进共享，这一点非常重要。将开发人员视为“高潜在价值客户”，同时，使用以人为本的思维模式（Design Thinking）来设计和优化他们的使用体验。

- **把 API 作为产品来对待**

  这使公司能够以配额限制和定价模式打包 API，企业能够在各种业务模式的基础上实现迭代以优化服务。

- **通过业务指标跟踪平台情况**

  成功的平台可以清晰地定义和衡量业务指标（直接或间接收入）以及 API 消费指标（如 API 流量、应用数量和活跃开发者数量等）。

- **不要急于通过 API 获利**

  现在由 API 生成的大部分价值并不是直接从 API 调用中获取的，而是通过 API 所提供的业务机会，以及它们在大规模交付时所消耗的应用程序结构来实现的。因此，请谨慎处理，不要为了短期的 API 使用收益破坏长期的 API 战略收益。

转型旅程 5：从有限的传统服务组合向多元的数字化服务组合转型

为了讨论数字化转型，我必须快速将话题转到高潜力数字化服务上，否则将很难展开讨论。在本书的前面部分我提到了，数字化转型的很大一部分财务收益将来自成本节约，或者来自通过 Open API 实现其他第三方服务的收入增长。但是我们不可能避开数字化转型将带来的大量的新兴服务，例如车联网、智慧城市和家庭、无人机、人工智能、AR/VR 服务等。

运营商对这些新服务的探索并未过于保守。过去 5 年来，全球的运营商已经投入数十亿美元进行各种试验和推出新的数字化服务，目标是成为数字化转型的标准载体。

尽管投资巨大，但运营商还未能开发出标志性的并能推向市场的数字化服务。唯一的一个例外就是在肯尼亚和坦桑尼亚启动的 M-Pesa 移动支付服务，该服务已经扩展到南非、阿富汗、印度、罗马尼亚和阿尔巴尼亚。与此同时，已经有超过 200 家独角兽公司（估值 10 亿美元以上的初创企业）成功创立。优步、爱彼迎、Stripe、腾讯、百度以及其他许多公司都是运营商经常投资和试用新服务的地方，但运营商却没能创造出一个这样的公司。公平地说，尽管到目前为止已经投入了大量的投资，运营商及其供应商的创新甚至还不如“车库里的两名工程师”。

但是，这并不意味着运营商就需要“投降”，只能成为独角兽公司通往市场的渠道。运营商需要的是以一种更加深思熟虑、超聚焦的方法去识别和评估应当追求的数字化服务，以及应对数字经济中快速变化的创新挑战！

识别市场机会

为了确定运营商应该投资哪些新数字化服务，运营商必须首先确定市场的差距在哪里。这一点再明显不过了，但奇怪的是，在过去的几年中，我在许多数字化服务试验中并没有看到这种想法出现。我观察到的是运营商在进行数字化服务试验时往往选择阻力最小的路径。

许多运营商都采用了“散弹枪”的方式来试用新的数字化服务，大概是希望通过进行一次或多次试验发现真正的潜在机会。这不一定是个坏方法，许多风险投资公司采取各种类似的方法。

但是这种方法需要运营商在发现有吸引力的服务之后愿意“继续出资”。风险投资公司的成立就是为了这样做，但是运营商的管理过程使它们很难在做出有希望的尝试后能及时地增加投资。

在电信行业中“从众思维”也很盛行，这种思维已经影响了新的数字化服务投资战略。当一个运营商决定进军视频、媒体或内容业务时，多个运营商就会认为“如果 AT&T、NTT、BT 等能够做好，那我也没问题。”这种“从众思维”导致了运营商缺乏远见，把投资重点放在有限的服务领域，而不是广撒网。此外，一些新的数字化服务领域，如车联网、无人机等都非常复杂，能提供数百个潜在的商业用例。例如，如果你投资车联网，就跟你要投资食品行业一样，需要考虑在哪些食品、哪些市场、哪些地方投资等问题。这类领域因其复杂性，运营商也不敢轻易进入。

随着我们向全面的数字化转型迈进，每个运营商必须严肃地抉择需要投资的领域。良好的目标投资领域由许多因素决定，其中最重要的两个因素是：了解竞争程度，特别是“OTT 玩家”在这个特定领域占多少先机；了解运营商在这方面的竞争优势。

图 8 呈现了当前备受瞩目的一些服务和它们在 OTT 市场地位和运营商竞争优势的坐标轴中的位置。值得关注的是，发展前景正在不断快速变化，如果不迅速采取行动并在这些新的领域中获得稳固的地位，机会很可能消失。

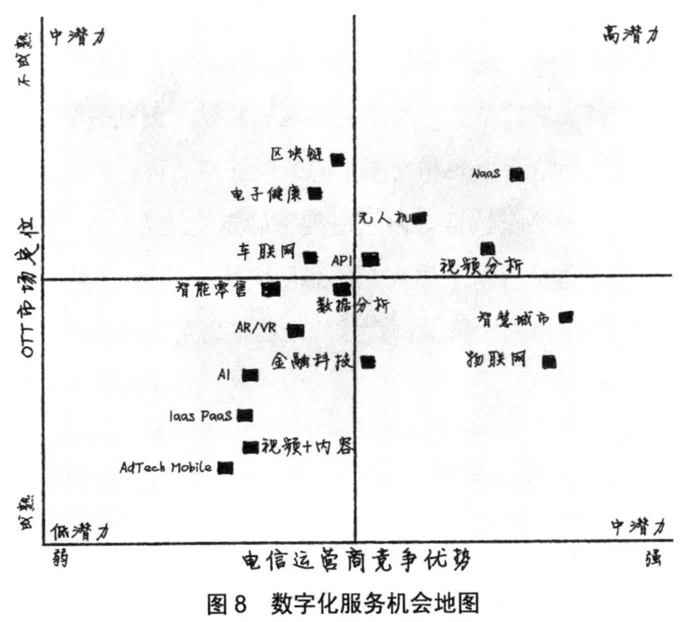

图 8　数字化服务机会地图

量化机会

一旦运营商对它们可能考虑投资的领域有广泛的了解，就需要进行详细的分析以恰当地量化机会。不能简单地通过查看最新的关于车联网全球市场规模的Gartner调查报告就贸然地断定这个市场是合适的。数字化服务转型将采用类似于以下内容所述的方法，即数字化服务创新框架（DSIF，Digital Services Innovation Framework）。该方法由华为SPO实验室与Keystone Consulting合作开发。

该方法的几个重要阶段如下。

- **机会地图创建**

  首先根据图8了解潜在的投资领域有哪些。

- **设计思维（Design Thinking）**

  设计思维是设计师用来解决复杂的问题并为客户找到理想的解决方案的一种方法。业界已有大量的著作描述了设计思维的概念，本质上它是一种以人为本的设计方法论，基于逻辑、想象力、直觉和系统推理能力，来探索成功的可能性，并获得预期的结果。通过利用迭代假设“测试—学习”循环周期，使客户需求（包括情绪上的和功能上的）能够借助可行的技术获得理想的结果。这最适用于解决在数据有限且高度不确定的地方出现的“恶劣问题”。在本阶段，设计思维用来产生大量的想法（头脑风暴），然后把它们重组或聚合，生成初始的高优先级用例。该阶段的输出可以用作市场机会分析阶段的输入。

- **市场机会分析**

  该分析侧重于通过了解具体的市场机会，识别高优先级用例，了解当前的市场细分以及存在机会的领域。该分析包括对机会周围的生态系统进行洞察，并对价值链每个环节可获得的利润池进行分析。

- **商业模式设计**

  该模式设计着眼于为识别出的机会选择哪种商业模式，包括传统的商业模式，不过平台商业模式的应用也变得越来越重要。

- **商业模式试点**

  运营商一旦识别并选择了具体的机会，就要在真实的环境中快速地测试和验证，这一点很重要。商业模式试点阶段旨在创建试点项目，可以在真实的受控环境中测试前一阶段的输出。这里的目的在于测试已识别的用例和备选商业模式是否具有商业可行性。

关于数字化服务创新框架和运营商创新的更多讨论，请详见第六章。

管理多元的数字化服务组合

虽然运营商很可能已经确定并开发了一些优秀和吸引人的数字化服务并将其作为数字化转型的一部分，但随着机会暴增，他们发现，除非在管理和更新数字业务组合方面做出相应的改变，否则，他们还会不断取得更多的成果。数字化转型需要整体数字化投资组合管理进行范式转变。在实际过程中，新的投资组合管理必须关注关键能力的共享。这个过程还必须随项目的大小规模调整，如高度创新的78 万元项目与 78 亿元的项目相比，前者在审批、效益评估和实现过程都应该要更加轻量化。但实际上，无论项目的规模如何，往往使用的是相同的组合计划和优先化过程。以传统的面向工件的方式进行的组合管理流程将无法捕捉到转瞬即逝的价值机会，因为交付的时间过长，无法快速适应新的需求。

组合管理能力应包括如下一些关键特性。

- **通用的平台和能力**

  该管理平台尽可能把新型服务建立在通用的核心服务平台架构的基础上，而不是为每项服务开发浪费资源且低效率的烟筒式的平台。这种通用的环境必须能够在自动驾驶、无人机、智慧城市等不同的垂直市场上实现服务能力真正的可重复利用。如果缺乏这种平台环境，运营商将遭遇重复努力和资源浪费的风险，加大时间和金钱成本，并影响利润。这不应该只是事后的一个想法，而是从一开始就该考虑的事情。

- **通用的数据和保障层**

  该管理能力包括创建可提供必要编排能力的数据层，并在可能的情况下建立一个通用保障层，通过通用保障框架对服务进行管理，同时，确保所需的不同性能报告特性可以应用到所有的服务中。

- **单一组合出资方式**

  该管理能力包括有目的地平衡跨业务目标和跨投资期的资金提供。把支出分配重点放在实现主要成果上，而不是先到先得。

- **小型项目**

  该管理能力包括将大型工作项目分解为小型的“可停止”的小项目。在快速发展的数字化服务市场中，数字化运营商必须能够快速响应变化，做到在几周的时间内就能转变新方向。这种灵活性可以通过使用敏捷软件来实现，使团队能够以迭代的方式交付工作，把项目分解成较小的例如 Pre-alpha（准预览版本）、Alpha（预览版本）、Beta 1.0（测试版本 1.0）、Beta 2.0（测试版本 2.0）等分阶段版本，而不是作为一个为期两年的项目进行投资和分配预算。

转型旅程 6：从有限的供应商向活跃的合作伙伴生态系统转型

谈到数字化转型，必然绕不过“生态系统”（Ecosystem）一词，但对于这个词，人们一般探讨的是它在其他领域（特别是相关的垂直行业）的价值，以及运营商通过合作所带来的价值。然而，对于运营商在多重生态系统（Multiple Ecosystems）中有效运作所需的转型，人们却鲜有讨论。

当世界仅有语音、文本和宽带等少量服务需求时，运营商可以坚持自己的初创战略，为顾客创建和提供各种选择。但是，随着世界不断发展，到如今复杂多样的数字经济时代，运营商已经意识到自己根本没有足够的专业技能、资源、领域知识、市场渠道或可信度来开发或提供客户所需的绝大多数服务。

一种明智而又节约成本的方式就是通过合作来填补这些缺口，从而及时将运营商的价值提供给越来越多的客户。相反，运营商也有自己的市场渠道，能够吸引其他垂直行业的合作伙伴。因此，数字化战略的另一个方面就是将这些渠道以符合战略和成本效益的方式向更广泛的生态系统升级。

虽然运营商痛苦地意识到，若想要成功地向多个垂直行业提供新型数字化服务，则需要融入更广泛的生态系统，但是它们往往并未意识到这将是一个多么艰难的转型旅程。例如，当我问风险投资界的朋友，运营商作为生态系统合作伙伴具有怎样的吸引力时，得到的答案通常都非常直接。在他们眼中，运营商就像个“黑寡妇”（这里指一种名叫“黑寡妇”的蜘蛛），换句话说，运营商从合作伙伴那里得到想要的东西后便把伙伴“生吞活剥”。这不一定是出于运营商的本意，可能是因为他们不善于与合作伙伴打交道。

向建立活跃的合作伙伴生态系统转型，就是要培养成熟、强大的生态系统合作伙伴管理和合作伙伴关系处理等各个方面的能力。该转变的关键在于，运营商必须从“池中大鱼”变成游弋在更广阔的“数字经济海洋”中的“小鱼”，效率更高、效果更优。

生态系统管理成功的关键要素

在制定生态系统管理战略之前，转型中的运营商必须清楚地认识到公司发展的重点是什么。与运营商谈及这个话题时，人们通常以“神牛”（神圣不可质疑的事物，即限制性思维）式口吻的陈述开始，如“……我们必须继续拥有客户”“……我们必须使用自己的计费系统”“……我们对自己的品牌必须引以为傲”等。

这些理想抱负都是合情合理的，但总的来说，我认为这是运营商对失控的本能反应（Knee-Jerk）。运营商要想实现总体收益最大化的一个明智做法，可能就是放弃一些传统的“神牛”看法。

一个成功的生态系统管理需要具备以下 3 个关键要素，它们之间彼此相互支撑和转化，如图 9 所示。

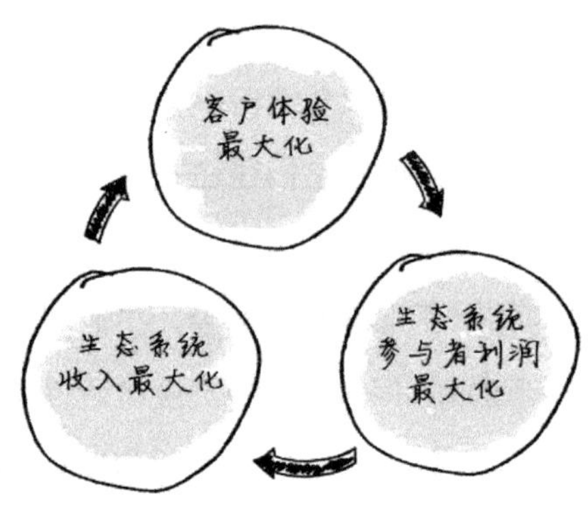

图 9 生态系统管理成功的关键要素

- 客户体验最大化。
- 生态系统参与者利润最大化。
- 生态系统收入最大化。

在考虑生态系统的机制时，必须牢记这个“三脚凳”原则（关键三要素），运营商需要明白在不影响凳子平衡的情况下什么事情是可协商的。为了平衡这个“三脚凳”原则，在为更广泛的生态系统建立伙伴关系时，运营商应该考虑以下 7 个维度的因素。

- **速度**

如果让我给运营商的历史伙伴关系表现打分，恐怕执行速度这一项的分数只能是 1 分（10 分制）。众所周知，运营商在达成伙伴关系协议方面的速度是非常缓慢的。通常情况下，运营商需要花很长时间协商，才能与某个组织建立伙伴关系，还需要律师团队和合作经理的参与才能达成纸质协议。明确成文的协议固然很必要，但未来的生态系统需要演进到在线对大量带有公平支付条款的标准化协议进行点击操作即可。在很多情况下，合作伙伴的引入需要在几个小时或几天内完成，而不应该是长年累月地耗费时间。"OTT 玩家"已经破解了这个难题，所以有很多的优秀实践案例值得借鉴。区块链"智能合约"概念的出现也正沿着这条正确的路线前进。

- **客户管理**

对于任何合作伙伴协议，首先都需要考虑客户在此协议中会受到怎样的影响。无论是运营商将客户"归为己有"，还是只是向合作伙伴贡献一点点客户，客户管理都必须是核心考虑的因素。每个方面都应兼顾，包括谁能够提供有效的一线支持和问题解决方案。运营商转型的一大改变就是将客户管理纳入商业机会分析中，尤其是客户的自动化合约场景。

- **信任**

我之前把运营商比作"黑寡妇"是有失公允的。其实，运营商并非像"黑寡妇"那样故意杀死自己的伙伴。相反，合作伙伴（或伙伴关系）因为饱受运营商的系统、流程和决策速度等方面的压力和折磨，最终导致合作关系走向"死亡"。假设这些问题能够得到解决，那么我们可以把信任度作为相互理解的伙伴关系的核心来建设。

- **融合**

在数字经济中，生态伙伴关系将需要高度自动化甚至自主运营。在前面提及运营商如何管理自己的 NFV/SDN 环境时，我谈到了这一点，但与此同样重要的是，运营商将如何融入生态系统。

每当人们决定在生态系统中执行某项行动时，他们都会面临业务下滑、客户不满或犯错的风险。将所有内部系统相关的 API 对外开放将是转型过程中的关键要素。同样，前面提到的开放式平台架构，也是运营商转型成以合作伙伴、生态系统为中心的重要因素。

- **灵活的商业模式**

  本书多次提及，运营商的未来将涉及多种商业模式，这一点对于创建有效运作的生态系统尤为重要。合作伙伴 A 和 B 之间运作的商业模式可能不适用于 A 和 C 之间的合作。同样，服务推出时的商业模式可能在服务运营 6 个月后已经无法继续。可见，数字经济的一大特色，就是能灵活转向一个新的商业模式。今天以月度订阅为基础的服务，明天可能捆绑到另一项服务中，3 个月后可能转变成“免费增值”模式，6 个月后甚至可能完全免费（通过广告或其他数据货币化盈利）。这给运营商的后台系统和员工带来了很大压力，他们需要根据具体情况动态地采用各种商业模式。

- **“红线”问题**

  如前所述，在谈及合作伙伴关系时，运营商常常开口就用“必须使用我们的计费系统”之类的话。在许多场景下，这只是一个本能反应——以往这种话一直是正确的，但在其他一些场景下，这很可能是运营商的一大“红线”问题，继而成为维系合作伙伴关系的障碍。但是，运营商需要仔细定夺这些“红线”问题，因为坚持这些条件无疑会导致失去一些潜在的合作伙伴。每一家运营商都需要了解并能够维护其“红线”问题，这必须由公司的高层来定夺，把它与公司愿景相结合。如果真正出现“红线”问题，那么运营商需要考虑生态系统中的所有合作伙伴，而不能仅仅考虑自己的利益。

- **退出策略**

  最后，每个生态系统都需要有一个伙伴关系结束机制。数字化运营商没有精力在解除关系上浪费时间，所以所有伙伴关系都需建立允许容易退出的原则，这需要从一开始设计就纳入考虑。我不是简单地谈论合约中的终止条款，更重要的是如何处理共享资产，例如合作期间创建的数据，以及如何从客户的角度出发处理退出事宜等。从根本上来说，我认为如今大部分合约囊括了这些内容，但数以千计的合约可能存在不可预见的相互依赖关系，因而要想从生态系统中“全身而退”，这对任何公司来说都是一个挑战。

管理复杂的多方关系

在数字经济中进行合作还存在另一种复杂关系，我们面临的生态系统是多“玩家”互联的系统，我的好友约翰·雷利（John Reilly）把它叫作价值网格（Value Fabric）或价值网（Value Net），而远非传统的价值链（Value Chain）的概念。生态系统中的每个“玩家”都与多个参与者相互连接，所以，合作不只是一对一的关系，更多的是一个团体的共同努力，这意味着合作伙伴的未来在于发展更加深入交织的合作网络，而非近些年发展的二维或双边关系。

车联网行业中的合作挑战是一个很好的例子，证实了这种日益增加的复杂性。毫无疑问，运营商对车联网行业很感兴趣，对它们来说，与汽车公司合作很可能是帮助它们打入这个市场的先决条件。运营商还需要与其主要供应商（华为、爱立信、甲骨文等）合作，开发适合车联网市场的解决方案。

与此同时，这些主要电信供应商也正忙于与汽车公司直接建立合作伙伴关系，这就与电信供应商的客户，即运营商产生了“竞争”。处理这些合作和竞争关系并非易事，在我看来，运营商与主要供应商之间的关系不免会有一些波折。

转型旅程 7：从有限的商业模式向运用多种商业模式转型

商业模式的选择决定了公司的成败！不难理解，一个好的想法（商业模式）决定了一个公司或产品的成功。iPod 的成功不在于它的策划胜过索尼随身听（Sony Walkman）；爱彼迎（Airbnb）的成功也并不在于它的网站优于大型连锁酒店。策划和设计因素固然重要，但商业模式和市场需求之间的无缝契合才是决定新产品或服务成败的关键。由于与 iTunes 实现了无缝连接，iPod 崛起占据市场主导地位。它们意识到消费者并不想再购买另一硬件，而是希望购买新的音乐体验。一旦确定并锁定了商业模式，成功便指日可待。后续的卓越执行力仍然十分必要，但如果采用了合适的商业模式，接下来的事情就顺风顺水了。等竞争对手们意识到这场战斗是新型商业模式较量而非新设备之争时，游戏已经结束了。在 iPhone 和应用商店（APP Store）方面，苹果公司也采用了同样的策略，而且实施的规模更大。这次，竞争对手尽管看清楚了事态的发展，但在数年内都无法做出相应的行动与之抗衡，因此 iPhone 和 iPad 毫无疑问占据了市场的主导地位。虽然优秀的设计很重要，但在所谓的“赢者通吃”的平台市场中，采用的商业模式和大规模执行的速度才能真正决定企业是否能够进入市场。

爱彼迎（Airbnb）的情况稍有不同。它们创造了一个真正激进和颠覆性的商业模式，使传统的酒店行业几近抓狂。最初，我们甚至不清楚爱彼迎是直接的竞争者还是完全不同的颠覆者，它在网站和全球市场营销方面的卓越执行力无疑起了很大的作用，再加上它找到了合适的商业模式，为传统酒店的概念赋予新的生命，使爱彼迎由此发展壮大。爱彼迎商业模式的“致命弱点”从表面上来看是，潜在竞争对手的准入门槛相对较低，其实不然，这是另外一个关于“网络效应”和“赢者通吃”的话题，后面章节再详细讨论。

像 BlaBlaCar（法国的汽车共享服务公司）这样规模略小的公司就是一个活生生的例子，这家公司有很好的创意，但只有在找到合适的商业模式后才走向了成功。BlaBlaCar 最初的商业模式是“免费预订”，以尽可能降低对新客户的限制。然而，他们虽然收到很多共享乘车的订单，但也遭遇了乘客的反复取消、司机重复接单、客户不满等问题困扰。他们做出了大胆的决定，引入“付费预定”模式。新模式最初导致预订量大幅减少，但可喜的是取消率从 35%下降到 3%。乘客和司机对服务可靠性的看法有了显著改善，在此微小但有效的改进的基础上，公司得以继续发展，最近还拿到了 1 亿美元的新一轮融资，向全球市场挺进。

我还可以再举许多关于大、小型公司如何通过选择的商业模式获得商业成功的例子，但大同小异，在此不做详述。接下来我们还是回归主题，探讨一下商业模式如何影响运营商转型。

运营商商业模式困境

首先，什么是商业模式？哈佛商学院的马可·伊恩斯蒂（Marco Iansiti）教授认为，一个公司的商业模式是由其如何给客户**创造价值**（价值主张）和如何**获取价值**（例如，如何赚钱）组成的。

这个定义看似简单，但对于理解如何选择商业模式却起到了核心作用，创造价值即为客户做有价值的事情，而获取价值则是关于从创造的价值中获取回报。选择合适的商业模式，需要兼顾这两个方面。

如表 3 所示，在各类的垂直市场中，不同“玩家”已经使用各种创造价值和获取价值的方法。从音乐和存储服务“玩家”的免费增值模式，到搜索和社交媒体“玩家”的数据挖掘手段，各式各样的方法都可帮助达到价值创造和获取的目的。

电信行业不必过多地担心商业模式，它所创造的价值是显而易见的，并得到了客户的充分认可，这个世界已经接受了运营商采用的这种适度且直接的获取价值的方式。

表 3 当前流行的创造价值和获取价值的模式

	创造价值		获取价值
创造价值	**多边市场**：各种服务的供应商和消费者可以通过有效匹配供求的方式进行交易，并通过交易数据处理，创造出使双方受益的剩余价值（例如，亚马逊）	获取价值	**授权许可**：支付许可费以获得使用解决方案的权利（例如，Microsoft Office）
	免费增值：基础服务可免费使用，但连续使用或使用高级服务时需付费（例如，Dropbox 在线存储服务）		**优质服务**：因为具有差异化、非商品化的优势，因而可溢价销售（例如，Spotify 流媒体音乐服务平台）
	计量使用：服务消费与其费用成正比（例如，AT&T 电信公司）		**应用内购买**：通过应用程序内嵌的购买行为产生收入份额（例如，Clash of Clans 游戏）
	广告：将消息精准地推送给需要服务的用户，匹配用户的个人资料、兴趣、需求或偏好（例如，谷歌）		**软件订阅**：定期支付订阅费以使用服务，即按使用时间付费（例如，AVG 杀毒软件）
	数据分析：客户在使用数字化服务或设备时，基于对所采集的数据进行处理和分析，创建新的产品和服务（例如，Premise）		**剃刀模式**：购买某个解决方案的一部分，后续需要定期补充付费才能获得完整方案（例如，Xbox）
	捆绑：对一组服务单位收取固定费用，而不考虑实际的服务消费。或者，提供多个捆绑服务，统一收取一次费用（例如，Jet 电商）		**成果定价**：根据达成的议定结果收取服务费（例如，Google AdWords）
	垂直集成：将多个公司的能力、流程和资产进行组合集成，提供单一服务（例如，特斯拉）		**会员制**：定期支付会员费以使用服务或资源（例如，Birchbox 美妆资讯）
			差别取价：根据需求动态更改价格，以提高服务收益（例如，Uber）
			交易费用：每次交易服务时都支付服务费用（例如，eBay）

多年来，我们目睹了运营商在创造价值方面做出的大量创新，其中包括从 IPTV 到可下载电子书等许多服务的问世。近年来，运营商虽然不像以往那样极具创新性，但仍然与“OTT 玩家”同步，继续将前沿的服务概念推向市场。运营商最大的弱点是其价值获取的思维理念。就像一个手拿锤子的人来说，他眼中看到的都像钉子！无论其商业理念如何，运营商总是倾向于非常简单的获取价值的方式：

通过每月额外增加几美元的订阅费（按使用时长收费），或直接按用量收取费用。与此同时，“OTT 玩家”正在尝试更多创新性的获取价值的方法，如广告、客户使用数据货币化、免费增值模式、服务内购买方式、会员制等。

如今这已成为许多运营商面临的主要问题。在这些公司中，每个内部系统、内部业务流程、投资审批流程都与运营商的传统价值获取模式直接或间接相关。股东们对运营商的季度投资回报抱有固定的期望，这限制了运营商的自由度，只关注近期直接收益，推迟特定延后收益的服务，即便该服务使用量有所增长；小型“OTT 玩家”则往往不会受到这样的限制，它们可以设法在其投资者的基金上维持几年的时间，同时建立股权价值。而大型“OTT 玩家”则拥有相对雄厚的资金，以等待“免费”服务达到临界爆点。

鉴于此，我对运营商的商业模式转型旅程进行了如下总结。

- **关注现有系统如何支持商业模式的灵活性**

  对运营商来说，不存在所谓的正确商业模式，只存在适合当前情况、当前业务的商业模式。商业模式转型要求运营商精简系统，确保采用合适的商业模式将普通产品转化为成功产品。

- **关注机会评估过程**

  如前所述，运营商的历史重心转向了能够产生短期回报的机会项目。更糟糕的是，运营商的传统服务每年都流失数亿美元的收入，因此迫切希望找到“十亿美元级的机会”，以成功填补缺口。毋庸置疑，在运营商的能力范围之内，没有那么多“十亿美元级的机会”可以持续产生短期收入。因此，商业模式转型的第二个关键要素是关注投资审批流程，以确保该流程助力运营商在竞争中取胜。

- **关注商业模式成熟度的提升**

  Keystone Consulting 公司针对运营商提出了以下所述的商业模式成熟度模型，

该模型可以帮助运营商理解当今商业模式的成熟度，以及未来需要做出哪些改变。

下面列出了运营商商业模式成熟度的 5 个等级，如图 10 所示，并举例说明了不同成熟度的商业模式在车联网和无人机数字化服务机会中的表现。

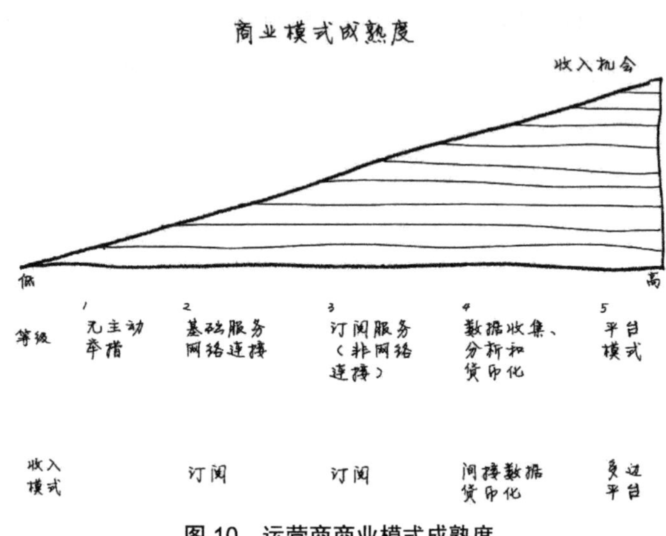

图 10 运营商商业模式成熟度
资料来源：Keystone Consulting

- **等级 1**：没有任何创新的商业模式试验、倡议或试点。
- **等级 2**：探索新型数字化服务，主要关注与这些数字化服务相关的“网络连接”功能。

例如，对于车联网相关的新型服务，运营商将专注于汽车 Wi-Fi 热点等新功能，有助于通过汽车内容或提供的服务增加数据使用。无人机之类的服务，可能涉及为无人机提供网络连接，以便无人机在飞行中提供数据（如实时农田照片）。

- **等级 3**：除了“网络连接”服务之外，还可以提供其他订阅服务，以此创造新的价值，如车辆诊断、紧急救援等车联网特性，以及无人机数据处理和管理等为无人机操作员提供的附加服务。

- **等级 4**：探索新的价值创造（如数据分析）和价值获取（如数据货币化）方法，在车联网方面，可能涉及消费者数据分析或汇总，以及将基础分析结果出售给保险公司，后者可能会自行进行分析；在无人机方面，可能包括对收集的农业数据进行作物生长分析，并将匿名化的数据汇总，据此提出分析和见解，并出售给商品交易商或政府。
- **等级 5**：发展全面的平台商业模式。关键服务将涉及多边平台操作，例如，车联网领域的车辆结队管理和无人机领域的无人机石油管道检查的市场平台。

平台商业模式的重要性

谈到商业模式的转型旅程，我们就必须谈谈多边平台（Multi-Sided Platforms），它正在成为数字时代的主流商业模式。平台商业模式在关键垂直市场中运行，允许其所有者通过促进双边甚至多边之间的互动（或货币化），以此利用他人的创新成果。平台及其相关的网络效应，使平台所有者能够重新定义市场界限，从而创造出更高收入的机会。

“基本平台”（Basic Platform）这一概念，指允许卖方（开发者、解决方案提供商、“OTT 玩家”）通过平台实现价值，并让消费者为其买单。随着消费者数量的增加，平台对卖方的价值也随之增加。同时，随着卖方数量的增加，消费者从平台获得更多的利益。

另外，卖方可以改变角色成为消费者，反之亦然。亚马逊、eBay 和阿里巴巴等完善的市场平台已深入影响了我们的日常生活，平台的影响力无人不晓。从用户角度来看，我们可以直观地看到平台价值随着更多的产品和厂商出现而增加。同样显而易见的是，随着越来越多的消费者使用平台，平台对于卖家的吸引力也与日俱增。

平台的这个特点被称为“网络效应”（Network Effect），并且逐渐形成一个正反馈循环，迅速推动某一市场上几个少数占主导优势的平台的发展，并扼杀那些不占优势的平台。

除了通过平台实现的交易价值之外，增强型平台（Enhanced Platform）模式着重于通过汇聚所有平台交易的数据而产生的价值，并与第三方一起利用各种商业模式（如广告）将数据货币化，商业模式如图 11（A）和图 11（B）所示。尽管这种数据的汇聚和货币化对亚马逊等交易平台来说只是提供补充性的收入机会，但对 Facebook、谷歌或 Twitter 等其他平台而言，第三方数据货币化（主要通过广告）是其主要收入来源。

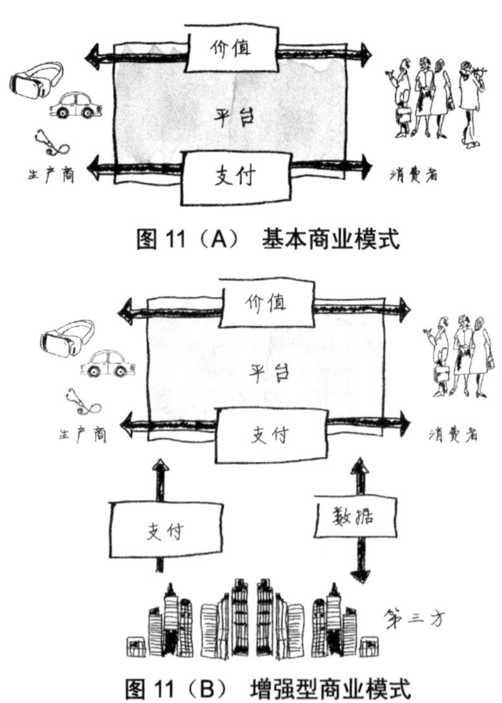

图 11（A） 基本商业模式

图 11（B） 增强型商业模式

如果希望深入了解平台商业模式的工作方式和设计方法，我建议你花时间阅读由杰奥夫雷·帕克（Geoffrey G. Parker）、马歇尔·范·埃尔斯泰恩（Marshall W. Van Alstyne）、桑基特·保罗·邱达利（Sangeet Paul Choudary）合著的《平台革命》。在本书中，我将重点讨论运营商在采用平台商业模式时面临的机遇和挑战等具体问题，以及如何应对这些挑战。

下面列出了实施平台商业模式面临的一些挑战。

- **复杂性**

  由于平台提供商必须协调复杂生态系统中的第三方来创造价值，因此平台模式比线性价值链更为复杂。事实上，管理平台驱动商业时，既需注重推动外部生态系统，也需注重推动内部商业运营。
- **风险**

  由于在获得收入之前就需对开发生态系统和活跃的用户群进行投资，因此平台驱动的商业也往往面临更高的投资风险。
- **技能**

  为快速适应市场的变化，组织上需要敏捷的实践、高效的流程、强大的软件和分析能力，因此，把现有商业转变为平台驱动的商业也是一个复杂的过程。
- **规模**

  为了获得最终成功，平台需要具有全球化规模（除非只是一个小众市场商业机会），这意味着在不同的监管和立法环境中运营的能力十分重要。
- **治理**

  平台治理模式需要精心设计，以便有效管理众多复杂的动态商业关系。

许多运营商已经认识到，平台商业模式将在未来的数字经济中扮演重要角色并可能发挥主导作用，它们逐渐学会接受平台并理解平台对于其业务的重要意义。而且，运营商已经出现了很多平台运营失败的案例。正如以上列举出的一些挑战，主要是由于缺乏全球化规模，运营商不太可能仅凭一己之力成功创造平台。不过，对于运营商来说，一个可能奏效的方式就是，将多个运营商和第三方通过“联合”商业模式的方式聚集在一起。在这个模式下，一般的平台能力由相关运营商分别提供，而关键的平台能力则由处于中心的联合平台统一协调。

在第八章，我将详细探讨“联合平台”（Federated Platform）的概念，尤其是运营商在运用这一概念时将面临的重要治理挑战。

转型旅程 8：从传统运营商的组织和文化向数字化的组织和文化转型

数字化转型过程中，最不容易理解的是向新的组织设计和文化转型。这也许并不稀奇，因为很少有运营商在整个组织中成功完成企业文化转型。当然，没有一个组织的文化是统一的，全面的文化转型可能需要花费多年的时间，尤其对于大型企业组织来说更是如此。

让我们从企业文化的定义开始！迪尔（Terrence E.Deal）和肯尼迪（Allan A.Kennedy）对企业文化进行了简单而有效的定义——“The way things get done around here”（我们这里的做事方式）。我喜欢这个定义，因为它不局限于业务的任何一个方面。运营商的企业文化决定了它们如何与客户打交道、如何开发产品、如何鼓励风险承担、如何应对外部市场冲击，以及如何处理内部运营问题。这种文化为我们如何招聘新员工和评价老员工提供了框架，也为我们设定了行为的可接受界限。实质上，它就是“我们这里的做事方式”的框架。我喜欢这个定义的另一个原因是，它着眼于现实而非理想。文化是由我们实际所做的事和组织的实际行为方式来定义的，而不是纸上谈兵。

传统的运营商组织和文化将不适合当今的数字经济，这一点应该没有人会有异议。总体来说，以基础设施为中心的运营商提供的是有限的传统服务组合，其组织和文化与提供广泛的数字化服务组合的“OTT 玩家”相比存在巨大差异。然而，运营商面临的挑战是，成功的数字化组织往往是“数字原生代”（Digital Native）组织，如谷歌、Facebook 和亚马逊，它们成长发展于数字时代，其文化反映了它们的青春和成长的岁月。尽管做出了努力和尝试，但对于一家拥有百年历史的运营商来说，要削足适履地发展与数字原生代组织相同的服务组合和企业文化几乎不太可能。

因此，转型的过程不是试图“模仿”数字原生代组织的文化，而是建立一种适合的、更成熟的运营商文化，并随着运营商的不断发展而成长。虽然没有简单的“数字文化”（Digital Culture）模板可供运营商遵循，但这并不意味着数字原生代组织就不能为运营商的文化和组织转型提供帮助，至少可以为其指出一些“路标”和最佳实践。

数字化运营商的设计框架

在数字化转型过程中，影响组织设计的因素很多。近年来，运营商逐渐创建自己的同名数字化版本，如西班牙数字化电信（Telefonica Digital）。运营商试图通过全新的品牌“走向数字化”，囊括其所有的数字服务，作为走向未来数字化目标的渠道。沙特电信公司（Saudi Telecom Company）也不失为一个很好的例子，它推出了全新的数字化品牌——Jawwy，以对抗“数字原生代”并颠覆沙特移动市场。有些企业已经创建新的内部数字化服务部门，专注于新的数字机遇。如通用电气数字部门（GE Digital）及其 Predix 平台的出现就是该策略如何运作的一个很好例证，但在电信领域，这样的企业并不多。偶尔有一些运营商走向彻底的“数字原生代”（Digital Native），比如荷兰维佩尔通讯（VimpelCom）最近更名为 VEON，其品牌重塑的规模和范围比多数运营商大得多。他们推出一个新型数字平台，短期的想法是通过与客户达成更好的数字化接触来提高用户忠诚度，并利用与万事达卡（Master card）和优步（Uber）等关键市场领导者的紧密联系。他们还将在美国和英国推出服务，最终将面向全球提供数字化服务，从根本上转型为一家类似“OTT 玩家”的运营商。

但在开始进入组织设计之前，关于转型后组织如何运作，运营商需要考虑两个方面的关键问题。

- **决策权和信息流**

  由谁来做最终的组织决策？组织决策应该集中化、分级化，还是分散化？在数字化服务领域运营的运营商所处的市场很可能面临相当快速的变化，分散的决策很可能是必要的。根据经验，组织决策在很大程度上应该由那些最能够获取所需信息的人来做决定。

正如在本章其他地方所讨论的，数字化组织的目标是信息访问应无处不在，需要信息的人应该能够实时访问信息。然而，数字化组织的现状是，信息并不总是在整个组织内均匀分布，运营商在组织设计时应该考虑到这一点。

- **激励体系**

  什么样的激励体系可以支撑运营商的转型发展？组织的文化与激励体系密切相关，人们最终的行为会受到奖励制度的影响。培训组织成员去接受数字文化不会有什么效果，除非这能与物质激励或精神激励紧密挂钩。

组织的结构、技能组合以及衡量成功的过程和方法因业务层面不同而存在差异——需要在基础设施层面实现高效，在业务支持层面实现高度创新，在零售层面实现高度以客户为中心。显然，不存在一种单一的方式来创建数字化服务。

世界经济论坛（World Economic Forum）的数字化倡议已经创建了一个有趣的框架，用于确定数字化组织设计时需要考虑的运营和组织的各个方面。这为数字化转型的公司明确了如下 5 个通用的“角色模型”（Personas），并提出了可能适合每个角色的组织、技能、关键绩效指标（KPI，Key Performance Indicator）和运营模式。

- **以客户为中心型**

  这种公司致力于提升客户体验和忠诚度，专注于使客户的生活更轻松的运营模式，强调前台管理流程的有效性。对于这类公司来说，合适的运作模式应当是采用更分散的结构、客户至上的文化理念，侧重于净推荐值（NPS ，Net Promoter Score）等 KPI。

- **格外节俭型**

  这种公司靠价格竞争采取高效率的经营模式，以较少的支出获取更多效益。这可能适合于“哑管道”类型的运营商，KPI 侧重于成本控制和打造流程驱动型团队。

- **数据驱动型**

  这种运营模式以专家人才为基础，并以他们为中心，轴辐式地实现投资回报率的增长。

- **天网型**

  这种运营模式以工程为主导，大大依赖于人工智能、数据分析以及数据驱动型的业务流程。主要的 KPI 可能是单位员工的营收额。

- **开放和流动型**

  这种经营模式非常灵活和流畅，容易与更广泛的生态系统接触，具有合作驱动型技能和基于服务需求的分散式组织结构。

这些通用模型无疑有多种不同的变体，可以作为开启组织和文化转型旅程的良好框架。基本流程是，决定公司转型后将如何创造价值，然后系统化地描绘未来转型后的公司具有怎样的组织、流程、文化、技能组合和 KPI 框架。

最后，在组织中发展合适的技能组合至关重要。每家运营商都知道资源是非常短缺的，组织转型的过程需要专注于以多种方式来构建内部的重要资源，并依赖可靠的合作伙伴或供应商提供其他重要资源。

转型旅程 9：从关注传统渠道向多市场渠道转型

在此，我把转型旅程 9（向多市场渠道的转型）和转型旅程 10（向全渠道客户体验管理转型）所面临的挑战做了区分。敏锐的读者很快就会发现，从本质上来说，这两者面临的挑战是相同的。通过客户接触来帮助客户解决问题的渠道，与提供最佳客户体验所采取的渠道一定是相同的。

但是，谈到运营商的转型挑战时，我认为把这种挑战区分开来是很有必要的。运营商目前的现状是，这些任务通常是由发展速度不一致的不同组织分别执行的。随着运营商充分接受“多渠道销售”和“全渠道客户体验管理”（及其相关数据采集），它们将意识到这两个过程其实是连接一个共同体的两个不同部分。如果运营商能意识到这一点，将会对组织产生深远的影响。

在此，我们首先来谈谈采用多渠道销售方式将面临的挑战。

采用销售渠道思维

大多数运营商至今依旧通过有限的渠道向客户提供有限的产品和服务。然而，随着服务组合的扩大，数字化运营商需要建立新的市场渠道，实现服务平台收益最大化。对于不同的业务销售渠道，运营商内部有许多不同的叫法，但本质上可归结为 3 类：优越地段的商业街实体店、偏远地区的呼叫中心（多数是乡村），以及运营商已提供的电子商务网站。但这种电子商务销售渠道模式逐渐不起作用，可能是由于以下 3 个原因。

- **客户购买方式多种多样**

  近年来，人们购买产品和了解新产品的方式越来越多样化。社交媒体“玩家”的出现以及搜索、评论、对比、聚合和非居间化（Disintermediation）等网站的爆炸式增长，意味着客户在访问运营商网站之前，其已经体验了多样的、快捷的购买方式——更不用说拿起电话求助呼叫中心，或者走进商业街实体店这样的漫长经历。数字化运营商需采取的渠道战略就是使用这个简单的方法——“顾客在哪，销售就在哪”。

- **产品大不相同**

  数字化运营商未来销售的产品将远远超过传统的通信产品组合。随着数字化服务组合的增加和扩大，运营商需要开放有利于吸引客户的市场渠道。认知失调（Cognitive Dissonance）是一个学术词汇，指当发现事物完全格格不入时你所拥有的奇怪感觉，就好比你在热带岛屿看到一只北极熊，或者在教堂听到 Sex Pistols 乐队（英国朋克摇滚乐队）的音乐。如今，虽然普通消费者看到运营商网站或实体店售卖电话或相关娱乐产品时不会出现认知失调，但是如果看到运营商尝试售卖家庭保险或健康检查产品，情况可能就不是这样了。随着运营商开始拓宽其产品服务组合，它们需要同时拓宽提供这些服务的渠道。

- **成本亟须降低**

  虽然运营商不断寻求各种方法以降低客户获得服务（Customer Acquisition）所需的成本，但它们需要向不同的细分市场提供各种高、中、低成本渠道。像商业街实体店这样的高端渠道当然适合高端市场，而呼叫中心和运营商自营的电子商务网站则更适合于中端市场渠道（至少在固定成本方面）。运营商需要找到一些低端的市场渠道，所需的固定成本很小甚至为零，并且可以专注于实现运营商核心产品的长尾（Long-Tail）销售。

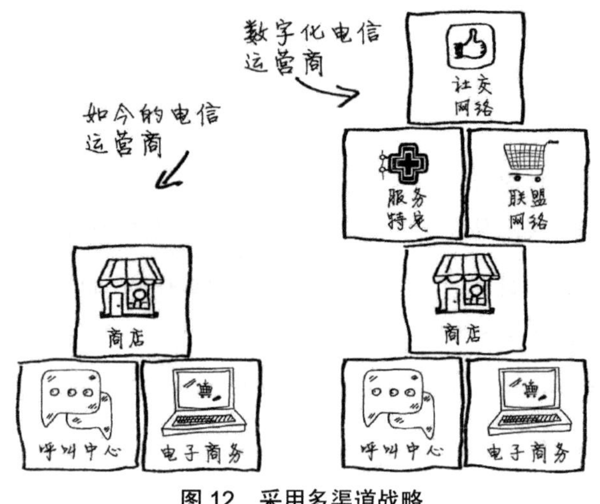

图 12 采用多渠道战略

数字化运营商的渠道战略

为成为数字化运营商，转型后的运营商需要拓宽自己的渠道选择，以下为一些扩展领域。

- **社交网络**

  运营商追赶社交媒体浪潮的速度一直非常缓慢。原因在于将社交消费者渠道作为一种将销售线索（Leads）转化为真正的高价值客户的机制，既有优势也有劣势。或者，也可能是因为大多数运营商的经营者都是些不接触社交网络的中年人。

  无论是什么原因，“顾客在哪，销售就在哪”的原则在此都非常适用。全球数十亿的客户在社交媒体上花费的时间比其他任何地方都多。人们的大部分信息是从社交媒体网站上不确定的消息来源中获取的，因此运营商必须瞄准这个机会点，开启销售流程。显性销售（Explicit Selling）在社交媒体网站上的表现比较复杂，毁誉参半。我认为隐性销售（Oblique Selling）是初入社交媒体领域时比较合适的方法，比如智力比赛、竞赛或讲述一则与某人成就有关的引人注目的“广告故事”（暗中传达一种信息，即正是运营商的产品使这一切成为可能）等。运营商有许多方式参与社交媒体，但决不能忽略它。社交媒体无论是作为线索（Leads）挖掘工具还是销售工具，都必须是数字化运营商渠道战略的核心。

- **评价和推介——低成本**

  社交媒体中逐渐出现了“产消合一者”（Prosumer）一词，指的是新一类消费者，他们非常了解相关产品的好坏并敢于分享自己的观点。数字化运营商在制定渠道战略时不要忘记这些“产消合一者”的存在。越来越多的推介机会正在该行业涌现，如果运营商参与得当，就能够赢得宝贵的销售机会。但参与这个低成本的推介机制所面临的主要挑战是，它会逐步侵蚀运营商的主要渠道，这绝非偶然。

- **特定服务渠道**

  如前所述，随着数字化服务组合的发展，数字化运营商需要为各类服务开放最适合的渠道。例如，运营商与连锁药店合作，提供集成血压监测等在线远程医疗服务。因为这是在安全的医疗场所而非消费娱乐场所进行，所以消费者会对此类服务产品持更加开放的态度。创建这些渠道并非易事，需要与全新的价值链紧密合作，通常关系到不同的规范、预期回报等。所以，学习曲线（Learning Curve）也是渠道转型旅程的一部分。

  除了这些开辟新渠道的方法，运营商还需要改造现有渠道。尽管现有渠道仍然可行，而且对于运营商的数字化新形象很重要，但在数字化转型中仍需对其结构和运营模式进行全面审视。

- **提升零售业务**

  商业街零售商店必须发展成为客户体验中心。运营商的实体店怎样才能“比迪士尼乐园更有趣”？我曾与一家运营商探讨这个问题，他们认为，实体店的长远未来，是让消费者在安全有趣的环境中体验新产品。线下商店体验、线上购买是一个快速发展的趋势，数字化运营商需要确保店内体验与最终购买行为相关联，才能实现运营商利润空间最大化。对 VR 和 AR 产品（及其应用）等更高价值的产品和服务进行交叉销售（Cross-Selling）和升档销售（Up-Selling）将成为它们的核心竞争力。此外，商店本身的物理环境也需要重新设计，以提供良好的客户体验。同时，在线下商店销售的产品需要经过严格检查。苹果体验店就是一个标杆，它们每平方英尺（约 0.09 平方米）实现的零售收入足以让纽约蒂芙尼品牌店自愧不如。在运营商领域，中国香港电讯（HKT）最近也开设了一家旗舰店，将传统通信产品、数字化服务产品和消费者设备融合在一起。

- **改善呼叫中心**

  呼叫中心（Call Center）的体验和数据使用是转型的焦点。确保尽可能实时的数据采集和分析是至关重要的，在合适的时间向合适的人呈现这些数据也同样重要。显然，这些做法对于主动解决问题是必不可少的（可以说很多企业已经很好地做到了这一点）。不过，对于推动新的交叉销售和升档销售机会，它同样不可或缺。

- **增强电子商务能力**

  一流的电子商务能力对数字化运营商非常重要。我本没有必要在书中提及这一点，但令我很惊讶的是许多运营商都存在这样的问题。无论出于何种原因，运营商通常无法开发出能够与其主要竞争对手相匹敌的电子商务网站。这里的竞争对象不是指其他运营商的电商网站，而是大型互联网企业和“OTT 玩家”的许多精心设计的电商网站。作为数字化转型的一部分，运营商最终必须将电子商务能力作为客户接触战略的重中之重。

客户消费历程

最后，从客户的消费历程变化的角度思考是非常重要的。客户的消费历程是客户与公司和品牌互动时所经历的情感与消费体验的过程，如图 13 所示。客户消费历程并不仅仅是交易或体验，也记录了作为顾客的全部体验——从最初的感兴趣到最终的放弃。

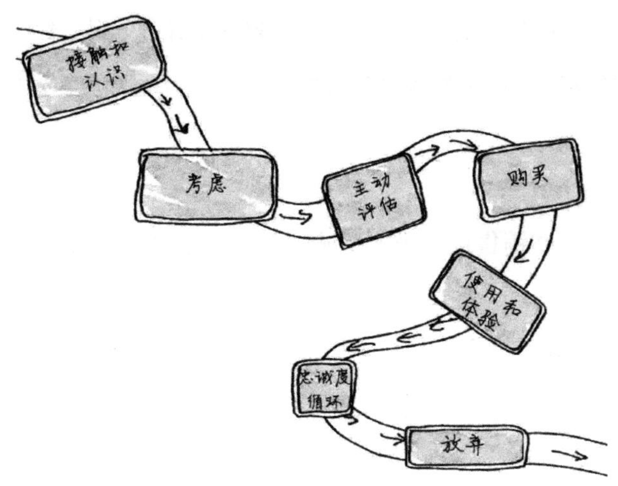

图 13　客户的消费历程

- **接触和认识**

  在此阶段，客户“身临其境”地认识到运营商的产品或品牌。这主要是由于广泛的社会观察，或受到广告的熏陶以及同伴的使用行为影响等，由此客户对产品的需求感知开始萌芽。运营商需要在客户可感知的范围内获取其能提供的通用服务。

- **考虑**

  在此阶段，客户依旧考虑一系列可能适合自己的品牌或产品，不过范围通常非常狭窄。随着客户广泛调查或探索新的选择，他们所考虑的品牌或产品的范围变得宽广。

- **事件触发器**

  通过一个事件或实例促使客户进入主动评估，如合约即将到期、手机坏了等。熟练使用数据分析能够让运营商意识到这样的触发事件，这对于提升运营商的竞争优势十分重要。

- **主动评估**

  主动评估是客户积极评估购买何种产品的第一阶段。营销人员此时面临着挑战，因为客户的调查跨度不断扩大，涵盖网络、社交媒体、线下商店、印刷品、广播等多个渠道。深入了解客户行为可以大大提升运营商在此阶段的营销效率和效果。

- **购买**

  此阶段涉及在实体销售点或线上商城的购买时刻。客户可能要到最后一刻才做出购买决定，所以运营商投资客户接触流程优化至关重要，让该流程尽可能简化，从而增加赢取客户的机会。这也是获取客户数据和数据使用许可的关键时刻之一。

- **使用和体验**

  使用和体验是传统的客户经常关注的地方，是一个与品牌或产品接触的生命周期的动态过程。跟踪客户使用情况、识别潜在客户流失迹象并进行预测性分析非常关键，同时要结合高级分析以识别升档销售或交叉销售的机会。

- **忠诚度循环**

  运营商需要明确认识到客户的“忠诚”或“不忠诚”会以多种形式反馈客户的消费历程。因此，不论客户是重新选择、推荐还是放弃，用分析方法和忠诚度计划来应对客户的这些决定是很重要的。

- **放弃**

  客户放弃运营商的服务或产品，是消费历程的最后阶段，也是客户消费历程的重要组成部分，需要冷静处理。虽然运营商不愿看到这一局面，但对它们来说这是收集数据、避免客户进一步流失的大好机会。放弃对客户来说应是一个轻松的过程，运营商还有可能最终赢回他们对产品的青睐。

转型旅程 10：从单维度客户关系管理向 360° 全渠道客户体验管理转型

在全渠道的客户体验环境中，客户将能够通过最适合自己的方式与运营商接触，无论首选的通信方式是什么，总是能够在响应速度和一致性方面获得无缝体验对接。最初客户可以通过 Twitter 或 Facebook 反馈问题，后来无缝转移到使用电子邮件或与聊天机器人对话，最终将使用语音对话，渠道间可以无缝衔接、自如切换。

但是在开始全渠道体验之前，我们需要退一步思考我们对客户有多了解，以及客户发生了怎样的变化。

建立对客户的理解

数字化转型的讨论应关注客户。如前所述，客户的思维和行为方式正在发生巨大的变化，如果我们不努力了解这些变化的本质，我们将永远无法设计出符合客户需求的有效转型计划。我们过去从宏观人口统计的角度来考虑客户，把成千上万的客户划分为 A、B、C1、C2 等类别，并使用粗糙的工具推出不同的产品来满足客户需求。这种方法在一定程度上是有效的，但随着可供选择的服务类型大大增加以及客户“信心”的增强，我们现在需要以全新的方式来了解客户。

客户是复杂和多维的，对客户进行建模分析时，需要从以下 3 个角度来考虑：

- 客户的基本需求；
- 产品或服务对客户的价值所在；
- 客户的服务消费体验。

以上 3 个方面呈正交关系，在全面审视不断变化的客户时，这 3 个方面都应当考虑。有些讨论专注于快速变化的客户需求，而未考虑到客户服务消费体验的快速变化；另一些讨论关注的是不断变化的客户体验，但没有深入了解消费体验对客户的真正价值和意义。在全面审视不断变化的客户时，我发现有 3 个有用的模型，它们分别关注客户需求、客户价值和客户体验。

客户需求模型（Customer Needs Model）：弗雷斯特研究公司（Forrester Research）的詹姆斯·麦奎维（James McQuivey）开发了一个**基于需求的模型**（NEEDS-Based Model），该模型可以识别客户的基本需求。这些需求有些是有意识的，有些是潜意识的，但都是以合理的方式同时存在的，可以统称为客户的"情感"。他进一步将需求分为帮助我们应对威胁的需求和帮助我们挖掘机会的需求，这一分析汇聚了购买产品想要得到满足的 4 个基本客户需求。詹姆斯认为，一个产品或服务，只有经常满足这 4 个有意识和潜意识的基本需求，才更有可能获得成功。

- **舒适**：我们因安全可靠而下定决心购买某种产品或服务。例如，购买 iPhone 手机安全可靠，因为数百万人在你之前已经做出了类似的决定。
- **连接**：我们需要感受到自己是某个群体的一部分。例如，优步（Uber）用户接受新的交通理念，使自身感受到自己是更广泛的智慧群体的一部分。
- **独特性**：我们在购买时需要感到自己的特殊性和独特性。例如，特斯拉（Tesla）驾驶者选择这样的前沿产品时，感受到了自己与众不同。
- **多样性**：我们需要为潜在的变化感到兴奋。例如，Twitter 作为一种服务展现了无尽的变化和多样性，很受用户重视。

詹姆斯首创性地提出把理解客户需求这样一个复杂的领域简化为 4 个基本需求。而且，这也确实有助于对新产品或服务展开相关讨论，像 iPhone（相关 APP Store）这样的产品就恰好符合所有的条件。在过去的十年中，客户购买安全可靠产品的体验确实符合该模型的"舒适"需求。购买以卓越设计和高可靠性著称的"杀手级"产品，恰恰能够提升个人的社会地位，符合"独创性"的需求。同样，购买 iPhone 可以让客户与他们渴望的群体牢牢地"连接"在一起。

在 iPhone 满足了客户"舒适"需求的前提下，APP Store 满足了客户无穷无尽的"多样性"和"独特性"的需求，客户可以通过使用 APP Store 来定制想要购买的产品，使其不同于其他 iPhone 用户。虽然看起来所有这一切似乎简单明了，但事实证明，这确实是智能手机业务中真正的创举，并推动苹果公司成为全球首屈一指的公司。

回顾来看，使用这些模型并非难事，诀窍在于能够应用这个模型并思考设计下一个“杀手级”产品或服务！

客户价值模型（Customer Values Model）：沃顿商学院（Wharton School）与华为合作，尝试从略微不同的角度建立客户思维方式模型。他们开发了一个基于价值的模型（VALUES-Based Model），定义了服务的不同类型的价值。麦奎维（McQuivey）的基于客户需求的模型既涉及客户明确的“有意识”的想法，又兼顾客户潜意识的“本能”的想法。相比之下，基于价值的模型更多地关注与服务相关的观察得到的功能或品质，主要包括以下几个方面。

- **可购性**（Affordability）

  消费者如何看待产品或服务的可购性？这涉及产品或服务的预付和终身成本。
- **便捷性**（Convenience）

  服务的易用性如何？如何通过服务帮助客户减少日常不必要的操作？
- **可靠性**（Reliability）

  服务是否达到一致的质量要求？产品最短故障时间有多长？同时必须让客户明白产品符合法规和安全的要求。
- **探索性**（Exploration）

  在基于客户价值的模型中，这一点可能稍微不同于其他 4 个价值衡量标准。这涉及产品的多功能性，以及将产品应用于除核心用途以外的能力，或者应用于互操作的生态系统中的辅助产品。
- **安全性**（Security）

  安全对客户来说越来越重要，企业必须向客户明确表示，产品不会危害其隐私，同时数据安全和加密过程也非常稳健等。

因其包括以上 5 个方面，客户价值模型又简称为 ACRES 模型（Affordability、Convenience、Reliability、Exploration、Security）

作为一名业余 DIY 爱好者，我想以一个更实际的例子来说明如何使用 ACRES 模型。布基胶带（Duct Tape）是每个家庭 DIY 爱好者、业余技工和一般手工艺者的必需品，是在 1942 年由一个名叫维斯塔·斯多特（Vesta Stoudt）的美国女性发明的。作为一名弹药工人，她想出了一个主意，用一种强力的布基防水胶带来防止弹药箱受潮。布基胶带因其防水功能，最初被称为“鸭子胶带”（Duck Tape）。军方人员很快就发现了它的广泛用途，并用它来修理枪支、吉普车、飞机等。第二次世界大战后，这种胶带被用于蓬勃发展的住房建筑业，用来连接暖气和空调管道，所以“管道”（Duct）胶带由此得名。如果维斯塔·斯多特用 ACRES 模型来评估这项早期发明，她会发现胶带在几乎所有的价值维度上都能得高分。事实证明，在过去的 75 年中，胶带非常实惠、方便，也许是有史以来用途最广、最可靠的发明之一。虽然安全性可能不是购买黏合产品的核心考虑因素，但我还是希望你能通过以上例子理解这个概念。

运用 ACRES 模型分析新型数字化服务，如智慧家庭或车联网，可以揭示客户如何评估产品提供的价值，使产品和服务设计人员调整设计以实现最大价值。例如，如果将此模型应用于亚马逊近期推出的家庭助手产品（如 Echo Button 和 Echo Plus），你可以发现这些产品具有良好的可购性、便捷性和探索性，尽管体验的可靠性以及客户对深层服务的安全性的重视程度可能尚无定论。

客户体验模型（Customer Experience Model）。客户对服务的体验能够将客户（有意识和潜意识的）需求和客户对产品或服务的评价连接在一起。华为已经推出一个名为 ROADS 的基于用户体验的运营模式，该模式描述了互联网一代的消费体验，用于指导设计团队利用技术来满足终端客户需求。该模型包括以下几个方面。

- **实时**（Real-Time）
  关注让客户在几秒钟内就能享受到新服务，需要即时提供所有内容，并传递到客户希望消费服务的任何地方。
- **按需**（On-Demand）
  按需意味着使用最便捷的方式实现交流的本质，并允许用户根据自己的实际需求定制服务。
- **全在线**（Always-Online）
  用户已经习惯了在线服务和娱乐，而未来所有服务的一个关键体验因素是产品或服务是否可以在线使用。
- **自助**（DIY）
  自助指客户越来越多地靠自己处理一切事情而不用麻烦他人。此外，允许用户参与服务开发和优化以加速创新，使用户与服务的联系更加紧密。
- **社交化**（Social）
  社交化指将所有活动与用户社交网络联系起来。社交平台允许用户分享关于在线服务的体验和看法，同时通过点对点解决问题来降低客户服务成本。

ROADS 简洁地描述了成功的服务必须追求的客户体验。云计算基础设施提供平台（如亚马逊 AWS 或微软 Azure）的快速发展就是很好的例证，它们提供绝对实时、按需和在线的体验，同时还具有 DIY 灵活性的特征。

已有大量的网络社区可以提供用户支持，如亚马逊、微软或 GitHub 这样的平台。虽然它们可能不具有传统意义上的社交性质，但是其不仅通过群体问题解决的方式降低了客户所关心的成本，而且也成为面向新客户的推广机制。

从 B2C 的角度来看，网络购物服务在过去十年的普遍增长证明了 ROADS 模型的重要性。可以说，网络购物的成功，是因为它同时满足了现代客户体验需求的 5 个维度，即实时、按需、全在线、DIY 和社交化。

全渠道客户接触必须考虑以上相关方面，以确定如何设计和提供满足客户需求的服务，与客户的首选行为一致，并展现客户期望的价值。

全渠道客户管理

如果你和正在经历客户体验转型的运营商进行交流，他们可以给你列举出一系列举措，包括广泛的员工技术培训和产品交叉培训；通过在线聊天机器人或店内自助终端实施数字自助功能；为客户接触开放多个数字渠道；实行激励措施；以及奖励取得优秀业绩的员工和客户的长期支持等。所有这些举措都非常重要，更重要的是它们能起作用。

例如，麦肯锡公司（McKinsey）在 2016 年发表了一篇有趣的研究报告，该报告对全渠道客户接触与传统渠道客户接触的价值进行量化研究。在对大约 2000 名受访者的调查中，事实上，除了纯传统方式（电话、信件、电子邮件或线下商店）外，有 89%的运营商客户还使用其他方式来解决问题。

从社交媒体、在线聊天到虚拟助手，客户采用的数字化手段非常多。令人惊讶的是，无论在何种情况下使用数字化手段解决问题，都可以提高客户满意度。报告指出了以下内容。

- 仅使用传统方式（如电话、电子邮件或现场求助）解决问题时，平均客户满意度约为 57%。

- 开始使用数字化手段，最终转向传统手段；或开始使用传统手段，最终转向数字化手段时，平均客户满意度略高一些，达到 61%。
- 使用纯数字化手段解决问题时，平均客户满意度高达 76%。

上述全渠道客户接触战略的核心要素不是什么复杂的事情，实施起来并没有那么难。在我看来，这些能力是最基本的，比这更难的是培养对于数据的统一认知，这是客户接触战略的核心内容。

关于数据的统一认知

我所说的对于数据的统一认知，是指设想能够基于一致的数据结构和模型，在各个节点采集客户数据（以便获取客户单一和最新视图），并能够及时地将这些数据提供给客户参与的每个系统和渠道。如果能够有效地做到这一点，企业可以占据领先地位提供更高级别的客户体验。在设计这种优秀的全渠道体验时，需要考虑以下 5 个关键的数据特征。

- **及时性**

  以往的电信领域客户体验管理（CEM，Customer Experience Management）通常是相关事件发生一小时、一天、一周或一个月之后才获取到客户数据，这严重阻碍了运营商发挥数据作用的能力。在全渠道时代，数据采集和处理必须是近实时的，在几分钟甚至几秒钟内完成大量数据的处理以进行决策。
- **数据集成**

  在全渠道的世界中，很重要的是将不同的数据源整合在一起，并将每个数据源关联成一份整体的数据。
- **可用性**

  如果无法向最需要的人提供数据，那么采集和分析数据便毫无意义。因此，向组织内需要利用数据的人员及时提供数据非常关键。如果做法得当，社交团队就能实时、便捷地获取所需信息，进而改进当前的在线客户服务方式，客户服务团队也可以更迅速地识别和解决问题。

- **自动化**

  人为介入的互动会减慢事情的进度，所以，“自动”采集和处理数据的下一个重要阶段就是采用自动化的人工智能系统。

- **预测分析**

  问题的最佳解决方式是在客户感知之前就得到解决。借助前瞻性系统进行预测分析，运营商可以在问题发生之前就发现并解决。要实时地和规模化地做到这一点，运营商则需要更高的自动化水平。

在进行全渠道客户体验转型的过程中，请时刻牢记，尽管运营商内部可能会考虑多渠道的无缝集成和基于大量采集数据的预测分析，但这与客户体验没有直接关系，因为客户想要的是自己的疑问得到解答、问题得到解决和需求得到满足。

第四章

确定数字化转型旅程目的地

这可能是电信行业的一个盲点。运营商高管们可能忽略了一个问题，那就是期望能从转型计划中获得什么结果。我在第三章中提到，数字化转型旅程总会有一些惊喜，特别是关于转型的最终目的地。事实上，在转型的最后，数字化运营商的最终状态可能有许多种！在数字化转型中，运营商可能开发和提供广泛的新型数字化服务，也可能使其他公司以某种更好的方式提供这些服务，甚至可能停止提供任何数字化服务，转而回到超高效的基础设施提供商的角色。

本章探讨数字化转型之路最终能到达的不同目的地，以及为什么不同的目的地适合不同的公司。另外，本章还探讨了十种适用于不同类型数字化运营商的转型旅程。

数字化运营商类别

40 年前，几乎所有的运营商都是国有企业，都是通过固网向家庭客户及企业客户提供拨号上网服务。大型成熟的运营商和小型运营商之间唯一真正的差异在于产品研发水平不同，以及是否自主研发从网络交换到用户端设备的物理产品。我早年在英国电信做工程师时，曾参与设计一个英国电信（BT，British Telecom）品牌的传真机。这在当时看起来是个好主意，但这个项目后来因不符合公司战略而被砍掉了。

这些年，社会在持续向前发展，但大多数运营商看起来仍然较为相似。当然，这是由于它们大部分的收入来自相同的核心服务（语音和数据产品），来自类似的企业客户和个人客户。运营商渐渐摆脱实体产品的开发，越来越多的运营商也开始不亲自进行服务开发，而选择外包给供应商。几乎所有运营商都将自己视为通信服务提供商，提供网络以及运行在网络上的核心服务，并直接“拥有”它们的客户。有一些更有追求的运营商，向新的服务垂直行业发起强势进攻。美国电话电报公司（AT&T）就是一个典型的例子，它在媒体和内容方面进行了大量的投资。英国电信也对英国电信体育台（BT Sport）进行了类似的重要投资，虽然规模相对小一些。澳大利亚电信（Telstra）已经在电子健康领域进行了重大投资。

但是，随着数字化转型的全面展开，我们将看到各种新型运营商的涌现，它们或是仅聚焦提供通信基础设施而不提供服务，或是仅聚焦提供数字化服务而不提供网络基础设施，或是处于二者之间。

未来运营商的类型无疑会有很多种。我认为运营商可以划分为以下 5 类，每一类都有其独特的思维方式和商业模式。

“哑管道”

早在 2008 年，我主持了一个关于运营商未来的研讨会，那时已经用到“哑管道”这个词了，这是对运营商的一种嘲笑和警告，试图警醒运营商进行转型。一家大型运营商的首席信息官站了出来，大胆地提出一个问题：“……做‘哑管道’有什么不好吗？”当时，整个房间的人都惊呆了！这在当时是一个勇敢而敏锐的问题，因为很少有运营商能够想象得到通信客户未来的需求。随着时间的流逝，我们逐渐认识到，做一个“哑管道”并不一定是个坏决定，只要电信运营商有这样的战略想法，并有意识地做出战略决策。

“哑管道”的概念是指运营商几乎只专注于 B2B 商业模式，给企业客户提供网络连接。它们的客户可能是其他运营商，或者是需要大量网络连接的大中型企业。在这种场景下，运营商不提供任何重要的消费者服务，并且要放弃拥有大多数个人客户。

图 14　数字化运营商可能的转型目的地

很容易看出为什么 2008 年大部分运营商觉得“哑管道”是一种警告。那时，对运营商来说，失去个人客户的想法是不可思议的。但是，Skype、WhatsApp、Snapchat 以及众多快速取代传统电信服务的“免费”OTT 服务的出现，意味着运营商在未来 10 年从传统服务中获得的收益注定会递减。这样一来，专注于大量 B2B（2C）网络连接销售和每 GB 数据成本降至最低的想法并不是很疯狂。

但值得注意的是，没有运营商会偶然地成为“哑管道”。只有当运营商从战略上认同这种以超高效的方式批发基础网络服务的经营模式，并从中获取细水长流的利润时，它们才有可能成为“哑管道”。这就意味着运营商的组织会精简，专注于流程和运营的优势技能，致力于打造成超高效的公司，舍弃任何与此不一致的事物，KPI 结构偏向于成本控制。此外还需放弃个人客户群，以及所涉及的成本和资产（例如销售人员、零售店等）。这不会偶然发生，但如果做得好，可能会促使一种新型公司诞生，为经济体提供有价值的资源。

“传统玩家”

“传统玩家”与“哑管道”的一个重要区别是：运营商不会偶然成为“哑管道”，但可能最终偶然地成为“传统玩家”。“传统玩家”是指运营商继续面向消费者和企业客户提供基本的通信服务，包括网络连接、语音和数据以及非常有限的数字化服务组合。在这种情况下，大多数更先进的数字服务是由其他服务提供商提供的，例如“OTT 玩家”或其他更先进的数字化电信运营商。

从多个方面分析，这对运营商来说都是最糟糕的。为了维持和管理多样化的客户群，“传统玩家”保留了所有与之相应的成本，但是其服务收益预计在未来十年可能会递减。它们的优点在于，维持了与个人客户的关系，且该客户关系在未来某个时间会帮助获利。但它们缺乏有效识别和发展新型数字化服务的经验，或缺乏提供与“OTT 玩家”合作的开放平台架构能力，以此合作共同提供令人兴奋的新型数字化服务（基本的网络连接除外）。

运营商应该十分谨慎地考量“传统玩家”这种场景，因为运营商如果继续照常运营，那么它们很可能默认在向这种场景转变！

“智能管道”

有一种战略方法是可以将事物划分为基本场景、最坏场景和最佳场景。结合大多数运营商的现状，我认为向“智能管道”的演进是最佳场景之一。

“智能管道”运营商为其个人客户提供一系列传统的 B2C 服务，并为其企业客户提供一系列 B2B 服务。此外，“智能管道”通过 API 给 OTT 合作伙伴开放基础设施和商业系统的能力，进行更紧密的融合。运营商也认可“OTT 玩家”在许多情况下可以更好地提供特定的数字化服务。运营商不是试图与“OTT 玩家”竞争，也不是将空间让予“OTT 玩家”，而是“拥抱 OTT 玩家”，为服务本身或服务交付增加价值。运营商会收取一部分服务收入作为回报，可能是通过收取增强型 API 的使用费用，或通过与 OTT 服务提供商签订的收入分成协议。同时，它也可能开发并提供一小部分自己的数字化服务。

本书将其称为“最佳场景”，或者更准确地说，是运营商基于现状出发的一个最佳场景，原因如下。

- 第一，运营商的传统核心竞争力能继续发挥作用。数十年来在向广大个人客户和企业客户有效提供网络连接和相关核心服务方面发展的核心竞争力，是运营商宝贵的财富。如上所述，在“传统玩家”的场景下，虽然完全依靠传统业务是较为冒险的，但保留这块的收入来源和能力，并作为战略的一部分，是非常明智的。
- 第二，它为运营商开辟了一条新的盈利途径，利用运营商的一些关键优势，如网络、广泛的客户基础以及包括计费、支付和订单管理等在内的商业管理系统，提供新型数字化服务，而不必承担开发这些新服务的所有风险。成为“智能管道”，运营商可以参与新型数字化服务的机会，无须在团队中培养新的具有深厚的领域和垂直行业知识的专家，无须从零开始开发新的数字化服务解决方案，无须投资开发市场渠道以及在全新的垂直行业建立市场信誉。

“智能管道”是否会成为数字化转型的最佳形态，这仍将是一个争论不休的问题，但我认为成为“智能管道”对许多运营商来说会是件好事！

综合数字服务提供商

与“智能管道”相比，综合数字服务提供商（IDSP）除使能第三方创造丰富的数字化服务之外，最重要的是自身能创造广泛的数字化服务组合。当我们抽象地谈论运营商的数字化转型时，首先想到的转型目的地就是综合数字服务提供商。我们设想出现高效的数字化运营商，为更多更有活力的客户群提供广泛的数字化服务组合。我们设想这类运营商代表着许多国家、地区甚至全球性的数字化服务的公认品牌，横跨多个垂直行业。我个人多年来也多次撰写关于这类运营商构想的文章和书籍。

但现实情况是，很少有运营商能成功地成为一家综合数字服务提供商，这背后有很多原因。首先，运营商具有规模庞大、发展缓慢、聚焦区域化/本地化商业、服务和技能组合十分有限的特征，很难完成所有的内部变革，转变成一个快速发展的数字化服务竞争者，在全球范围内向多个垂直市场销售服务。对文化、资源状况、产品上市流程、商业和运营模式等进行改革，每一项改革都充满挑战。此外，了解哪些垂直市场可以锁定为拓展业务的目标，以及如何在这些市场上获得可信度，都面临着巨大的挑战。

其次，释放足够的财务空间来适当地投资于这种变革，对大多数运营商来说都是一个很大的阻碍。投资界对投资使运营商成为综合数字服务提供商的兴趣也较为有限。当然也有一些例外，如 AT&T 已经建立了一个并购的财务框架，以加强向综合数字服务提供商转型，但只有少部分运营商能做到这一点。

最后，即使运营商有进行转型的内部能力以及建立适当的财务框架来为转型提供资金的能力，大多数运营商也受到落后的监管限制的影响，其直接提供与“OTT 玩家”竞争的服务能力受到阻碍，或者在服务运营中被限制，然而“OTT 玩家”却不受此影响。

这 3 个障碍中的任何一个都可认为是不可逾越的。要绕过这 3 个障碍，需要运营商的高管和投资者们付出巨大的努力和精力！基于这些原因，成为综合数字服务提供商是非常难实现的，也许只有少数运营商可以满足条件。

“纯服务玩家”

这种“纯服务玩家”的类型不应该被视为运营商的终极转型状态，而更应该被视为未来多数运营商的一部分。在这个模式中，运营商不再提供网络连接，而是纯粹专注于服务的开发和提供。目前，我们可能会将这些玩家称为“虚拟运营商”（VNO，Virtual Network Operator）。未来，它们可能由于全球运营商市场的整合而从运营商内部诞生。

可以想象，作为转型计划的一部分，一个运营商最初可能分为两种不同的实体，一种是“哑管道”，一种是服务使能者。两者所需的技能、人员、系统、KPI、奖励体系和核心竞争力等都存在巨大差异。它们最初可以作为结构独立的部门实体运作，然后最终形成不同的公司。“哑管道”聚焦的是基础网络连接服务，将通过合并或被其他基础设施运营商收购，从而发展到一定规模，逐步与服务部分分离。

一旦摆脱网络连接的束缚，运营商将能够与“OTT 玩家”在平等的竞争环境中竞争；它们能够不受更广泛的资本密集型业务的限制，构建投资商业案例，并且获得更多与“数字化服务玩家”相关的市盈率。

许多运营商可能都会出现这种结果。作为数字化转型战略的一部分，需要对其进行提前规划，而不是简单地去适应不可避免的情况！目前就有 VimpelCom 变身为 VEON 的例子，这应该受到极大的关注，它为如何转型成这种服务玩家提供了很好的样例。

不同类型数字化运营商的主要特征

第三章谈到了运营商的十大转型旅程，但是没有详细讨论旅程间的相互关系和相对重要性，以及如何采纳和实施这些旅程。本节将详细阐述针对具有不同特点的不同类型的运营商，将优先考虑哪些转型旅程。

每个机场的书架上都有很多书籍，比如《让你更健康的十大步骤》，或者《建立更愉快的关系的五大步骤》，或者《成功人士的七大秘密》等。这些书往往列出了为达成一些远大目标，你必须做的一系列事情。但如果你用同样的视角去解释数字化转型的十大旅程，那就大错特错了。

- 第一，这十大旅程不存在唯一正确的顺序。一些公司可能开始于旅程 9，然后尝试旅程 1。事实上，大多数公司将会同时进行一些旅程。
- 第二，并非所有的旅程都非走不可。对于运营商来说，要想转变成“哑管道”，它们需要关注其中的 2～3 个旅程。对于那些想要成为“智能管道”的运营商来说，其中 5 个旅程是必须要走的；而对于少数想要成为综合数字服务提供商的运营商来说，它们将不得不开启几乎所有的旅程。
- 第三，各个旅程在完成难度、时间和成本方面并不相同。比起转型旅程 4“从封闭的管理系统向 Open API 平台架构转型”，转型旅程 1“从离散的网元向自治管理和虚拟化的通信及云基础架构转型”这条旅程将需要更高成本且耗时更久。

要了解运营商需开启哪些旅程，我们可以从前面对每种类型的数字化运营商特点的描述中进行推断。

成为“哑管道”的转型旅程

本书在前面提到，运营商不会偶然成为“哑管道”；只有通过有针对性的转型计划，运营商才能转型成为类似于“哑管道”的超高效实体。它们的主要旅程如下。

“必要”旅程

“哑管道”运营商将是一种注重基础设施的面向 B2B 客户的基础网络连接服务提供商，所以毫无疑问，它的转型旅程需要将重点放在成为一个**完全自治管理的虚拟化网络基础设施**上。

为了利用自治管理的虚拟基础设施提供的效率优势，运营商还必须进行基本的**组织和文化转型**，成为一个超精益的流程驱动型企业，拥有合适的技能来运营基础网络连接业务。

“建议”旅程

对于想成为“哑管道”的运营商来说，它们将会面临管理数以千计的数据中心虚拟化环境，带来的安全挑战将大大不同于以往，并且肯定需要新的安全架构、协议和程序，所以**安全性转型旅程处于中等优先级**。

数字化转型之旅的核心是高效的数据采集、处理和利用。虽然“哑管道”可能不会将数据视为可直接获利的资产，但**数据转型**有助于促使“哑管道”运营商熟练使用数据，尤其是在如何管理资产以及如何为其 B2B 客户提供网络容量方面。因此，这一点很重要。

“可选”旅程

虽然“哑管道”运营商根据其自身定位不需要在运营中考虑如何运行**商业模式**、如何采用**全渠道实现客户体验管理**（**CEM**）、如何参与**合作伙伴生态系统**、如何**多渠道产品上市**等，但它们应该在转型的某个阶段考虑这些旅程并相应地做出较小的转变以优化运营。

"不必要"旅程

"哑管道"运营商不必担心如何实现 **Open API 平台架构**，或者如何**管理多样化的服务组合**。

成为"传统玩家"

在某种程度上，"传统玩家"可被视为"偶然的运营商"，陷入"哑管道"和"智能管道"这两个未来可能的运营商类型之间。它将在网络基础设施产品推广和客户接触方面发起数字化转型，同时不改变现有业务的关键部分。在我看来，"传统玩家"的出现是因为管理层和股东都认识到转型的必要性，但对未来却没有一个明确的愿景。

"必要"旅程

"传统玩家"无疑会参与到成为**完全自治管理的虚拟化网络基础设施**的旅程中。这对于在数字时代任何一个以成本高效的方式进行竞争的基础设施供应商来说都是一个重要的筹码。

"建议"旅程

与"哑管道"一样，**安全性转型**和**数据转型**处于中等优先级。"传统玩家"可能会比"哑管道"更重视数据转型，因为他们将致力于应对更广泛的 B2C 和 B2B 客户群。

"传统玩家"将不会像"哑管道"那样经历**组织和文化**的根本性转变，他们将保留个人零售业务（以及所有相关的系统、人员和成本），因此，企业文化转型也只处于中等优先级。

转型成为传统玩家的关键复杂之处将在于**全渠道客户体验管理**以及向**多渠道产品上市**的转变。对任何有意愿面向日益成熟的消费者市场的运营商来说，这些转型旅程都将是筹码。

“可选”旅程

虽然传统玩家运营的**商业模式**可能不是很先进、成熟，或者他们不擅长与**生态系统伙伴合作**，但运营商需要在转型的某个阶段考虑这两种旅程，落实运营所需的相对较小的改变。

“不必要”旅程

与“哑管道”一样，传统玩家也不必担心如何实现 **Open API 平台架构**，或者如何**管理多样化的服务组合**。

成为“智能管道”的转型旅程

至此，数字化转型真正开始变得越来越复杂，投资会越来越大！“智能管道”运营商将需要做“哑管道”所做的一切，但也需要从根本上改变，将基础设施和管理系统开放给生态合作伙伴。这要求努力构建一个新的开放式平台架构，拥有开放的 API，同时，客户接触的方式更复杂。随着“智能管道”运营商的出现，数据处理的重要性和复杂性也上升到一个新的高度。

“必要”旅程

就像“哑管道”和“传统玩家”一样，努力成为**完全自治管理的虚拟化网络基础设施**是“智能管道”转型旅程的重中之重。

安全性转型和**数据转型**将成为“智能管道”运营商的首要选择。除了为 B2B 和

B2C 客户提供网络连接传统服务之外，“智能管道”运营商还将为 B2B2C 客户提供其网络和管理系统的高级访问权限。这一做法将给运营商带来全新的安全挑战。采集、分析、开放前所未有的数据供内部和第三方使用，这要求把数据转型置于“智能管道”运营商转型旅程的最高优先级。

构建 **Open API 平台架构**将是“智能管道”运营商的又一个高优先级转型旅程。现有的运营商系统在各个层面都包含各种不同的专有管理接口。开放这些接口以及管理、促进接口访问与使用将是一个高优先级的任务，当然也是一个较大的挑战。

一旦“智能管道”运营商向第三方玩家开放访问权限，培养有效**管理第三方生态系统**的能力将成为必要的转型旅程。合作伙伴无缝加入、代表合作伙伴进行计费、共享收入，或对 API 使用进行跟踪和收费等，都是“智能管道”运营商必须培养的关键能力。

“建议”旅程

“智能管道”运营商的目标是经历与“传统玩家”相似程度的**组织和文化转型**。虽然成为一个更高效的基础设施玩家非常重要，但“智能管道”运营商也需要考虑其他因素，因为它们将继续运营传统服务业务，必要情况下，利用现有的**全渠道客户体验管理**能力来管理客户。

对“智能管道”运营商来说，培养运行新型的、**更灵活的商业模式**的能力将是处于中优先级，具有中等复杂度的转型旅程。

“智能管道”运营商为其他垂直市场的第三方玩家提供了更多的准入机会，因此可以合理地设想，“智能管道”需要通过**新渠道**，即更适合“智能管道”启用的垂直合作伙伴的渠道，来发展更复杂的市场能力。相比之下，使能“智能管道”管理多样化服务组合的优先级和复杂程度要稍低。可以想象的是，“智能管道”将比简单的“传统玩家”开发更多先进的数字化服务，但这些服务不会成为“智能管道”的核心业务，**管理更广泛的服务组合**的能力也不是转型初期的主要优选项。

成为综合数字服务提供商的转型旅程

对任何运营商来说，成为综合数字服务提供商（IDSP）无疑是最艰难、最复杂的。这要求运营商历经几乎所有转型旅程，从改变网络基础设施到调整商业模式和组织文化。

“必要”旅程

与“哑管道”“智能管道”和“传统玩家”一样，努力成为**完全自治管理的虚拟化网络基础设施**是 IDSP 转型之旅的首要任务。同样，**安全性转型**和**数据转型**对 IDSP 也至关重要。

对 IDSP 来说，创建和**管理自身以及第三方服务组合的能力**将成为关键的转型旅程。这不仅会给运营商带来技术、运营和**新商业模式**的转型挑战，而且如果处理欠妥，也将成为导致财务风险的重要因素。

IDSP 可能是面临**组织和文化转型**挑战压力最大的运营商。它不仅需要经历向新型虚拟化基础设施的转型，还需要发展向相邻垂直市场提供竞争产品所需的技能。

对客户管理和**多渠道产品上市**来说，客户体验转向 **360° 全渠道客户体验管理**将是 IDSP 无法回避的另一个转型旅程。随着多种数字化服务的推出，IDSP 将渗透到多个垂直领域，因此需要提供与“OTT 玩家”相媲美或更好的客户体验。如果受到数字经济影响的客户觉得运营商未能提供可靠的体验，他就会“用脚投票”以示不满。

IDSP 需要培养有效**管理第三方生态系统**的能力，将第三方服务引入作为自己服务产品的一部分，并通过 IDSP 的系统和渠道使其服务进入市场。合作伙伴无缝加入、提供高效的机制代表合作伙伴进行计费、利益分成，以及使用 API 进行跟踪和收费，这些都是 IDSP 运营商必须培养的关键能力。

“建议”旅程

虽然我认为这十个转型旅程对 IDSP 来说都很重要，但唯一一个优先级稍低的旅程就是构建 **Open API 平台架构**。开放第三方访问权限无疑将成为 IDSP 产品的一个组成部分，但与“智能管道”运营商相比，它可能不是服务产品的最关键部分。

成为“纯服务玩家”的转型旅程

最后一类数字化运营商是“纯服务玩家”，它与其他 4 类数字化运营商都大有不同，因为它无须担心网络连接的问题。这极大地降低了转型的复杂程度，但是在其他方面却带来了挑战。

“必要”旅程

“纯服务玩家”需要创建自己的创新服务，因此，培养创建和**管理多样化的服务组合**的能力将是一个关键的转型旅程。

与其他类型的数字运营商相比，“纯服务玩家”的存亡更依赖于数据的开发利用。所以，成为**以数据为中心的企业**也是相当关键的。将客户体验转向 **360°** 的全渠

道客户体验管理，这对客户管理和开放**多渠道产品上市**来说将是“纯服务玩家”另一个关键的转型旅程。随着多种数字化服务的推出，“纯服务玩家”渗透到多个垂直领域，需要提供与“OTT 玩家”相媲美或更好的客户体验。

以网络为中心的文化已经深植于运营商，但是，“纯服务玩家”在**组合和文化的转型旅程**将是不以网络为中心，这就需要新的奖励机制、人员构成和工作方式，并不可避免地与构建新商业模式转型旅程携手同行。

“建议”旅程

与“智能管道”一样，**安全性转型**将成为“纯服务玩家”的中等优先级转型旅程。“纯服务玩家”需要为其新服务开发新的安全体系架构，并能够利用网络连接伙伴的网络安全服务。而且，“纯服务玩家”不会面临网络安全挑战，这也使得转型旅程更易于管理。

尽管“纯服务玩家”一定会开发和提供自己的服务组合，但通过 **Open API 平台架构**引入新的合作伙伴将成为重要的商业资产。因为只给商业系统提供 Open API 而不需要为网络基础设施开发和提供 Open API，所以这一转型旅程将会稍微简单一些。

“不必要”旅程

一个纯粹的服务型企业，将不会面临向**自治的虚拟化基础设施**转变的挑战，而是需要与最优秀的基础设施提供商合作。

有人说，“一图胜千言”。快速浏览表 4 可以发现为什么转型成为 IDSP 不容轻视，对运营商来说这是一个巨大的挑战且不可掉以轻心，同时也可清晰地看出所有的转型旅程都有各自的挑战。

表 4　成为不同类型数字化运营商所需的转型旅程

转型旅程 \ 运营商类型	哑管道	传统玩家	智能数字管道	综合数字服务提供商	纯服务玩家
1．从离散的网元向自治管理和虚拟化的通信及云基础架构转型	必选	必选	必选	必选	N/A
2．从被动的、某个特定产品的安全策略向主动的、统一编排的安全策略转型	推荐	推荐	必选	必选	推荐
3．从有限的数据使用向以统一编排的数据为中心的企业转型	推荐	推荐	必选	必选	必选
4. 从封闭的管理系统向 Open API 平台架构转型	N/A	N/A	必选	推荐	推荐
5．从有限的传统产品服务组合向多元的数字化服务组合转型	N/A	N/A	推荐	必选	必选
6．从有限的供应商向活跃的合作伙伴生态系统转型	可选	可选	必选	必选	必选
7. 从有限的商业模式向运用多种商业模式转型	可选	可选	推荐	必选	必选
8. 从传统运营商的企业和文化向数字化的企业和文化转型	必选	推荐	推荐	必选	必选
9．从关注传统渠道向多市场渠道转型	可选	推荐	推荐	必选	必选
10．从单维度客户关系管理向 360° 全渠道客户体验管理转型	可选	推荐	推荐	必选	必选

评估运营商转型的最终目的地

我希望到这个阶段，读者可以很好地理解这一点，数字化转型将促进不同类型的运营商产生。一些运营商将专注于基础设施领域，而另外一些将专注于服务，其余的则继续关注基础设施和服务产品的组合。无论成为哪种类型的运营商，最终这将是由董事会的战略决策和环境因素共同决定的。换言之，运营商的命运，一部分掌握在自己手中，一部分掌握在其他人手中——或更准确地说，掌握在监管机构手中！本章将列举一些影响领先运营商最终目的地的因素。

关键行业趋势将如何影响转型的最终目的地

让我们来回顾一下当前行业快速变化的关键趋势。目前，所有这些趋势的发展程度不尽相同，但大致可分为 3 种类型，如表 5 所示。

表 5 推动数字化转型的关键行业趋势

1	快速变化的消费者行为	动态市场因素
2	运营商核心业务收入的下滑	
3	紧跟势不可挡的技术变革	数字化程度因素
4	电信业务各个方面，以数据为中心	
5	消费者和企业数字化服务机会的爆炸性增长	
6	新商业模式的需求	
7	运营商并购的增长	监管程度因素
8	监管的影响	

趋势 1～2（“动态市场”因素）是几乎不受运营商控制的因素。无论运营商是否喜欢，消费者行为正在改变。同样，虽然运营商想要掌控核心电信业务收入的下滑问题，但事实上，这是由诸如 Skype、WhatsApp 等外部驱动因素导致的。

趋势 3～6（“数字化程度”因素）都或多或少受到运营商的直接影响。例如，运营商可以与供应商进行密切合作，以此加速或减缓新技术的出现，并确定构建新型大数据技术的速度。同样，运营商可以决定追逐新型 B2B 或 B2C 服务机会的速度，以及决定是沿用传统商业模式还是尝试创新型模式。

趋势 7～8（“监管程度”因素）也是主要在运营商控制之外的因素，但或许会受到运营商的间接影响。运营商可以决定是否参与并购活动，但不能决定发生在自己市场中的并购速度及对自己业务的影响程度。同样，运营商可以游说监管机构，以获得特定的预期结果，但必须遵循当前的监管规定。

在预测某个市场的某个运营商的数字化转型结果时，应当尝试找到它在由“数字化程度”（运营商可能接纳数字化未来的速度）和“监管程度”（运营商所在市场的监管程度）组成的平面坐标系中的位置。目前，这一分析是基于其他行业在运营商的控制之外的假设，没有考虑其他行业的趋势。

预测转型最终目的地的框架

在过去一年与埃森哲战略（Accenture Strategy）咨询公司的合作中，我们开发了一个适用于评估数字化运营商的潜在市场场景的四象限模型，如图 15 所示。

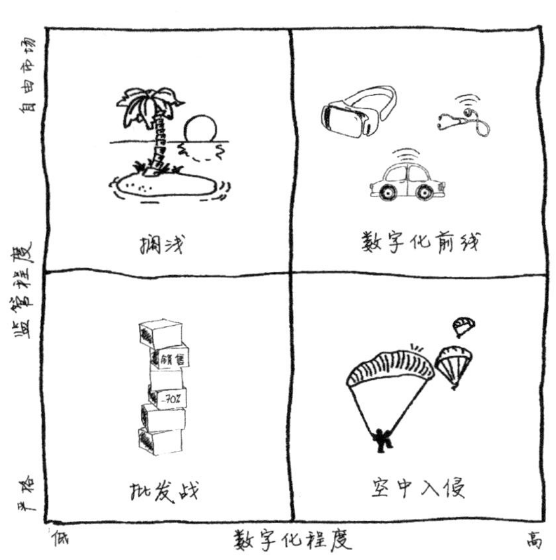

图 15　不同运营商潜在的市场场景

来源：埃森哲战略（Accenture Strategy）

场景 1：当市场监管趋于宽松自由，而且运营商拥有高度数字化的能力和转型抱负时，这种场景被称为“数字化前线”（Digital Battlefront）。在这种场景下，运营商有足够的自由度和能力与领先的互联网和“OTT 玩家”进行正面竞争，提供 B2C 和 B2B 服务。

场景 2：当市场监管趋于严格，但是运营商拥有高度数字化的能力和转型抱负时，这种情况被称为“空中入侵”（Aerial Invasion）。在这种情况下，运营商开发先进的基础设施和平台，支持新的 B2B（2C）和 B2C 服务，但迫于监管，只能通过与“OTT 玩家”合作将大多数新的服务推向市场。尽管如此，运营商因其具备较高的能力，在此合作中占据强有力的地位。

场景 3：当市场监管趋于宽松自由，但运营商的数字化能力有限时，这种情况被称为“搁浅”（Stranded）。在这种情况下，运营商将非常依赖于合作伙伴关系，将大多数新服务推向市场。但是，由于数字化成熟度水平不高，这种场景下的运营商将被迫在与 OTT 合作伙伴关系中处于相对弱势的地位。

场景 4：当市场监管趋于严格，而且运营商的数字化能力有限时，这种情况被称为“批发战”（Wholesale Warfare）。在这种情况下，运营商不得不专注于提供利润率下降的传统服务，同时与其他运营商进行价格竞争，为“OTT 玩家”提供基本网络连接。

四大场景中的一些关键要点如下。

- IDSP 只可能在“数字化前线”场景中出现。
- “智能管道”数字化运营商可以在“数字化前线”或“空中入侵”场景中发展。
- “哑管道”或“纯服务玩家”可以在 4 个场景的任何一个中出现。

- “传统玩家”不可能在“数字化前线”或“空中入侵”场景中存活下来，因为它们将发现自己被市场上的其他“玩家”迅速超越。

当今电信行业可能的转型目的地

我不热衷于尝试预测某一运营商转型的结果，因为有太多的影响因素。虽然基于一些宏观趋势可以勾勒出大框架，例如，国家和地区法规、5G上市等技术趋势等，但还有其他同样重要的微观因素影响着企业的转型方向。例如，在最近一次转型圆桌会议上与一组高管讨论这个话题时，我要求他们列出决定数字化转型计划结果的最重要因素，最常见的一个答案是“首席执行官的风格”。所以试图抽象地预测任何一家公司的转型结果就是徒劳无功的事。

然而，将这个模型应用到全行业是值得尝试的，可以用来预测有多少运营商可能成为IDSP，以及电信行业有多少百分比的收入可能由非IDSP运营商驱动。

以四象限模型为出发点，有可能获得某个运营商转型最终目的地的第一印象。例如，一些严格监管的市场中，监管机构明确表示限制运营商与“OTT玩家”进行广泛竞争，可以合理想象，运营商不太可能成为IDSP。那么，问题就是运营商是否有投资和抱负成为“智能管道”，或者是否可能成为“传统玩家”，或伴随着“纯服务玩家”从转型中分离出去而成为“哑管道”。

一旦整体确立了运营商的转型最终目的地，就可以按照许多其他标准对该模型进行调整，如下。

- **国内市场份额**：各国规模较小的玩家往往可能落后于本国最大的玩家，后者可能有更多的资金用于基础网络之外的创新。

- **地区/国家市场的重点**：专注于扩大区域范围内网络连接需求的运营商（例如，中东/非洲），传统的电信盈利模式将维持更长的时间，因此，可能最终无意中落入“传统玩家”类型，而不是有意识地做出决定，成为“哑管道”或“智能管道”。在欧洲或北美更饱和的市场，运营商不太可能成为“传统玩家”。
- **所有权结构**：一般来说，我认为家庭或“创始人”所有的运营商更有可能尝试走向更复杂的模式，而不管监管限制如何；投资和私募股权所有的运营商则更可能愿意接受监管限制。

最后，在做这项分析时，我只聚焦全球 100 强的运营商，因为它们占行业收入的 98%左右。考虑到上述所有因素，我试图将每家运营商归入不同的类别，并得出以下结论。

- 排名前 100 的运营商中，大约有 44 家最终可能成为“哑管道”“纯服务玩家”和“传统玩家”。虽然这是运营商数量最多的一个类型，但它们仅贡献当前全球电信行业年收入的 12%左右。我的设想是，当运营商转型为“哑管道”时，也将衍生出“纯服务玩家”业务。
- 排名前 100 的运营商中约有 42 家最终可能成为“智能管道”。巧合的是，这些运营商的收入也占当前全球电信收入的 42%左右。“智能管道”运营商将需要不断地在新兴领域（如车联网）抢占市场，与具备强大平台网络效应的“OTT 玩家”竞争。
- 排名前 100 的运营商中仅有约 14 家运营商最终可能成为 IDSP。根据本章目前为止所有的论点，这个数字不足为奇，但应当指出：这 14 家运营商都是大型的运营商，据我计算，它们大约贡献了当前全球电信行业收入的 46%。这些运营商还可能通过更高利润率的服务和潜在的平台网络效应，在关键的新兴领域中创造巨大的行业利润，这种动态发展可能会在目前集中度不高的市场上掀起新一轮整合浪潮。

第五章

让转型变成现实

运营商的高管们都忙于想方设法运用各种提升效率、创新服务的手段，试图扭转传统业务收入衰退的趋势。

他们都理解数字化转型，都知道如果能重新设计网络、系统、数据和安全架构，效率和敏捷性能产生跨跃式的增长；同时，他们也能预料到，如果把这样的能力应用于其他垂直行业的生态系统中，又能产生很多新的服务收入。但是，多年来，高管们已对许多正在交付的项目或已经完全失败的项目感到失望，这导致他们现在对需要投入大量宝贵成本和时间却可能白费力气的项目保持谨慎态度。

因此，当提到数字化转型时，他们都非常小心。许多公司迈出的转型第一步，是从委托知名的咨询公司制作转型战略报告开始。这种报告一般会为企业描绘出一幅激动人心的蓝图，但许多情况下，他们对于推动实际项目的落地却有点不接地气，并且往往没有考虑到运营商所面临的监管、财务和技术限制等现实问题。因此，有必要召开战略研讨会，将高屋建瓴的愿景变得切合实际，不过，这往往需要耗费几小时或几天时间与合作供应商共同规划未来的数字化服务组合。这个过程仍是在“思考问题”，等“思考”阶段结束，企业就要进入“执行”阶段，这才是真正考验耐心的时候！

问题解决无法一蹴而就

“我们总希望有捷径：只要稍作改变，就能一举解决问题。然而，生活中很少有这样的好事……”

——阿图 · 葛文德（Atul Gawande）

在电信行业中，运营商们很热衷于互相效仿竞争。它们倾向于观摩最先进的运营商采取何种措施，然后尝试在自己的公司落实借鉴来的举措，例如预付费计费、基础套餐包扩展（语音、流量、视频、固移融合）和产品捆绑等创新，它们来源于最具创新性的运营商，现在已经在全球的运营商中涌现和普及。这对单个产品的借鉴和推广起到了显著的作用，但对于大规模的数字化转型而言，每家运营商都得艰难地走出一条自己的路，适合这家的路并不一定适合另一家，不可能通过套用一个通用模板来实现成功转型。比如，各个公司的员工年龄、技能水平不同；所处的监管环境不同；股东和其他重要利益相关者不同；CEO 的风格和技能特长不同；财务稳定性水平不同；所面临的文化和技术问题也不同。所以纵然观察同行必能发现可学之处，但最终每个运营商都必须走出自己的“成功转型之路”，并做好前路艰辛的准备。

不过，我们可以采用一些方法和手段，让转型之旅不那么艰险。在前面的章节中，我提出了思考转型的几个角度：转型的价值、几种可能的转型旅程以及转型旅程的目的地。在转型过程开启前，最为重要的一点是要投入宝贵的时间和精力来思考和理解转型的本质。本章将概述如何将企业转型过程分解成一系列不同的步骤，并对其中几个关键步骤进行剖析。

数字化成熟度评估（DMA）

本书把数字化转型比作“一段旅程”，或者更确切地说，是“一系列旅程”。如果不知道旅程的起点在哪里，就无法启航。因此，在出发前，进行数字化成熟度评估是了解你的数字化转型“起点”的好办法。尽管你可能并不想听别人说：“如果我是你，我可能不会现在就开始转型”，但最好还是要了解当前数字化转型的起点，以及所面临的挑战有多大。在企业内部进行数字化成熟度评估，还有一个更微妙的原因，就是让整个企业都知道他们即将进行数字化转型。与企业中的关键人物谈谈企业当前的数字化状态，了解他们关于数字化业务的改进需求，就可以让他们为数字化转型即将带来的变化做好准备。

当然，一旦进行了数字化成熟度评估，企业就有责任应用评估结果。如果数字化成熟度评估结果公开后，管理团队却是鸦雀无声，这势必会给企业传达出一个明确的破坏性信号。因此，企业需要一位有影响力、足够权威的高管发起数字化成熟度评估，负责推动所有相关者的支持和投入，并根据评估结果推动实际行动的落地。

如果在数字化成熟度评估后还有更大的数字化转型计划，该评估通常会涵盖所有的转型领域，为企业的数字化成熟度提供全面的评估。之后的评估可能会深入研究其中某个特殊的领域。无论企业的哪个部分被评估，都应该由那些了解评估情况的相关人员来参与。这些人员可能是总部的正式员工，可能是世界各地的合作人员，也可能是为企业提供业务流程的重要合作伙伴。评估的基本目标都是为了获取有效、可靠的数据，加深对企业的理解，并为企业决策打下基础。只有找到合适的人，才能实现这一目标。

- 这并不是一件容易的事，你可能会面临各种难以预测的困难和障碍：人们不想告诉你情况有多糟糕。人们在谈论自己的成就时，会试图强调积极的一面，弱化消极的一面，包括我自己，这是人性使然。但在评估数字化成熟度时，我们需要开诚布公地描述企业的情况。这很重要，因为它是评估的基础。评估发起人如果能承诺大家可以畅所欲言，多多益善，并且进行保密，尤其是对评估报告中引用员工的意见要匿名，这将很有帮助，大家不会很快猜到批判性意见是谁发表的。
- 找不到真正了解情况的人。成熟度评估是一项耗时并可能引发混乱的工作。真正了解某个业务环节的员工可能很难抽出充足的时间，或者根本没有时间来参与评估。这些人通常是企业的“英雄”，他们得去“救火”，解决日常问题，要他们从日常工作里抽出身来阐明企业的现状，这对他们可能有些挑战。

- 不了解企业的现状。人们常常以为，作为一名高管，即使不知道企业中每个部分的具体细节，也总能找到准确了解业务最新情况的人。可悲的是，情况有时并非如此，关键团队成员的流失往往给企业相关知识领域留下空缺，这是规划和实施转型中面临的重大问题。

选择数字化成熟度评估模型

我的同事 David Trevitt 几周内就找到了 60 多个模型，其中大多数是最新开发而未经检验的，有的只是作为咨询公司的业务开发工具，而不是用来真正搭建可长期使用的评估模型。我从没想过数字化成熟度模型居然会有这么多，确实让我有些吃惊。不过，其中一些模型利用了早期的“创新管理评估工具”（Innovation Management Assessment Tools），也是用来评估企业能力的。尽管模型还处于起步阶段，但已经相当全面。据粗略估计，我们所接触的数字化成熟度模型约有 75％适用于几乎所有的行业，为行业通用模型，另外约 25％的模型往往是针对具体行业的，用于深入评估该行业的具体挑战和特性。

从较高层面来说，数字化成熟度评估主要关注数字化成熟度或数字化转型准备度。数字化成熟度评估使用差距分析（Gap Analysis）来确定活动改进的优先次序，它能为如何通过学习不同成熟度的最佳实践来提高成熟度水平提供有用的指导。而数字化转型准备度往往不使用差距分析，能提供的活动改进指导较少。

基于不同的质量、深度和企业能力范围，评估模型也会有很大差异。一些是比较粗略的高层次调研，另一些则是有利于深入分析的复杂层次的调研。

在提及的 60 多个数字化成熟度评估模型中，大多数涵盖了以下这 11 个领域或其中一部分，这与本书中涉及的十大转型旅程有很大的契合度。

1. 运营流程和自动化。
2. 文化、人员和企业。
3. 以客户为中心和与客户互动。
4. 战略。
5. 技术。
6. 治理（包括 IT 安全治理）和领导力。
7. 数字化产品/服务和商业模式。
8. 数据分析和企业信息管理。
9. 创新能力。
10. 财务和成本管理。
11. 生态系统管理。

在开展评估时，需要考虑如下方面。

- **独立成熟度评估模型的价值**

  虽然大部分数字化成熟度评估模型都是由咨询公司或供应商开发的，但是也有几个设计最佳的模型是由业界的行业协会提供的，如 Open ROADS Community 社区、TM Forum 和爱尔兰梅努斯大学创新价值研究所（IVI，Innovation Value Institute）。作为 TM Forum 的前主席，我偏向于推荐 TM Forum 的数字化成熟度评估模型。事实上，每个运营商都应该考虑使用其中一种开放模型，因为与专有模型相比，开放模型最终建立的标杆数据库可能会更好。

- **不要高估自己的成熟度**

  大多数公司在首次进行企业能力的自我评估时，所得出的成熟度结果会比实际情况偏高。尽管在管理上做出了巨大改进，第二次的成熟度自我评估结果仍呈现下降趋势。这一般不是因为管理缺乏重点，或者缺乏切实的改进措施，而是因为自我评估越来越贴近实际，接受调查的人越来越理解问题，能更好地了解自身状况。

- **标杆很重要**

  在各行各业中，大多数人希望把自己的企业与同类企业做对比。因此，标杆能给你提供所需的信息。当结果低于标杆时，人们会有强烈的改善动力。当结果远高于标杆的平均水平时，切记不要沾沾自喜，因为有可能是你选错了标杆参照公司。例如，在评估“以客户为中心”时，运营商应该与最好的互联网企业和零售商进行比较，而不是简单地与其他运营商进行比较。

- **确保跟进落实**

  如果不把评估提出的主要建议落实到数字化转型计划中，那么进行数字化转型评估就毫无意义。数字化成熟度评估的结果可能在整体上促进数字化转型战略的发展，也可能只对某些具体的领域做策略性的转型，例如，改善客户体验、增强数据管理。无论如何使用评估结果，都应当让那些为评估进展做出贡献的人了解使用详情。

附录 A 列出了本书涉及的 60 多个成熟度评估模型及模型范围。

实际转型方法

在第三章中，我谈到了十个转型旅程。当然，不管使用什么切实可行的转型方法，都不能操之过急，没有哪家公司会想同时尝试所有的旅程，因为每个企业对并行变革的吸收能力都是有限的。转型计划应考虑到企业可能需要先后尝试几条转型旅程，然后聚焦在短期或中期需启动的优先旅程上。

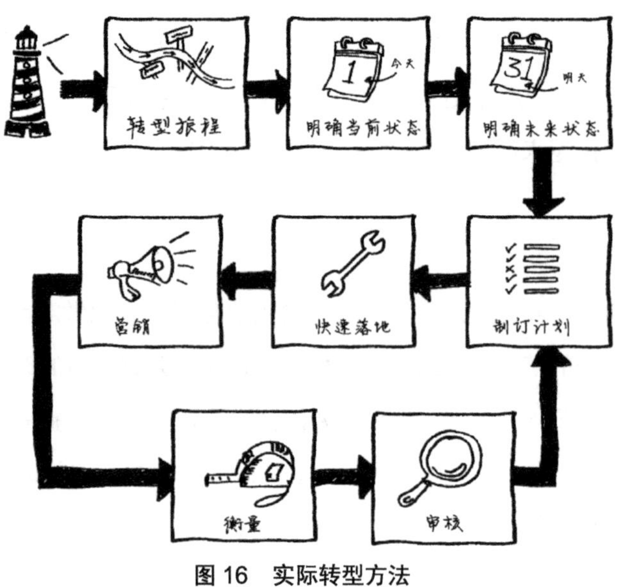

图 16 实际转型方法

“立于所止，善用所有，竭尽所能。”

——美国前总统西奥多 · 罗斯福（Theodore Roosevelt）

数字化转型是一项复杂的任务，需要对其进行分析、剖析和分解，把它简化到我们能理解的程度。我们试图对数字化转型可能带来的价值进行分类和量化，分析转型可能产生的结果，并尝试了解完成转型需要经历哪些旅程和变化。前几章已经介绍了这几个方面。现在，企业需要停止坐而论道，开始行动！

对于如何转型，上述引用的这句话可谓一语中的。永远不会有开始转型的完美时间，总会有层出不穷的问题需要解决，从而加深你对商业案例的理解。当前业务中总会有需要你全力以赴去“救火”的时刻。总之，时机只有更好没有最好。罗斯福所言的意思是，立于所止，善用所有，竭尽所能！

下面列出了实际转型方法中的一些关键步骤，许多“一次性”步骤进行之后，可能还会有一系列“迭代”阶段，必要时需要多次重复进行。

树立长远愿景

转型计划将需要多年时间，可能需要多任高管团队接力才能完成。因此，“长远愿景”代表着整个计划的最终走向。转型旅程会有波折，企业会对不可预见的挑战和机遇做出反应，但长远愿景应始终在那里，让转型计划不断对自我进行调整，朝最终目标前进。运营商应在长远愿景中规划出自己的未来定位（例如，成为“哑管道”“智能管道”或“综合数字化服务提供商”等），并且明确指定服务组合的范围、公司服务所覆盖的区域，以及希望在客户、员工和其他关键利益相关者心中树立何种形象。

选择关键转型旅程

这对于目前正处于转型计划中的企业来说是十分重要的。第四章中具体谈到了企业为达到某种目标需选择哪些转型旅程。转型旅程多种多样，企业必须确定好优先级，再进行尝试。

明确当前状态

在考虑选择哪条转型旅程时，企业需考虑自身的当前状态、关键能力、当前资源等，其中的“当前状态”还可细分为几个层次，一般会用自己的方法定义“当前状态”，当然也会结合数字化成熟度的评估结果来加快确定过程以及拓宽视野。

明确未来状态

这包括所选旅程每个关键方面的策略、商业模式和实现目标，它们应当尽量详细，并以此对项目的流程、人员、技术和 KPI 提出要求。

制订计划

我们的目标是要让每一个步骤都能帮助公司从当前状态向未来旅程的目标迈进，

任何一个步骤都不要超过 180 天。在理想情况下，一些步骤最好能在 90 天内完成。每完成一个步骤，都要为企业带来切实可见的价值，使包括董事会、员工和客户在内的所有利益相关者从中获益。

快速落地

开发、投资一系列快速落地的项目，有助于在短期内为企业带来实际价值，并有利于实现长远的目标。

内外部营销

每完成一个步骤，向企业内外部的关键利益相关者宣传所取得的成功，以提高企业中更多人员的积极性和参与度，为下一步工作做好准备。

衡量指标

转型旅程的各个关键方面都需要一套明确的指标，并映射到更高层次的战略业务目标中去，这些指标会成为转型成熟度模型的一部分。由于衡量指标可能会越来越多甚至难以管理，应定期检查并将其简化，只留下管理看板所需的关键核心内容。

独立审核和评估

每个项目和子项目都需要一个项目计划，但我们知道项目计划会被“修订”，大家谈论的内容很快就会变成如何实现“修订”后的计划目标。如果能够按照约定的数字成熟度模型定期对计划进行审核和评估，就可以确保掌握实际的进度。

树立长远愿景

正如在第四章中提到的，一个企业的数字化转型的最终目标并不是预先确定的，监管环境等市场因素影响力很强，运营商需要决定自己想转型成什么样的企业。要树立长远愿景，运营商需要仔细考虑以下 3 个方面。

1. **未来市场场景**

第二章和第四章已经对此进行了重点阐述。运营商需要了解市场中正在发生的关键变化，特别是市场监管方面的变化，以及如何影响运营商的方向转变。

2. **行业动态分析**

不管是大型企业还是小型企业，通常会定期对行业动态进行某种分析，例如对企业内部的能力进行实际评估；同时，全方位观察企业外部的合作伙伴和现有或新兴友商。20 世纪 90 年代，波特五力分析模型（Porter's Five Forces）不知为何增加了第六力，如图 17 所示，该模型如今已成为企业用来描绘、理解行业动态的最佳工具，尤其是运用于场景规划，它可以帮助我们根据目前的趋势和行业动态，来分析“当前的状态”及“*N* 年后的状态”。该分析包含以下几个方面。

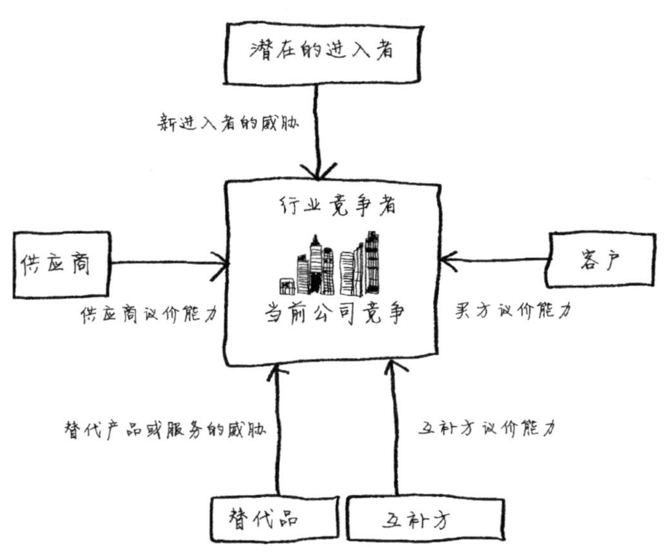

图 17 扩展后的波特五力分析模型
（波特，1980；纳尔巴夫和布兰德伯格，1996）

- **行业竞争者**

  竞争对手是谁以及他们会造成怎样的威胁？例如，市场每个用户的平均收入（ARPU）和用户增长趋势是什么？其他运营商的定价和折扣政策是什么？这也包括已经向运营商提供同等服务的“OTT 玩家”。

- **市场新进入者的威胁**

  识别市场新进入者的数量和威胁能力。这需要对市场准入壁垒、规模经济、产品差异化以及所需的资金充分了解。一般来说，新进入市场的服务提供商和网络连接提供商带来的威胁需要分开评估，前者可能数量较多，后者虽然少见，但对运营商可能具有更大的威胁，例如地铁 Wi-Fi，这种具有颠覆性的服务将替代运营商的核心价值定位。

- **替代品的威胁**

  识别替代品的威胁程度。这种威胁可能来自于不同 OTT 服务提供商，如 WhatsApp、微信、Netflix 等。这要求以全方位的视角了解这些服务的应用情况和市场份额，并且评估它们的威胁程度，需特别注意可能产生的监管影响。一般来说，由于越来越多的客户喜欢用数字化服务，这些替代品将对运营商构成很大的威胁。

- **客户的影响力**

  了解客户的重要性及其对公司战略的影响。正如前面所讨论的，客户的需求和行为变化迅速，因此，需要客观地评估客户的影响力。

- **供应商的影响力**

  了解供应商的动态和对公司供应商/合作伙伴的依赖程度。完整的供应商生态系统是什么样的？运营商与这个生态系统的关系会是什么样的，以及他们采用什么样的商业模式？除了核心产品之外，运营商还对其供应商生态系统有怎样的依赖，例如创新、融资等？更换战略供应商是否容易？

- **互补产品**

  了解特定市场中相关产品和服务的影响，哪些新产品和服务与现有产品是相互促进的，并可能吸引更多的忠实客户来使用核心产品？互补产品和服务在多边平台商业模式中尤为重要，例如 Spotify，在核心消费者流量包中捆绑音乐流服务。

3. **关键利益相关者的目标**

这是树立“长远愿景”的第三个要素，在未来市场场景和行业动态分析中，运营商高管和股东最终需要确定企业的发展方向。一位名叫比尔·菲利普斯（Bill Phillips）的管理顾问开发了一种名为“未来蓝图”（Future Mapping）的方法，即参与者想象他们已经结束一个项目，然后从“当前”的视角描述该项目将取得的成功。通过这种方法，可以让关键利益相关者说出自己真正想要实现的目标。比如，可以提出以下问题。

- **客户**

  我们的客户是谁？作为运营商客户，他们的体验如何？我们的品牌定位是什么？我们最常用的品牌推广方法是什么？

- **提供的服务**

  我们的服务组合有哪些内容？我们哪些服务被公认为国家、地区，乃至全球领先？

- **销售**

  我们的实体零售能力如何？我们如何进行销售？我们使用哪些非运营商的渠道？

- **数据**

  哪些方面体现了数据采集和使用对企业的重要性？如何通过数据获利？如何将数据分享给需要数据并面向客户的团队？

- **文化**

  我们的员工在这里的工作体验如何？企业中的主要技能有哪些？

- **技术**

  我们公司的核心技术资产如何？与友商比较，分析师如何评价我们的技术水平？

- **流程**

  我们所有关键流程中的自动化水平如何？

- **合作伙伴生态系统**

  我们的合作伙伴生态系统范围是什么？我们与合作伙伴是何种关系？我们需要多长时间才能和新的合作伙伴建立关系？

你还可以根据需要提出更多的问题，回答问题的过程将逐步揭开关键利益相关者的所有目标。这与未来市场场景和行业动态分析一起，将为企业转型的“长远愿景”奠定基础。毫无疑问，随着时间的推移和情况的变化，愿景也需要更新变化。但只要在转型开始前，与所有关键利益相关方就“长远愿景”进行有效沟通，那么所有转型参与者都能将多年的转型计划向切实可行的方向推进。

选择关键转型旅程

第三章详细地概述了数字化转型可能需要进行哪些转型之旅。第四章明确了要想转型成为综合数字化服务提供商和“智能管道”，运营商需要优先考虑哪些旅程等。接下来，让我们再回顾一下这十大转型旅程，以及每个旅程能到达的目的地。

- **转型旅程 1**：从离散的网元向自治管理和虚拟化的通信及云基础架构转型。
- **转型旅程 2**：从被动的、某个特定产品的安全策略向主动的统一编排的安全策略转型。
- **转型旅程 3**：从有限的数据使用向以统一编排的数据为中心的企业转型。
- **转型旅程 4**：从封闭的管理系统向 Open API 平台架构转型。
- **转型旅程 5**：从有限的传统服务组合向多元的数字化服务组合转型。
- **转型旅程 6**：从有限的供应商向活跃的合作伙伴生态系统转型。
- **转型旅程 7**：从有限的商业模式向运用多种商业模式转型。
- **转型旅程 8**：从传统的运营商企业和文化向数字化的企业和文化转型。
- **转型旅程 9**：从关注传统渠道向多市场渠道转型。
- **转型旅程 10**：从单维度客户关系管理向 360° 全渠道客户体验管理转型。

表 6　成为不同类型数字化运营商所需的转型旅程

转型旅程 \ 运营商类型	哑管道	传统玩家	智能数字管道	综合数字服务提供商	纯服务玩家
1. 从离散的网元向自治管理和虚拟化的通信及云基础架构转型	必选	必选	必选	必选	N/A
2. 从被动的、某个特定产品的安全策略向主动的、统一编排的安全策略转型	推荐	推荐	必选	必选	推荐
3. 从有限的数据使用向以统一编排的数据为中心的企业转型	推荐	推荐	必选	必选	必选
4. 从封闭的管理系统向 Open API 平台架构转型	N/A	N/A	必选	推荐	推荐
5. 从有限的传统产品服务组合向多元的数字化服务组合转型	N/A	N/A	推荐	必选	必选
6. 从有限的供应商向活跃的合作伙伴生态系统转型	可选	可选	必选	必选	必选
7. 从有限的商业模式向运用多种商业模式转型	可选	可选	推荐	必选	必选
8. 从传统的运营商企业和文化向数字化的企业和文化转型	必选	推荐	推荐	必选	必选
9. 从关注传统渠道向多市场渠道转型	可选	推荐	推荐	必选	必选
10. 从单维度客户关系管理向 360° 全渠道客户体验管理转型	可选	推荐	推荐	必选	必选

所选的数字化运营商类型的“最小可行”状态

表 6 展现了要成为 5 种类型之一的数字化运营商必须要历经的旅程。如果需要尝试多个高优先级的旅程，就需要做出从哪里开始的艰难决定。这是为了在最短的可能时间内找到实现运营商成功数字化转型所需的最少旅程集合。有些旅程是不可或缺的。如果想发展成为“哑管道”，只需从根本上改变管道的成本基础。如果想成为“智能管道”，则必须通过开放的 API 平台让管道变得“智能”。除了不可或缺的因素之外，我们需要考虑每个旅程所需的投资水平、可能产生的影响程度以及公司的能力。

“哑管道”“智能管道”或“传统玩家”这 3 种数字化运营商首先都需考虑的是投资开发一个自治管理的虚拟网络。每个公司都必须迅速推进自己的网络基础设施建设，并探索 SDN/NFV 等新技术，同时，从根本上简化传统基础设施，提高网络性能。这也可能需要在数据和安全性转型方面进行较早的投资。“哑管道”需要优先考虑对快速改变组织结构和文化进行投资，而“智能管道”必须优先考虑通过 API 开放其平台架构的投资，并开始构建和管理更广泛的合作伙伴生态系统。

综合数字化服务提供商（IDSP）面临的挑战要复杂得多。当然，通过投资开发自治管理的虚拟网络以及相关的数据和安全性转型，重点可能首先放在网络转型上。但与此同时，早期的重点还需要放在扩大数字化服务组合上。另一个优先投资领域是开发 360° 全渠道参与，使运营商能够以与其他数字化服务领先者相媲美的方式，和客户达成契合。最后，为了成为“综合数字化服务提供商”（IDSP），运营商需要尽早参与改变其组织结构和文化，在加强适当的管理和奖励结构的基础上，开始朝着将来需要的各种技能组织演变。

与所有其他类型的数字化运营商不同，“纯服务玩家”将通过关注组织结构和文化开始其转型旅程，从根本上改变其运营方式。同时，纯服务玩家将重点开发一系列数字化服务组合，并彻底改变 360° 全渠道参与的流程和方法，以上都集中于促使他们能够变成新一代数字化服务商而不是传统的运营商，而一个以数据为中心的企业，能够使运营商向着“纯服务玩家”发生根本性转变。

明确当前状态

了解当前状态是转型过程中的关键一步。罗斯福最初关于“立于所止，善用所有，竭尽所能，”的评论在这里似乎派得上用场。这就是说，首先需要明确当前的位置，包括从多个角度快速了解企业；然后建立转型项目和计划，从起始位置启航向预期的最终目标前进。在进行现状分析时，重要的是要考虑以下几点。

- **利用数字化成熟度评估**

  本章前面提到的数字化成熟度评估已经成为业界转型活动的重要组成部分，但这不仅是帮助推动企业变革的有用工具，而且还为评估各个转型旅程的当前状态提供了基础。它可进一步作为一个基准，未来用于评估转型进度。

- **成立“特战队”迅速解决问题**

  现状观察就像拍一个快照，需要确保这个过程不要拖延。它应该是快速干脆的，理想的状况是能在几个星期内完成。这能在过程中产生一种紧迫感，也防止当前评估变得过时。在这个过程中准确性和真实性很重要，速度也同样重要。所以“特战队”应由那些致力于客户关怀、新服务开发或信息和数据系统等相关主题的专家组成，团队由一名独立、有经验，且可深入话题研讨的人来领导。

- **保持相对简单**

  对运营商任何主要部分进行现状分析都可能会产生一系列复杂的文档、演示文稿和电子表格，因此，保持尽可能简单的现状分析非常重要，并且需要以一套可重复、支持高水平标杆对标的行业标准数字化成熟度评估工具为基础。我们还没有进入详细的计划阶段，所以现阶段的重点是要为特定企业的能力提供一个现状概要，目的是为其建立未来构想，引领我们更接近“长远愿景”。

- **继续向外看**

  尽管现状分析是用来了解运营商当前状态的，但我相信可以通过不断增加参考点（特定领域的行业最佳实践）来进一步完善。行业最佳实践可能源于运营商，也可能来源于更广泛的领域。例如，在研究服务战略时，最好参考其他行业的最佳实践，但在考虑服务基础设施时，可能需要与其他运营商进行比较。

通常情况下，最高层次的现状评估应该就如表 7 中列举的那样。虽然当前分析所处的水平仍然太高以至于无法推动具体的战略实施，但它应该帮助确定数字化能力改进的优先顺序，并提供一个框架，以此为转型旅程建立旅程目标。

制订转型旅程目标

转型旅程目标即利用“长远愿景”和现状分析，为每一个转型旅程制订一个详细的目标，并将目标转化为具体项目。

表 7　数字化转型最高层次的现状分析和未来旅程目标举例

	公司现状评估	公司未来转型旅程目标
服务战略	主要适应市场动态变化（数十个产品和多个不同的品牌）	注重通过数据和内容实现盈利和获利增长
	以竞争性定价赢得客户，驱动数据使用	继续挖掘现有的具有吸引力的部分（例如，蓝领）
	主要吸引低端客户群，但移动宽带已经成功覆盖各个领域	针对中/青年人移动宽带市场制订明确的划分策略（例如，优质视频和音乐）
服务组合管理	具有大量试用服务的多样化和实验性的数字化组合	运用细化分类的方法精简服务组合（12～15项服务），优先考虑青年人和女性群体
	记录的业务案例证据有限，或数字化服务“启动和试用”计划明确	实施经济可持续的服务，推动数据消费
	关注本地内容或本土应用，捆绑服务有限，积极与合作伙伴加强合作	利用数据捆绑、运营商计费和 OTT 伙伴关系来驱动数据使用和忠诚度
	由于客户数据采集和获取有限，广告获利能力差	通过生物识别模型采集丰富的客户数据，广告获利能力增强
服务基础架构	迫切需要加强网络，跟上数据获取的增长	满足目标客户要求的网络（速度、时延和覆盖范围）
	有限的跨功能协作导致客户体验不一致	通过智能活动对准客户需求（“市场细分”）
	雄心勃勃的数字化环境中存在沉闷的内部和客户流程	为细化分类的数据和内容捆绑建立融合系统
	有限的核心平台融合	实现快速的服务启动（一个月之内）

总的来说，我建议未来旅程目标应该以研讨会的形式讨论制订，最好是没有高管参与，因为 C 级别高管们早已有机会表达对未来转型企业的总体构想。基于“长

远愿景”来细化制订旅程目标，并在满足“长远愿景”的同时，需要根据现状分析的实际情况来加以调整。

虽然旅程目标不一定需要解决现状分析中确定的每一个问题，但是应该广泛覆盖各个要点。

建立旅程目标需明确的关键性问题

当企业为所选的转型旅程建立旅程目标时，需要自问如下一系列问题。

对治理有哪些影响？例如，在以安全为中心的转型旅程中，应该如何重组运营商的治理和企业流程来支撑以安全为中心的业务？如何确保在所有新产品或服务设计中，尽早考虑适当的安全和数据隐私级别？

对收入有哪些影响？例如，在 Open API 平台转型的旅程中，API 平台可以创建或使能哪些新的收入流？如何计算？这些收入流如何影响或蚕食其他收入流？怎样使用 API 访问作为向上销售（向上销售指根据既有客户过去的消费喜好，提供更高价值的产品或服务，刺激客户做更多的消费，因此，又称增量销售）的方式并通过呼叫量和订阅模式实现获利，或通过伙伴收益分成实现获利？

对成本有哪些影响？例如，在虚拟网络转型的旅程中，对于如何通过新网络来节约增量成本或提高收入，是否有明确的商业案例？最初的重点是实现手动流程的自动化，还是在自动化之前大力简化流程？是降低基础设施成本，还是增加新的收入来源？另外，是否已经考虑同时运行传统网络和虚拟化网络所需的成本？这些成本必须包括维护拥有大量不同技能的支撑团队所需的成本，以及维护逐渐过时的传统产品所需的成本。

对数据有哪些影响？例如，在商业模式转型的旅程中，商业模式灵活性对于以数据为中心的策略意味着什么？如何实施“无处不在的数据”理念，即企业中需要数据的人员，不管其年龄和资历，都能获取所需的数据？在实施这一战略时，对我们的企业结构和控制模式会产生什么样的影响？采用数据无处不在的策略会带来什么样的安全风险？需要哪些新的数据科学专业知识，以及数据安全性/真实性、可视化工具、多维客户分析的新功能？

对网络基础设施有哪些影响？例如，在数字化服务转型的旅程中，新型业务以及视频数据业务所带来的对带宽快速增长的需求，对网络基础设施能力有什么设想？移动边缘计算和 5G 等新网络技术的实施速度将如何影响我们的数字化服务战略和骨干网络带宽？

对开发者战略有哪些影响？例如，在 Open API 平台转型的旅程中，API 平台的开发者战略是什么？如何创建和管理强大的开发者关系；如何享有免费或低成本的 SDK、辅导、测试、分析、认证等？我们应该采用什么战略来提高开发者社区成员的意识，如公共 API 目录、动态门户、支持、认证、创客马拉松、开发者会议？

对客户有哪些影响？例如，在组织和文化转型的旅程中，在改变组织结构的同时如何继续满足不断变化的客户需求？客户期望与运营商有什么样的接触，以及新组织是否会为此提供便利？

当你开始询问这些问题时，你就可以发现不同转型旅程之间存在的相互依赖性。没有一个旅程是孤立存在的，一旦开始一个旅程，其他相关旅程的情况也将发生改变。例如，许多旅程将需要从根本上改变数据采集、分析和访问的方式，这些都是以一定程度的数据转型为前提；一些转型旅程对网络基础设施提出了更多的具体要求；其他转型旅程要求商业模式实施或服务组合管理具有一定的灵活性。

除了上述所列问题之外，在构建每个转型旅程的目标时还应考虑以下 4 个方面的影响。每一个影响都将在企业中进行管理，但每一个旅程又提供不同的视角。

转型需要涉及哪些技术？数据、网络、安全性和 API 平台的转型都明确地依赖于新技术的实现，许多其他旅程也依赖于新技术方法。例如，全渠道转型可能很大程度上取决于人工智能的实现情况，而生态系统管理转型可能需要实施复杂的合作伙伴管理、数字版权管理、区块链和收入分成等解决方案。

用于评估进展和成功的关键指标有哪些？转型的一大关键因素就是了解如何成功。网络可用性、每用户平均收入（ARPU，Average Revenue Per User）、净推荐值（NPS，Net Promoter Score）等相关的传统考核指标，可能不能体现特定转型旅程的目标。例如，在以数据为中心的转型旅程中，有多少面向客户的员工可以访问所需的客户数据，这可能是一个重要的衡量指标。对于数字化服务转型旅程而言，服务的活跃用户数量或站点使用率可能是比较合适的衡量指标，而不是该服务产生的收入是多少。

哪些流程会受到影响，需要开发哪些新流程？例如，在数字化服务转型的旅程中，可能需要新的关于敏捷和 DevOps 方法的关键流程；而在以数据为中心的转型旅程中，数据采集、存储、清洗、处理，以及在合适的时间向合适的人开放数据权限等，可能都是需要考虑的关键流程。

需要哪些关键技能？不言而喻，大多数转型旅程都对企业的关键技能有着特殊要求。每经历一次转型，都需要勾勒出该转型旅程的技术沙盘，并将其纳入企业技能培训计划的一部分。例如，围绕数据、人工智能和网络编排，有哪些新的销售技巧和技术能力；围绕社交媒体，有哪些新的营销技巧；这些技能在不同转型旅程中的要求将如何演变。

本章没有详细阐述每一转型旅程及其相关问题和影响，而是把它们列入到本书的附录中。在开启一个或多个转型旅程之前，你可能更想看一下各转型旅程的细节。

制订计划

旅程目标的每一个子目标及其详细的支撑材料都能驱动一系列短期子项目的诞生。如前所述，在设计项目组合时，需要确保很多项目能够在短时间内完成，同时，还能产生切实可见和被企业认可的结果，这一点十分重要，但也并不是那么遥不可及。旅程目标几乎总能发现一些企业忽略的简单问题，一旦解决就能产生切实的影响。当然，还有许多重要的项目也必须要落实，尽管它们并不会产生“明显或令人兴奋的”结果。因此，我们的目标应该是建立切合实际的项目组合，在企业内部可见的转型成果和整体转型目标之间达成平衡。也许，我们可以用图 18 来表示。

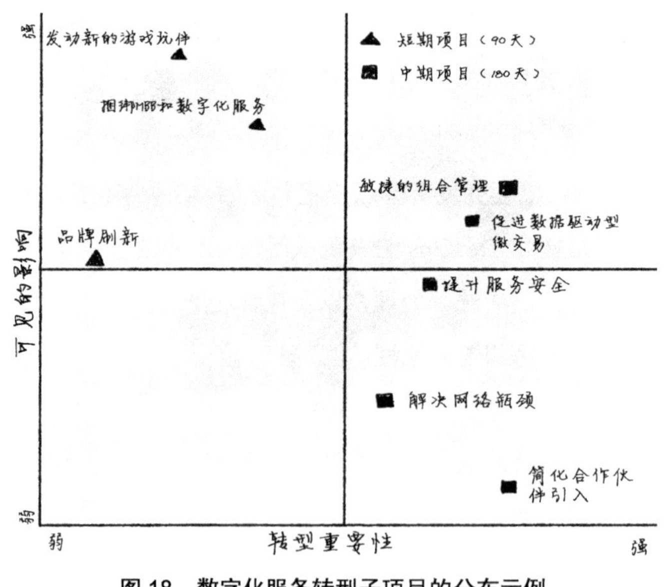

图 18 数字化服务转型子项目的分布示例

对于实际转型方法中的其余步骤，读者可以借鉴大量的项目管理文献和方法。一且从根本上将企业的“长远愿景”分解成与转型有关的一系列实际的旅程目标，并落实到几十个具体子项目中，实际上，余下的挑战只涉及项目交付。当然，这仍然是一个艰巨的挑战，但也许是大家都习以为常的挑战。

数字化转型工作的启示和线索

“真正的黄金法则是根本没有黄金法则。”

——乔治 · 萧伯纳

伟大的爱尔兰剧作家和评论家乔治·萧伯纳（George Bernard Shaw）有一句格言，大意是根本不存在黄金法则，这对于数字化转型来说的确如此。前面也提到过，运营商喜欢效仿同行的做法，但数字化转型旅程是无法复制的。转型是一个复杂的过程且变数太多，适用于一家运营商的做法，不能保证也适用于另一家运营商。

虽然关于如何转型不存在黄金法则，但也许有一些黄金启示能让你保持正确的转型思维。本章最后一节将指导如何采用正确的思维来应对长期的数字化转型计划。

- **衡量，衡量，衡量**

  我热衷于对转型进度进行反复衡量，以确保衡量的对象是正确的。选择衡量对象时必须要谨慎，避免无意识地产生反常的激励效果，因为衡量结果会驱动行为。如果确定衡量的对象准确无误，那么就衡量，衡量，衡量吧！

- **一次一个小目标**

  有一则古谚语是“怎样吃掉一头大象？”答案是一点一点地咬。同样，转型过程包含许多“大象”目标，需要一点一点地实现。选择一些令人印象深刻的、将对企业产生巨大影响的庞大目标是诱人的，但我的建议是建立清晰简单的目标，如果理想，最好可以在 90～180 天内获得切实的成果。目标达成后，就可以尽情欢呼！

- **庆祝成功**

  人们常常花费太多时间担忧接下来会发生什么事情。转型就是企业不断适应颠覆性变化的能力，所以转型永远不会结束，不要试图等到所有转型“结束”才庆祝成功。每一次小小的胜利都值得庆祝，这不仅能鼓舞士气，而且在人们的头脑中也强化了转型发生的事实，每个人都可以而且应该尽自己的一份力量。正所谓“一事成功百事顺”，每个人都想成为成功的一部分。

- **让客户参与转型过程**

  在数字化成熟度评估过程中，常见的一个问题是：是否已经与客户分享了转型计划？答案往往是否定的。没有人想把自己“内部”的糟糕情况暴露给客户。但客户需要了解你的流程、工作方式、安全性、产品组合和基础设施都在经历着怎样的变化。至少这能帮助建立良好的关系，也可能有助于收获重要的新需求。在整个转型计划实施过程中，应该不断探究这是否会为客户带来更好的效果，并增加运营商对客户的了解。为了建设持久的以客户为中心的文化，运营商的每一次会议和每一个决策都需要以客户为中心。

- **二八法则**

  这个法则适用于所有转型计划。你需要确保能够关注到任何一个旅程的最高回报机会，然后把焦点转移到下一个可以带来最佳价值的子项目上。但是，不要以此为借口推迟解决棘手的问题。有时最难解决的问题需要优先处理，因为所选的解决方案及其受到的约束可能会影响后续的所有活动。

- **注意“白细胞”**

  每个企业都有抵制变化的本能反应。这是自然而然的事情，也可能是情有可原的，但不要让这种本能的反应扰乱了转型计划，尽早识别（被动的和主动的）阻力，关注人们的担忧点并进行明确处理。

- **管理期望**

  转型将耗费大量时间，并且转型之路羁绊重重。它不仅涉及大规模的技术和商业模式的变化，而且最严重的是，还会对企业成员造成巨大影响。不要试图用“无痛转型”来诱导董事会决议，这种转型是不可能发生的事情。人们常说商业各个过程中存在幻灭期，当然转型过程也不例外。所以，你需要确保具备强大的转型关系管理能力并制订沟通计划，而且积极行动，让关键利益相关者对幻灭期有所准备，即使你无法预测它将在何时何地出现。

- **确保你的正确领导**

  关系到人员变化的部分总是最艰难的，所以不要把所有的想法都局限于业务案例、新型服务、效率以及对客户的理论影响上。如果不能带领企业，或者不能以超快的速度在周围建立一个新的企业，剩余的转型就无法取得成功。

- **让人们来主导**

  公元前六世纪的中国哲学家和思想家老子曾说:“功成事遂，百姓皆谓我自然。”当转型计划受到企业的各个层次驱动时，转型才更有机会取得成功。在转型的最后阶段，各级企业成员应该相信自己是一切变化的引擎。

- **投资于人，而非取而代之**

  数字化转型中存在一种不成立的假设，即企业成员是应被剔除的成本而非需要投入的资源。事实上，只要有可能，应当对企业中的优秀人才进行投资，留住优秀成员来支持转型，而不是简单地纳入新人。许多企业利用转型来淘汰 50 岁以上的成员，这类人才“确实”是最昂贵的员工，但常常被“错误地”认为不能再为成为新型的数字化运营商做出贡献。这样的策略通常会导致企业内部出现可怕的知识缺口，给转型造成阻力，所以应当加大对人才技能的投资，而不是不加辨别地一概抛弃。

- **挖掘企业中的想法**

  关于转型，高管们并不总是能够想出最好的主意。挖掘想法不是简单地把外部目标强加在公司上，或从公司内部挖掘出目标，而必须是一个双向的过程。对于企业的中基层管理人员、值得信赖的合作伙伴和客户，应当积极挖掘他们关于“需要进行哪些改革”和“怎样进行改革”的想法。

第六章

驱动数字化运营商的创新

创新是经常让数字化运营商备受困扰的一个问题，着实让他们伤脑筋。这并不是说，创新比安全性、大数据或发展以客户为中心的策略所面临的挑战更具有难度，而是因为与其他投资相比，其结果具有高度不确定性。电信行业开始流传这样的说法：公司的创新能力与其规模和历史成反比，创新只能来自于硅谷车库里那些如饥似渴的年轻公司。是这样吗？那么，让我们来揭穿这个谎言。

首先，公司规模并不重要，创新型大型公司比比皆是。浏览一下《福布斯》《商业周刊》或《快公司》定期举办的年度“最具创新性公司”奖项评比活动，即可发现获奖者既有小型公司，也有大型跨国公司。

其次，优秀的创新不一定要创造富有特色的新产品。正如本书前面提到的那样，在决定新型数字化服务的成败方面，商业模式的创新通常比任何其他类型的创新更重要。同样，物流、加工和运输方面的创新对产品净利润的影响也远远大于产品功能本身的创新。

最后，不要把创新视为纯粹以灵感为中心，创新也需要大量的付出和汗水。一位体育评论员曾经评论伟大的南非高尔夫球手加里·普莱尔（Gary Player），说他非常幸运能够擅长打沙坑球。“是的，我很幸运”，他直截了当地回答，“这很有趣，我练习得越多，我就越幸运！”创新也是如此，你越实践创新，并为之制订分层的实施计划，你就会越幸运，当然灵感也很重要，但我认为创新是5%的灵感加上95%的汗水。

这章会谈到多年来运营商在创新方面所发生的变化，以及运营商当前的最佳实践。我还谈到了 DevOps 的重要性，它不是运营商解决所有弊端的灵丹妙药，而是整个公司转型过程中创新的自然演进。最后，我对数字化服务创新框架（DSIF，Digital Services Innovation Framework）进行了概述，该框架可用于帮助运营商将稀缺的创新资源投资在最具潜力的领域。

制订创新战略

自从亨利·切萨布鲁夫（Henry Chesbrough）开创性地提出“开放式创新”（Open Innovation）以来，大多数企业都明白，通过利用跨企业资源，有意识地最大化创新投资回报率至关重要。但是，要在各种选择中找到平衡是非常具有挑战性的，例如内部创新和研发、外部创新来源、合资企业、衍生公司（Spin-offs）、孵化器公司（Spin-ins）、消费者和最终用户参与等。

创新是数字化转型过程中的一个关键要素，运营商和许多其他公司一样，不断尝试并找到创新方法的平衡点。在过去的几年中，我看到运营商为突破创新障碍采取了许多不同的模式，大致分为以下几种。

- **创新外包的模式**

  运营商与专业的第三方建立合作关系，帮助将“概念”变为现实。这使运营商能够利用小型创新公司的创新激情、敏捷性和自由思维能力等。但问题在于，运营商往往过于严格规定创新者需要发明什么。为使这种关系得以正常进行，运营商和创新外包者之间需要建立真正的合作伙伴关系，相互信任，以便从宏观的战略和利益上提出要求，而不是试图定义更多刻板的要求。

  创新外包提供商有很多，Voxygen 公司的 Dean Elwood 先生曾与我分享他的想法：“卓越的创新归根结底主要受环境影响。我们的办公室是开放式布局，容纳了 18 个人，这与许多客户的办公环境有很大不同，他们往往有多个业务部门解决同样的问题，重复彼此的工作。从统计的角度来看，每一百个想法中有一两个非常好的想法。所以你必须快速试错（Fast Failing）。你需要与更资深的人士交流，因为他们倾向于关注净利润和总体收入，而不是偏爱自己特别感兴趣的事物。快速试错不是简单的失败，而是通往成功的生命周期的一部分。”另一个创新外包公司 IDEO，其专门从事设计思维（Design Thinking）方法的应用，以帮助运营商加速创新。

- **投资外部孵化器的模式**

Orange、沃达丰、AT&T、新加坡电信以及许多其他运营商都已经发展到一定阶段，或建立了物理上和文化上独立于母公司的“创新孵化器”，这和航空领域运作良好的“臭鼬工厂”创新战略有些类似，其中许多是在硅谷或以色列建立起来的，用于挖掘那些已有的创新公司和人才。

为了获得成功，它们必须采用一种非常柔性的管理方法，以免摧毁新生的创新中心。就像创新外包一样，运营商必须抛弃过于严格限定创新实验室范围界限的想法。但是，这也存在着风险。我曾经见过一家运营商实验室过于走“本土化”的路，却忽视了母公司的战略要求。

要想在这个领域获得成功，就需要与母公司建立一种灵活的柔性管理方式。创新实验室的领导者在母公司中需要有足够的资历，可以直接与首席执行官或管理团队接触，并且谙熟母公司的战略计划，同时，不必背负实现日常业务收益的指标压力。C5 Capital 公司的马可 • 巴蒂斯塔（Marco Batista）曾经对我说：“运营商可以建立孵化器模型，但是大多数都会以失败告终，最根本的问题就是运营商在不考虑企业结构的情况下寻求创新，这是浪费精力。建立孵化器模型是为了培养一种不同的思维方式，而不仅仅是在某个很酷的地方建立一个创新实验室。”这是个棘手的任务，需要谨慎对待。不过，创新实验室最终往往只是出现在年度报告中，并没有很好地融入到长期业务战略中。因此，运营商的创新授权模式和“轻量化”创新管理机制都需要精心设计。

- **引入资源内部创新的模式**

  这涉及将创新公司引入到运营商母公司，并试图在快速发展的创新公司与富有经验的母公司之间建立共生关系。西班牙电信（Telefonica）的 Wayra 计划和 Open Futures Group 就是这种方法的一个例子。西班牙电信对创新公司提供融资、指导和专业技术知识，并通过专门建立的研究院和相关活动来培育这些科技初创企业。这种方式能否在运营商强势发展的环境中生存下来还有待时间的证明。不过，该方式显然兼顾了上面列出的两种创新模式。

- **延续原生内部创新的模式**

  这无疑是一个默认选项，而且，如果对运营商创新方式进行客观分析，你就会发现，它无疑也是一种常见的又非常占用运营商资源的方法。

这种内部创新可能在逐渐实现创新方面的效果是最好的，但是它不能提供真正具有颠覆性的新型数字化服务。运营商在尝试采用这种方法时面临的最大问题是——在过去的十年中，它们的"去技能化"水平已经下降到了什么程度？虽然我从来没有看到任何有关运营商"去技能化"确切的研究结果，但根据我的经验，这确实已经是一个问题。为了保持所需的净利润收入表现，运营商不得不缩减规模。在这个过程中，他们流失了很多可能推动内部创新的技术专家。即使运营商能够挽留住大多数的技术和创新专家，他们也一直在努力找寻本地的、年轻的、具有数字化创新天赋的人才。

麻省理工斯隆商学院的一位朋友给我列出了 MBA 毕业生的工作偏好顺序，第一选择是资金充足的高科技新兴公司；第二选择是谷歌、Facebook 等成熟的互联网公司；第三选择是微软、苹果或甲骨文等"老"的高科技公司；最后的选择才是去运营商或大型企业工作。让我有些震惊的是，这些毕业生竟然认为微软这一类公司属于"老"公司，我想它们确实是在这些毕业生们出生之前就已经存在。由此我发现一个问题：目前以及很可能今后，在吸引并挽留合适的人才来推动数字化服务创新上，运营商会面临许多困难。在数字化转型之旅中，运营商内部的技能差距问题比创新本身还要严重。对于每个转型旅程，运营商需要确定它们需要培养的能力，并将转型能力发展路线图与技能获取路线图相匹配。

- **依靠主要供应商进行创新的模式**

这是一种日益普遍的做法。大部分新兴运营商在研发实验室方面都没有创新的历史，一般来说，他们通常愿意从主要的供应商那里获取一些合适的创新成果，而不是在内部进行创新投资。那些仍然具有创新文化和研发实验室基础设施的老牌运营商也越来越多地依靠主要的供应商提供创新项目。

为了支撑电信运营商的创新项目，华为近年来与德电（DT）、瑞士 Sunrise 等运营商客户探索联合敏捷交付（JAD，Joint-Agile Delivery）。JAD 以客户为中心，与客户一起联合开发，实现从敏捷开发到敏捷交付，缩短特性开发到客户的最终用户规模应用的周期。JAD 实践貌似聚焦于研发模式和研发过程技术改进，但我觉得其更重要的焦点是“Joint”，联合意味着连接，高质量的连接。我的一位在华为工作的朋友分享了一个故事：开发团队将某项功能做出来了，但由于技术限制，怎么也达不到可用的性能，为了这个事情他们开发和测试奋战了一个多月，最后决定“自曝家丑”，邀请客户来看一下目前的状态。结果客户在一周后给了回信：经过评估，我不要那个功能了！可见，高质量的连接需要聚焦于人，就像 Ray Arell 在演讲中振聋发聩的呐喊：人们不是“人力资源”，他们是人类！JAD 是一项建立人与人之间、企业与客户之间的伙伴关系，并保持这种关系的社会学工程。

依靠主要供应商进行创新的模式当然能够减少成本，降低实施风险，同运营商自己承担大部分工作相比，这种方式使运营商能够更快地进行数字化服务创新。但它可能导致运营商的进一步“去技能化”，这使他们尽可能提供有差异的服务，而不是创造真正创新的事物。

这种创新战略的巨大机遇在于是否能够大规模运营新型数字化服务。本书后面章节将探讨各大运营商与可信赖的供应商合作，开发面向重要的数字化服务的联合平台商业模式的概念。这一战略将为运营商在新型数字化服务领域打下基础发挥重要作用。但是，这也要根据供应商的持续投资能力甚至生存能力而定。

- **依靠“OTT 玩家”进行创新的模式**

  这正迅速成为广大运营商的可行选择。“OTT 玩家”已经在最激动人心的数字市场上处于领先地位，所以，运营商在这个领域的唯一现实的选择就是与现有的市场领导者合作。一个典型的例子就是 Facebook，它已经与数百家运营商签署了合作协议，通过集成运营商的基础服务来提供 Facebook 访问。

  大多数观察人士认为，这种合作交易是完全不公正的，给运营商带来的品牌或创新收益很少。但是随着运营商向车联网、无人机、智慧城市等其他数字化服务领域进军，合作伙伴方式会有更多施展机会，能够为运营商增添真正的品牌价值。

- **开放平台的模式**

  亚马逊得以快速发展的部分原因在于它能利用其他人的想法。如果仅仅依靠一己之力，它永远不会产生这样的想法，也不知道有这样的需求存在。它通过为未来产品提供开发者平台和市场渠道来实现这一目标。但问题是，如果开发者制作出真正热门的产品，该怎么办？如果该产品可能大大增强平台能力，或对平台产生威胁，那么平台所有者可以收购该公司，或者重新设计类似的解决方案。苹果和 Facebook 都遵循这种策略，即功能首先作为一个应用程序出现，然后融入平台本身。这种方法的风险在于它可能损害信任关系。SAP 公司通过向开发者社区发布其路线图来解决这个问题，事先告诉他们哪些地方可能会被替换。这种方法成功的关键就是要有交流界面，确保可以毫无冲突地进入市场，并采用有效的管理模式。

选择上述一种或多种创新方法是运营商数字化服务转型的关键出发点。但真正的诀窍在于，运营商要识别哪些机会可能最适合自己的核心竞争力。

什么是 DevOps

“这个世界上没有什么新事物，只有我们已经遗忘的事物。”

——法国谚语

这句法国谚语可以反复地用到我们的工作、思考和设计方式中。人们常常认为这句谚语出自声名狼藉的玛丽·安托瓦内特（Marie Antoinette），但更有可能是由她的一个服装设计师贝尔丹小姐（Mademoiselle Bertin）杜撰的。这种观点来自时尚设计师才比较合适！毕竟，时尚是一个以不断改造过去而著称的行业，好像重塑后的事物就变成了新生事物！

上面这句谚语是我在思考 DevOps（开发运营一体化）时突然想到的。要完整地讨论创新，就必须要提到它。它勾勒出服务开发的旧方式和更高效的新方式之间的区别，已经成为一个标志性的词汇。但是与所有事物一样，有关 DevOps 的支撑性概念早已存在很多年了。在 20 世纪 80 年代和 90 年代，稍微资深一点的工程师曾专心于并行工程（Concurrent Engineering）的概念，这是一种跨功能合作的理念，致力于创造出能更好、更快地走向市场的产品。那时，我们认为这个概念很新鲜，但它的起源可以追溯到 19 世纪后期，也许更早，这个概念因其意义重大，不断以新的形式再现。

当前的 DevOps 是一组实践的总称，能够实现软件开发和 IT 运维团队之间的流程自动化，使构建、测试和发布软件能够更加快捷和可靠。DevOps 概念的基础是为过去“孤岛式”结构的团队之间建立起合作文化，把产品和服务的开发人员与运维人员联系起来，确保开发过程与服务运维能够产生共鸣、协同一致。这进一步确保服务的运维能反馈到正在进行的开发过程中，使其更简单、更高效。这样做的目的是将敏捷开发、持续交付和自动化等概念合为一体，帮助开发和运维团队更高效地运作，更快地创新，为企业和客户创造更高的价值。

成功的 DevOps 有以下几个关键的影响因素。

- **考虑“体系”的影响**

  “体系思维”（System Thinking）就是你要意识到你的这部分项目会对参与发布过程的所有其他团队产生什么影响。组织孤岛（Organizational Silos）会加重孤立思维，因此 DevOps 的一个关键方面就是突破一个个组织孤岛。
- **更快的发布节奏**

  DevOps 要求增加自动化程度来驱动速度和精确度的提高，并大大提高发布频率和稳定性。
- **快速解决问题**

  解决问题是困难的，跨多个组织孤岛解决问题更加困难且耗时。通过打破孤岛，DevOps 能够缩短解决问题的时间，提高生产率。
- **更好地适应未知**

  所有的团队都需要应对突如其来的意外情况。通过确立的 DevOps 流程和清晰的优先级，Dev 和 Ops 团队可以在继续关注计划内任务的同时，更好地管理计划外的任务。

业内人士越来越清楚地认识到，DevOps 不是流行一时的风尚，而能带来真正的成果。Puppet 实验室在 2016 年发布了关于 DevOps 状况的报告，研究发现，使用 DevOps 的团队部署软件版本的次数要多出 30 倍，故障次数是原来的 1/61，从问题和事故中修复的速度高出 160 倍。

CALMS 框架

打破开发和运营之间的障碍这个概念是很容易理解的，但是要在实践中实施 DevOps 往往更加困难。CALMS 框架经常被用作一种成熟度模型，帮助管理者评估他们的企业是否已经准备好实施 DevOps，如果没有做好准备，需要做出什么改变。该框架最初是由《DevOps 手册》（*DevOps Handbook*）的合著者 Jez Humble 开发的，后来又由其他人员增加内容并加以改进。

DevOps 的 CALMS 框架有如下 5 个关键要素。

- **文化**

  这是指在产品团队中建立共同责任的文化。DevOps 主张的是面向产品或服务的跨越整个企业的团队概念和文化，而不是跨多个功能的团队。这些团队应该包括开发、测试、产品管理、市场营销、设计、运营和项目管理。关键是要确保团队为产品或服务的最终成功建立共同责任的文化——不仅仅要实现成功的开发，还要实现成功的交付或营销。

- **自动化**

  DevOps 广泛且越来越多地使用自动化。对自动化并不熟悉的团队通常从持续交付开始，也就是通常说的基于云基础架构，针对每次代码的修改执行一系列自动化测试用例，然后成功打包、编译，并自动化部署。

正如你可能猜到的那样，持续交付刚开始并不是一件快速而容易的事情，但是其投资回报非常可观。最终，团队成员可以尽可能多地实现自动化任务，并且适应大规模自动化支持下的持续交付理念。

- **精益**

  精益思维的概念已经存在了几十年，并且还会受到时间的考验。精益思维是用来审视任何活动及其过程中产生的浪费的一种方式，它有助于消除浪费，并随着时间的推移不断改进。在 DevOps 的背景下，精益当然意味着要消除造成浪费的过程，而这往往与各孤岛式工作有关。不过，这也意味着专注于过程和产品/服务的持续改进。

- **度量**

  DevOps 的一个关键要素是持续度量 DevOps 流程的各个方面。企业应该致力于收集流程多方面的数据，包括从开发到部署需要多长时间；错误或失败出现的频率是多少；系统故障修复时间有多久；产品/服务的成功程度如何（例如，本周发展/流失了多少用户，或者服务收获了多少利润等）。把这些度量与“长远愿景”、KPI 情况和团队成员的奖励制度结合起来，是打破孤岛并让团队专注于项目整体成功而不是个人责任的关键一步。

- **分享**

  鼓励整个团队进行充分沟通，经常在可行的情况下进行轮岗。例如，让开发人员在客户服务中心工作几天，可以提高他们对顾客抱怨问题的理解。同样，让开发人员参与销售流程可以凸显产品价值主张的缺陷。

DevOps 和运营商

受全球软件行业宏观发展的驱动，DevOps 已经成为运营商在敏捷的新世界中竞争的一项具有挑战但又必不可少的重任。这主要有以下几个驱动因素。

- **向 NFV/SDN 的转变**

  如果不对开发方式做出相应变化，预期效益将难以实现，所有类型的数字化运营商也将受影响，包括从“哑管道”到综合数字化服务提供商（IDSP）。DevOps 是帮助向 NFV/SDN 转型的重要举措，许多评论者认为这是一揽子交易——如果缺少其中一个，另一个也会很难实现。

- **Open API 平台的实施**

  与向 NFV 转变一样，如果运营商内部不采用 DevOps 方法，向 Open API 平台架构的转变就不太可能取得成功。Netflix、亚马逊 AWS、谷歌和 Facebook 等公司正在以运营商无法比拟的速度发展。例如，亚马逊 AWS 据说在过去的一年里其平台已经实现了 1000 多个新功能。其他大型互联网企业也能在数周和数月内推出基于平台的新产品，而且通过使用 DevOps 和每天发布多个代码版本，很快就可以成功实现产品提升，快速对准客户和市场需求。为了能够持续竞争，运营商需要“模仿”大型互联网企业的成功实践，并通过采用 DevOps 来跟上步伐。

- **新型数字化服务的推出**

  如果你想以“OTT 玩家”的速度推出和优化新型数字化服务产品，就需要采用 DevOps 方法，从车联网到无人机，每个垂直市场都需要 DevOps 思维方式来开发合适的服务，满足对应的需求并能够实现高效运维。

在运营商“创新”环境中实施 DevOps

人们习惯上把 DevOps 视为一种可用于打破公司内部孤岛式开发和运维的机制，但是我前面也有过阐述，运营商未来的某种状态可能是与供应商建立紧密的创新伙伴关系，如果是这样，应该如何应用 DevOps？

每个供应商都希望自己是客户的“可信赖的供应商”。而且，在大多数情况下，它们确实是这样。供应商偶尔会违反或超出严格的合同协议，这仍被运营商所接受。

保持供应商信赖关系对于双方来说都是宝贵的，也是每一个明智的企业都会小心地保护和捍卫的。但供应商信赖关系是建立在明确的需求和责任基础之上的，一切都会以书面的形式记录下来，所以，在必要的情况下，可以邀请律师执行这些承诺。但是，这种关系不足以支持 DevOps 的新型数字化服务开发。

如果运营商及其供应商打算充分发挥 DevOps 的优势，那么就需要将双方关系提升到一个新的水平，并建立“可信赖的创新合作伙伴”关系。在这种关系中，需要在供应商开发、创新、项目管理等资源和运营商产品管理、营销和销售、采购和财务等资源之间建立无缝连接。因此，可能需要遵守一些基本规则，例如，每个参与方都需要使用相同的自动化和开发工具，使用统一批准的服务目录，共享开发环境，并遵循同一组开发指标。只有这样，双方才能真正实现 DevOps 并享受其带来的好处。

这将对汇报关系和矩阵管理结构产生影响，同时，对如何衡量每个 DevOps 团队成员的绩效产生深远的影响。

- 从供应商的角度来看，成功的衡量标准不再仅仅是成功向运营商交付产品，而是运营商是否最终成功向市场推出商用产品。
- 从运营商团队成员的角度来看，成功的衡量标准将不再与采购谈判或供应商按时交付有关，而将与整体服务是否成功有关。如果供应商出现交付延迟，每个人都有责任。

这也影响到合作双方之间的数据和系统集成水平。为了使所有 DevOps 团队成员之间的交互日益紧密，双方将需要向对方公开越来越多的内部数据。这也可能要求运营商和供应商之间共享自动化资源，以最有效的方式实现测试和部署能力的自动化。

第八章将涉及“联合”平台商业模式的概念，即多个运营商合作将一个平台提供给多个地区的市场。虽然这些运营商需要以 DevOps 的方式相互合作，但供应商也很有可能要负责将这一联合平台推向市场所需的部分创新工作。在这种情况下，建立跨越多个运营商和供应商的 DevOps 环境就十分必要。这实施起来可不是件小事，但如果处理得当，可以为所有参与者带来显著效益。

如今，许多运营商正在实现这种新的工作方式。例如，Verizon 要求所有的供应商合作伙伴以敏捷和 DevOps 为中心的方式开发、实施和参与合作，以加速 Verizon 的转型。

它们公开宣布，已采用 DevOps 方法与亚马逊 AWS、爱立信、Dynatrace 和 Dream Factory 等公司建立联系，并声称有超过 1000 个团队正在采用 DevOps 方法。

自 2013 年以来，AT&T 一直在向 DevOps 发展，作为其 Domain 2.0 计划的一部分。在这个过程中，运维需求得到了新的优先考虑，Ops 团队成员与 Dev 团队配合，并被邀请参加产品开发计划会议。产品经理也被赋予新的更广泛的角色，并承担了在产品生命周期中跨所有团队工作的任务。

我认为在未来几年，当我们回顾数字化转型的成功与失败时，我们会看到成功采用 DevOps 及其所有相关的文化和流程将是取得成功的一大关键因素，将是区分数字化转型的赢家与输家的关键因素。

数字化服务创新框架

在我攻读工程学位的最后一年，作为最后的任务，每个学生都必须选择一个主攻项目。我选择的项目是“静电光学测量仪”的设计和开发。那时还处于计算机应用的早期阶段，我的教授认为静电可以在计算机“鼠标”的发展中发挥重要作用。这个想法是开发一个静电设备，用来测量距离，并最终用于驱动屏幕上光标的运动。这是一个不错的主意，我对它很着迷。

在这个项目进行了几个星期后，我意识到，我的工作经验有限，而且最后一年的学生项目预算也十分有限。尽管如此，我依然锲而不舍，投入了大量的时间来解决必要的三阶微分方程问题，并制作了用于测量静电场强度的斩波器，但我未能制作出能工作的测量仪！最后，我撰写了一篇不错的报告，并成功说服教授给了我一个好成绩，我甚至还因这个项目赢得了一些奖项。尽管 30 年已经过去，这段经历却一直历历在目。这些年我对此有过很多思考，我意识到其实我只是选错了项目。无论这个项目多么令人兴奋和诱人，它都超出了我的技能水平和可用预算。这个宝贵的教训，每个运营商在投资数字化服务时都需要注意。

在前面的章节中，我谈到了运营商需要严肃地选择投资领域，毕竟找到合适的项目并不那么容易。许多公司会谈到车联网、智能家居或电子健康（eHealth）存在的机会，但如果只是用这些“流行词语”来谈论项目，那就太泛化了。实际上，在这些流行词语中，每个词都对应数以百计的用例和项目机会。运营商在数字化服务方面的成功将主要取决于是否关注了合适的用例。要做到这一点，一个企业需要有清晰、可重复的方法来快速分析所有可能的机会，并找出少数几个最佳的能够帮助运营商实现成功的机会。

数字化服务创新框架（DSIF，Digital Services Innovation Framework）提供了一个有效的方法来帮助运营商识别和验证高价值用例及其相关的商业模式。通过与众多领先的运营商在许多方面（例如无人机、车联网、AR/VR、人工智能和视频分析）开展业务创新项目，这种实用的框架方法已经不断得到改进。

如图 19 所示，DSIF 方法的几个重要阶段如下。

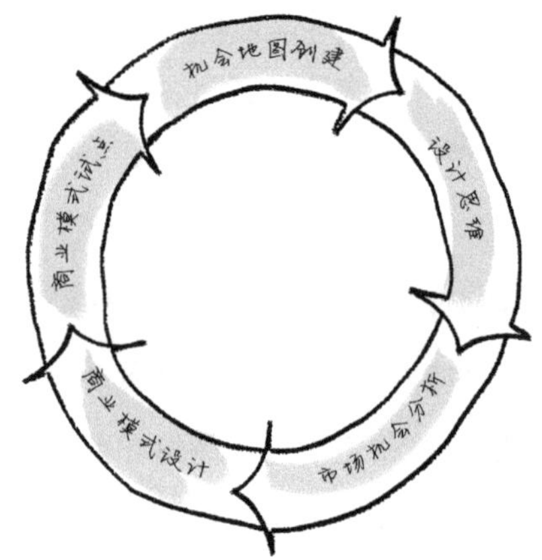

图 19　数字化服务创新框架

1. **机会地图创建**

   首先，运营商需要创建一个全景的机会地图，详细说明关键的竞争可能在哪里。

2. **设计思维**

   设计思维（Design Thinking）是设计师用来解决复杂问题，并为客户找到理想解决方案的一种方法。业界已有大量的著作描述了设计思维的概念，本质上它是一种以人为本的设计方法论，基于逻辑、想象力、直觉和系统推理能力，来探索成功的可能性，并获得预期的结果。在本阶段，数字化服务创新框架用来产生大量的想法（头脑风暴），然后可以把它们重组或聚合，生成初始的高优先级用例。该阶段的输出可以用作市场机会分析阶段的输入。

3. **市场机会分析**

   侧重于通过了解具体的市场机会，识别高优先级用例，了解市场细分以及机会存在的领域。它包括对机会周围的生态系统进行检查，并对价值链的每个环节可获得的利润池进行分析。

4. **商业模式设计**

着眼于为识别出的机会选择哪种商业模式，包括传统的商业模式，然而平台商业模式的应用也变得越来越重要。

5. **商业模式试点**

一旦识别并选择了具体的机会，在真实的环境中快速测试和验证很重要。商业模式试点阶段旨在创建试点项目，可以在真实的受控环境中测试和验证。这里的目的在于测试已识别的用例和备选商业模式是否具有商业可行性。

阶段 1：机会地图创建

很显然，在数字化服务领域，运营商不仅与其他运营商竞争，更重要的是与各个垂直行业中不断开发各种强大数字化服务产品的“OTT 玩家”竞争。为了确定投资的重点，运营商必须创建一个全景的机会地图。

有很多因素可以定义为运营商机会全景地图的坐标轴，其中最重要的两个方面如下。

- 了解**竞争水平**，特别是在特定服务领域“OTT 玩家”到底拥有多少领先优势。
- 基于目前的成熟度和核心竞争力，了解运营商在特定数字化服务类别中的**竞争优势**。

图 20 展示了一系列热门的服务，排列分布是基于截至本书出版时，各类服务在当前 OTT 市场的地位以及在电信行业的竞争优势。

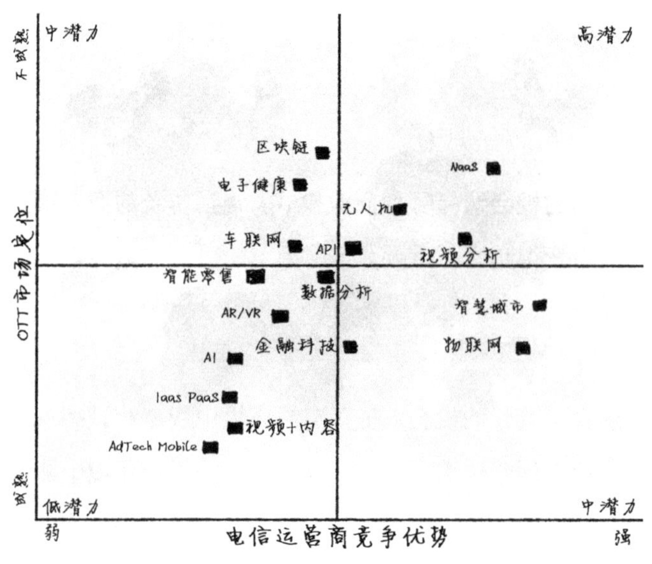

图 20 数字化服务机会地图
来源：Keystone & Creaner

- **低潜力领域**

  运营商竞争优势相对较弱，而“OTT 玩家”已经相当成熟的领域，或者已有现行的产品，或者在“赢家通吃”的市场上已有先发优势。对运营商来说，投资这些领域的风险较高，但如果对这些领域进行更详细的分析，运营商可能会发现一些具有良好商业价值的数字化服务细分场景。

- **中等潜力领域**

  也许运营商和“OTT 玩家”都是新进入者，或者“OTT 玩家”虽然占据优势地位，但运营商同样也具有或者能够建立强大竞争优势。此领域的项目能否取得成功将取决于（双方现状都比较弱的情况下）运营商的快速反应能力，或者（双方现状都很强大的情况下）运营商大力投资并主导市场的意愿。与低潜力领域一样，运营商在每个领域都可能发现一些理想的数字化服务细分场景，使机会天平的重心远离“OTT 玩家”并向运营商倾斜。

- **高潜力领域**

  运营商具有较强竞争优势，而“OTT 玩家”还未能立足的领域。顾名思义，对应的这些数字化服务往往是在较小或未开发的业务领域。这些服务最应该受到运营商的密切关注。

作为 DSIF 方法的第一阶段，创建机会地图是非常有用的，它有助于确定哪些领域值得更深入研究。但正如前文所述，为了确定投资的重点，运营商需要把分析细化到详细的用例（Use Case）。

评估运营商的竞争优势

这里我可能要岔开话题，谈谈我对运营商竞争优势的看法。“OTT 玩家”看似不费吹灰之力的成功很引人注目，但是不要忘记运营商的固有实力和竞争优势。以下列举了运营商的一些关键固有优势，它们可以借此在新型数字化服务市场中占据有利地位。

- **网络连接服务**

  运营商可以在世界任何地方的任何地点提供永不间断的网络连接服务。

- **网络切片**

  除了“普通的”网络连接之外，网络切片还将网络划分为许多端到端的逻辑网络，并将其作为虚拟化独立业务运行在运营商的公共物理基础设施上。网络切片可以进行定制，以满足各种具体的企业信息和通信技术要求，如时延、带宽、网络连接数量等，用于履行对企业客户的服务水平协议（SLA）保障。

- **终端设备**

  运营商对绝大多数客户的终端通信设备的分销和配置具有强烈影响，并可能对未来几年将出现的大量物联网设备也产生影响。

- **网络基础设施**

  运营商在其所服务的区域拥有稳定、安全的网络基础设施。随着 4G 技术的进一步迭代和大规模天线技术（Massive MIMO）的使用，频谱利用率得到提高。5G 技术的发展也将为大量新型数字化服务的拓展提供强大的支持。

- **精准定位**

  运营商的精准定位能力往往被忽视，但在广泛的新型数字化服务中将变得越来越重要。

- **分布式边缘计算**

  移动边缘计算可能是运营商的“杀手级应用”，因为它使数据处理、存储、分析和知识挖掘能够更接近数据源。这有助于降低网络时延，减少手机处理能力需求，并降低手机成本。

- **云产品**

  运营商已经在尝试提供基础设施即服务（IaaS）和平台即服务（PaaS）产品，一些运营商也参与到软件即服务（SaaS）的市场领域。虽然运营商不可能与大型云服务提供商进行大规模竞争，但是他们可以在一些重要的垂直领域和区域市场占据主导地位，例如，云经纪（指提供云服务生产者与消费者之间的中介服务）和聚合服务。

- **生态系统技术使能者**

  一些运营商正在尝试一些新产品类型，从视频分析服务到普遍的人工智能即服务（AaaS）和大数据产品，并结合正确的商业模式将产品打包，这可能会成为一个强大的竞争优势。

- **零售分销**

  运营商零售基础设施，从在线商店到商业街实体店，都是可以用来推动新型数字化服务的机会。

- **实施服务**

  运营商具有强大的实施能力，并且拥有一支“脚踏实地”的员工队伍，可用以支持新型数字化服务的部署和实施。

- **计费关系**

  运营商与数以百万计的消费者和企业客户之间已经存在计费关系，从而具有极佳的营销范围和宝贵的数据来源。

- **全球运营商合作伙伴关系**

  许多运营商倾向于与其他地区的运营商保持或发展合作伙伴关系，事实证明，这有益于将新型服务迅速推向新兴市场。

- **内容平台**

  许多运营商已经在内容领域收购其他公司，通过内容平台来提升自己的产品和服务。

- **身份标识**

  运营商为每个用户提供唯一的标识符，并且拥有广泛的“了解你的客户”（KYC，Know-Your-Customer）数据用来验证用户身份。

- **用户基础**

  运营商拥有一个现存的、广泛的和国际性的用户基础，可以为任何新产品或服务提供契机。

- **信任**

  尽管全球各个国家和地区的情况都有所不同，但一般来说，运营商都能获得客户的高度信任。

对于围绕新型数字化服务机会可能出现的各种用例，需要考虑运营商竞争优势的潜在影响。表 8 通过列举潜在的有吸引力的车联网用例，展示了运营商的能力评估。

表 8　电信运营商的核心能力应用于不同用例（示例）

电信运营商能力		优步货运	无人驾驶车队	车载 AR/VR 服务
运营商核心服务	网络连接	高	高	高
	终端设备	高	高	高
高级网络服务	高级网络连接（5G、V2X 和切片）	低	高	高
	精准定位	低	高	高
	物联网连接和云	高	高	高
	边缘计算	低	高	高

续表

电信运营商能力		优步货运	无人驾驶车队	车载 AR/VR 服务
云和生态系统技术使能者	云服务	高	中	中
	应用框架和服务	高	高	高
	人工智能	高	高	高
	大数据与分析	高	高	高
	安全与身份识别	高	高	高
	视频分析	低	高	高
生态系统业务使能者	推广和营销	低	低	低
	实施服务	中	低	低
	计费和支持	高	中	中
	生态系统使能和管理	高	高	高
	货币化分析	高	高	高
应用平台	应用和平台服务	中	高	高
	开发工具	中	高	中

阶段 2：设计思维

我们总是被所处的环境和经验所禁锢，作为一个已在电信行业工作三十多年的老兵，我痛苦地意识到，想要标新立异、提出不同的主张和见解非常困难。但是要为下一代运营商发掘真正伟大的想法，我们需要用不同的方式进行思考。针对这一点，过去有“跳出思维盒子”（Thinking Outside the Box）或“发散思维”（Divergent Thinking）的说法，但是今天很多组织都专注于“设计思维”（Design Thinking）的力量。

设计思维是一个以用户为中心，质疑假设，并尝试重新定义问题的迭代过程，在我们最初理解不够深入时，可以用来协助识别备选策略和解决方案。设计思维的主要目的是基于同理心，通过实践来真正了解用户的问题或需求，只有在了解了用户需求之后，才能找到解决方案。同时，设计思维用基于解决方案为导向的思维方式来解决问题。这是一种思考和工作的方式，也是一种实践方法的集合，同时，也是一种提出问题的方式。我在英国电信（BT）工作的时候，我的一个主管称他的管理方式是“提问式管理”，设计思维也遵循这个理念。设计思维对问题、假设及其含义提出质疑。

目前使用的设计思维过程有许多形式，大致分为3～7个阶段，不过，都是起源于诺贝尔奖得主赫伯特·西蒙（Herbert Simon）在1969年首次出版的著作《人工科学》（*The Sciences of the Artificial*）。

数字化服务创新框架主要运用设计思维帮助运营商深入理解机会地图，以揭示在特定数字化服务领域可以追求的机会。因此，它的重点往往是前3个阶段。

1. 同理心——换位思考，理解客户的真实需求。
2. 定义——明确定义你的用户的需求、用户需要完成的事情（包括功能、情感和社交）以及你的见解。
3. 头脑风暴——通过质疑假设，想出创意和点子，并为创造性解决方案提供思路。

以上阶段是通过互动式研讨会来完成的，这促使参与者超越当前的经验、跳出舒适区进行思考。为了充分发挥这个阶段的作用，必须在设计思维阶段设定思考范围的界限。例如，试图覆盖所有未来数字化服务的会议可能会过于宽泛，不可能有实际成功的可能性。相反，把会议议题限制在某一特定主题上，如车联网，也很可能会错过关联的机会。一般来说，应当将多个数字化服务主题（例如，车联网、无人机、智能家居和电子健康）合并到一个会议中。

为了有助于开启构思过程，向参与构思过程的团队成员提供一些研究课题是一个不错的主意，这可以为更广泛的小组讨论和集思广益提供思路。重要的是要鼓励参与者“拓宽思维”，而不是快速丢弃某些想法和创意。保持这种开放的态度，你可能会对所产生的各种创意感到惊讶。这样做的最终目标是产生大量的创意，然后将其分组、聚合或精简为初始化的优先用例或用例组。这个输出可以用作市场机会分析阶段的输入。

一般来说，设计思维阶段的输出可能包含多个创意，能够用来探索最终用户的需求和可能的解决方案。最后，设计思维阶段的输出将被转换成一组用例。

在一些企业中，企业成员非常清楚公司的目标市场机会。在进入市场机会分析阶段之前，规划一个缩短的设计思维阶段仍然是非常有价值的。

阶段 3：市场机会分析

市场机会分析阶段可以细分为几个步骤。尽管此处是按顺序描述，但这是一个高度迭代的过程，而且需要时间和资源。此阶段的目的是提供一个良好的市场视图，包括市场价值栈（Value Stack）结构、价值栈每个部分的关键角色以及不同环节之间利润池的分配情况。最后，重点关注潜在控制点，运营商可以利用它们把握特定机会并进入市场。

说点题外话，我在本章中使用术语“价值栈”来描述为创建面向客户的产品或服务而需要协调作用的一组通用元素。许多数字化服务的价值栈中需要包含几个元素，例如网络连接、专用硬件、专用软件、存储大量数据的平台、最大限度地从数据中挖掘知识所需的分析能力，市场平台应用和保险等辅助产品。或者，还可以使用其他术语来进行描述，如“价值链”（Value Chain，指某种顺序性的互动），我的朋友约翰·雷利（John Reilly）使用的术语是“价值网格”（Value Fabric，指各企业通过相互交织、合作，共同创造价值）。

以下是市场机会分析中的关键要素。

公司数据库

公司数据库记录了某一业务领域整个生态系统涉及的公司数据，包含公司能力状况、产品和服务提供情况。理想情况下，该数据库是定期维护和更新的。因此，可以用来了解生态系统中不同类型的“玩家”，并将这些玩家划分到关注点不同的各个领域，每一领域代表着特定机会的价值栈。然后创建一个生态系统地图，进一步用于市场机会分析过程。将各个公司映射到特定的生态系统需要时间，而且需要利用从多个来源获取的数据。然而，已存在大量的数据源和庞大的专利数据库可以使用，比如免费搜索网站欧洲专利局数据库（Espacenet），其中包含大约 1 亿个专利，为构建生态系统地图提供了良好的出发点。

用例分析

随着生态系统地图的开发，这些公司推向市场的产品和用例也需要在用例库中进行录入。这个用例库应该是一个动态的存储库，通过不断从其他数据源得到扩展，以提供更广泛的潜在用例视图。

市场规模和利润池分析

这一步骤根据市场分析和与生态系统参与者的访谈来估量特定产品的全球性机会。重要的是，此分析确定了价值栈每个阶段能带来的收入占特定市场收入的百分比。例如，在大多数市场中，网络连接占业务产生的价值的比例不到 10%，而数据平台或数据分析占 15%～20%。如前所述，可以使用各种现有数据源和访谈的数据完成这一估量；但在新兴的市场中，这些信息可能需要从基本原则中推导出来。尽管市场预测方法可能存在差异，但如果你可以找到多个独立的信息源并展示出相似的数据，那么你对市场规模预测的信心就会大大增加。

控制点分析

如前所述，运营商具有在新兴业务领域展现独特优势的关键能力。通过发挥能力优势，运营商可以主导相关数字生态系统中的一些重要控制点。使用这些控制点来评估用例可以帮助确定一组主要用例及其优先级。控制点分析中，大约有 50 个评估标准，其中包括客户基础、数据货币化、平台适用性、技术和风险五大方面。这可以对单独的用例打分，并与其他用例进行比较评估。虽然在这方面没有什么准确的工具，但它提供了一种机制，用以确定更适合运营商进行更深层次分析的优秀备选用例范围，这有助于将有限的资源集中在更有利的备选机会上。

阶段 4：商业模式设计

商业模式分析和设计是任何数字化服务设计中的一个关键环节。在过去几年中，我对数字化服务领域的探索越多，就越能认识到错误的商业模式会扼杀好的业务概念，而正确的商业模式可以使普通的业务概念脱颖而出。此外，对绝大多数数字化服务而言，商业模式的设计必须考虑到更广泛的生态系统，而不仅仅是运营商。

如前所述，商业模式的核心是如何为客户和更广泛的生态系统创造价值，以及如何从客户和更广泛的生态系统中获取价值。如表 9 所示，考虑到这一点，商业模式设计需要应对 4 个主题：生态系统价值创造（Ecosystem Value Creation）、生态系统编排（Ecosystem Orchestration）、价值获取（Value Capture）（例如，收入和利润）和市场进入策略（Go-to-Market strategy）。

商业模式设计过程提出了关于这些主题的一系列问题（并希望能够给出答案），完成以上 4 项任务是一个非线性的过程，因为一个任务中的决策可能导致另一个任务的变化。用户必须不断重复这个过程，以设计出适合目标机会的商业模式。

表 9　商业模式设计考虑因素

生态系统价值创造	生态系统编排	价值获取	市场进入策略
目标市场是什么？机会有多大	公司是否需要更多的赞助商来驱动发展	是否存在直接或间接货币化方式？可否详述	将用到什么样的直接或间接渠道
目标用户是谁？他们未满足的需求有哪些？价值主张是什么	是否需要更多伙伴参与？怎样管理他们	谁为业务买单？什么时候支付	获取用户的代价是什么？吸引新用户的激励措施是什么
需要哪些数据资产来监控和调整在生态系统中创造的价值	怎样管理业务用户	如何管理和更改定价机制	需要什么样的合作伙伴来驱动发展
将用户锁定到业务并防止非居间化的价值来源是什么	第三方开发者有权限访问业务平台并提供相邻服务吗？怎样管理第三方开发者	业务的关键成本驱动因素是什么	发布时的最小可行产品是什么
需要调整的关键市场驱动因素有哪些	需要管理的关键供应商依赖关系有哪些	整个生态系统的收入如何分配	从运营和结构的角度考虑业务如何影响企业
平台的产品路线图是什么	“关键生态系统玩家”的路线图是什么	关键生态系统玩家的控制点是否可能随着时间而变化	如果业务成功，企业规模是否可控

阶段 5：商业模式试点

商业模式试点阶段旨在创建一个或多个试点项目，以便数字化服务创新框架的前几个阶段的输出可以在真实的受控环境中进行测试和验证。本阶段应该引入生态系统中的关键利益相关者，以确定目标用例、成功的标准和时间计划。采用敏捷的方法进行商业模式试点，可以实现更有效的统筹安排，取得更多的成果。

记录试点项目情况，包括哪些起作用、哪些不起作用，以及一系列建议，这是将新的数字化服务成功推向市场的关键。

第七章

数字化服务前景

在第三章我也提到过，只有尽快跳到数字化服务前景这个话题，我们才能顺利展开对数字化转型的探讨。运营商对数字化转型将带来的各种令人兴奋的新型服务很感兴趣，而且会继续加大对这些服务的投资。在本章中，我们将使用第六章介绍的“数字化服务创新框架”（DSIF，Digital Services Innovation Framework）方法来评估一些高、中、低潜力的数字化服务领域，以确定哪些可能成为运营商数字化服务投资的最佳领域。

无人机

为什么无人机市场会引人关注?

几年前，有一位老同事与我取得联系，邀请我投资一家“无人机快递”公司，那时我半信半疑。我最初的印象是，无人机是科幻小说和詹姆斯·邦德系列电影才有的东西。但经过与他长时间的交谈，我确信无人机市场的商机应该受到重视，它有可能对一些垂直行业产生真正的颠覆性影响。

要让无人机业务完全普及可能还需要等上好几年，但是在2014年、2015年，事情有了真正的进展。在美国，联邦航空管理局（FAA，Federal Aviation Administration）批准了数百项新豁免许可，允许企业运营无人机，开放的环境刺激了巨大需求。这种需求远远超出了一般的无人机业余爱好者和娱乐/休闲用户的需求，延伸到了石油和天然气、建筑、农业等多个行业。与此同时，在中国，大疆（DJI）、昊翔（Yuneec）、哈博森（Hubsan）、臻迪、JJRC等低成本、高功能无人机制造商的出现，意味着现在提供的技术可以低成本地满足新兴企业的需求。

对全球无人机市场潜在规模的预测存在着千差万别，但毋庸置疑的是，无人机最终的市场将会很大。目前预测，到 2020 年，无人机市场规模将为 400 亿～1150 亿美元，分布于多个垂直行业，包括消费者、商业和政府应用，并跨越由许许多多活跃“玩家”所构成的生态系统。

探索不同的无人机市场

无人机市场的机会可以通过一系列不同的角度来观察，这取决于你的兴趣是消费类、企业还是政府无人机领域。

消费类无人机是个人出于爱好购买的无人机（如业余摄影），没有商业性目的。一旦价格下降到可承受的范围内，消费类无人机的销量就会猛增。业界领先的研究机构 BI Intelligence 密切关注着这一市场变化，他们预计到 2021 年消费类无人机的出货量将达到 2900 万架，这也意味着近年来复合年增长率（CAGR，Compound Annual Growth Rate）将超过 30%。

企业无人机在全球各行各业中都有发展，包括农业（如农作物监测）、石油和天然气行业（如检查油气管道）。与消费类无人机市场相比，企业无人机市场尽管在销量上相对较小，但无论在应用广度还是潜在利润方面，它都具有更大的前景。BI Intelligence 预测，到 2021 年，这些价值更高的企业无人机的出货量将达到 80 万架，5 年的复合年增长率约 50%。

政府无人机分为两类：军事和公共安全。无人机的军事应用已有媒体进行了广泛讨论和评论。而在公共安全方面（如边境管制、搜索和救援）的政府应用也开始受到媒体的关注，因为它可以帮助政府以更低的成本提供更好的服务。这些预测还不是那么清晰，不过可以肯定的是，两者都在强势增长，并将在未来几年带来每年数十亿美元的收益。

过去几年，运营商对无人机市场非常感兴趣，因为它们的核心能力（国内网络的地区覆盖率接近 100%）很好地契合了无人机运营商和监管机构日益增长的需求。

- **满足企业的需求**

  所有利润丰厚的企业无人机应用通常都要求无人机能够“超视距”（BVLOS，Beyond Visual-line-of-sight）飞行。无论是电力线路检查、远程石油平台检测还是农作物分析，具有 BVLOS 飞行能力的无人机只需花一小部分成本就能取代目前由成本昂贵的直升机提供的服务。例如，仅在美国，就有将近 350 万千米的输油管道，还有 48 万千米的输气管道，这些管道需要定期空中检测，每架直升机每小时的费用高达 3000 美元，导致美国油气公司每年花费 20 亿美元左右用于检测和维护！此外，运营商提供无处不在的网络连接能力，能够实时传输音视频流，在关键任务应用中能实现更快速的响应。

- **满足监管机构的需求**

  航空监管机构正迅速采取行动，对相对混乱的消费类和企业无人机市场进行控制，他们可能会坚持认为，每架无人机都应该配备 eSIM。在短期内，由于无人机数量庞大，消费类无人机可能是监管机构需要解决的最紧迫的问题。模型飞机、廉价和嘈杂的带有摄像头的旋翼式无人机的使用影响了附近居民，这随时可能引发“路怒”式事件（“无人机事故”），我们都应该做好准备。

持续网络连接（Constant Connectivity）是监管机构努力想要采用的一种方式。通过网络连接（特别是基于运营商蜂窝网的连接）监管机构可以知道无人机在哪里、由谁在操作，并确保无人机不会进入一些禁飞区域。法规是与公众建立信任和透明度的关键，也是许多大规模商业无人机应用的关键。许多政府机构和企业都在尝试对无人机进行管理，具体包括以下几种类型。

- **美国航空航天局**（NASA，National Aeronautics and Space Administration）基于对有人驾驶飞机的空中交通管理（ATM，Air Traffic Management）方面的经验，开始研究无人驾驶飞机交通管理系统的原型技术，以帮助实现安全、可控和有效的低空运行。
- **欧盟委员会**（European Commission）已经推出了一个名为“U-Space”的项目，目的是为所有个人和企业的低空无人机运行提供一个有效的框架。U-Space 将有可能实现更长距离的自动化运行，增加空中交通密度，以此打开无人机服务市场的大门。
- **谷歌和亚马逊**这样的互联网巨头也在试图采取行动。谷歌提出在美国 500 英尺（约 152 米）以下的空域内无人机飞行，并通过空域服务提供商（ASP，Airspace Service Providers）实现交通的规划和分离。亚马逊则提出了一个类似于在线网络的概念，实时管理无人机飞行。

运营商可以从中寻找机会，争取在超过 1150 亿美元的无人机市场中获得份额，最初可以只是简单地提供无所不在的网络连接，然后通过向其他价值栈扩张来提供一些数据平台、交易市场平台、存储或分析服务。此外，运营商可以将自己定位为政府机构可信赖的合作伙伴，提供可靠的身份认证和定位服务来追踪和管理无人机。

无人机市场的价值栈结构

分析机会的一个关键要素就是确定行业价值栈。虽然我们直观感觉，运营商能力和无人机行业需求之间一定存在很好的契合点，但我们还是必须认真地了解行业内的一般角色有哪些，以及目前哪些公司主导哪些角色，做细化的价值分析。

无人机行业的价值栈包含 8 个不同的部分。

网络连接（Connectivity）

当前许多无人机采用本地 Wi-Fi 或其他无线频段来作为网络连接。无人机未来用到的可能是基于 SIM 的连接，很明显，运营商提供的就是这种网络连接。但也有诸如 Sigfox、Neul 以及诺基亚等公司推出的可供选择的私有网络连接解决方案，这些产品更侧重于物联网（IoT，Internet of Things）应用，但也可能用于无人机。随着无人机上的传感器能够收集到的数据呈指数级增长，许多应用需要可靠的宽带连接。涉及该价值栈的“玩家”不仅需要提供网络连接，还必须能够提供可靠的身份认证和定位等功能。

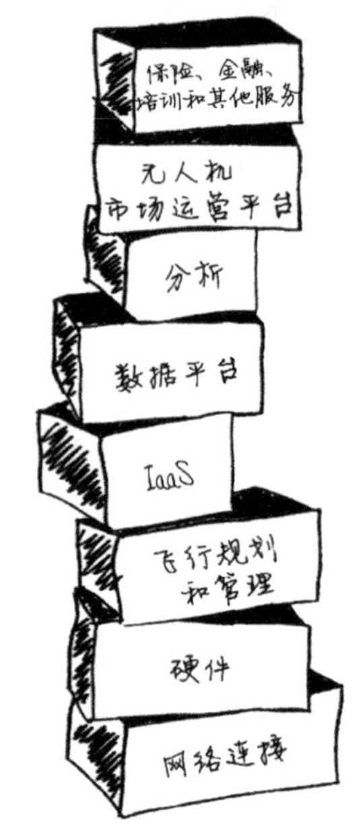

图 21 无人机行业的价值栈

硬件（Hardware）

我在前面也有提到过，无人机行业目前令人兴奋的是，高质量、多功能的无人机硬件成本得到了很大的降低。在这个领域，引领市场的公司无疑有中国的大疆（DJI）和昊翔（Yuneec）等公司，但是法国的一些公司，如 Parrot 公司，在 2010 年便推出过 AR 无人机，凭借其技术研发实力和创新能力，也在奋起追赶领跑的中国公司。对接站（Docking Station）和其他相关的硬件产品是无人机生态系统取得成功的关键。例如，Hive 公司提供的对接站，Droneshield 公司提供的传感器，它们都为日益发展的无人机硬件生态系统做出了贡献。

飞行规划和管理（Flight Planning and Management）

飞行规划和管理构成了无人机行业价值栈中的又一个关键组成部分。随着无人机行业规模的扩大，空中交通管制变得越来越重要，像 AirMap 这样的供应商提供了关键的测绘和飞行规划解决方案，帮助无人机操控者在安全和合法的情况下飞行无人机。AirMap 首席执行官兼联合创始人 Ben Marcus 最近简明扼要地描述了问题所在："每天都有大约 1 万架载人飞机在同时飞行，人类能够管理空中的交通，但是却无法管理数以百万计的无人机。"我们还只是处于行业的萌芽阶段，目前每天大约有 10 万架无人机在飞行，在未来 10 年，这个数字还会成倍增长。传统的飞行监控机制根本无法应对如此庞大的规模。为此，无人机运行解决方案提供商（如 Skyward）针对如何管理无人机飞行提供了各种工作流程解决方案。

其包括两种类别：一种是用来针对治理层的"治安"空域管理（如空域航行地图）；另一种是用来针对操作层的工作流程管理。

基础设施即服务（IaaS，Infrastructure as a Service）

提供商在每个行业价值栈中都占有一席之地，无人机行业价值栈也不例外。由于拥有规模经济，亚马逊 AWS 和微软 Azure 等市场领先企业可能会在该行业占优势，不过可能因为不同地域的数据主权和隐私等问题，这些巨头在一些国家也面临着本地 IaaS 厂商（可能是运营商）与之竞争的问题，此外，也有一些专业供应商为无人机的工作负载提供量身定制的服务（例如，推进器）。

数据平台

考虑到无人机运行可能产生庞大的数据量，数据平台（Data Platform）提供商在此价值栈中显得越来越重要，特别是在企业应用中。DroneData 和 Skycatch 是这部分价值堆栈中的一些典型参与者，它们专注于采集、处理、分析和共享精确的无人机数据。

分析（Analytics）

这是参与者最可能出现的一个价值栈部分，每个“玩家”以特定垂直领域的数据和视频分析为重点。例如，AgPixel 专注于采集、处理和分析供农民使用的农业数据，而 AirPix 专注于采矿业的无人机视频分析。还有一些公司把自己定位为平台集成商（如 DroneDeploy），与最佳合作伙伴进行服务集成。

无人机市场运营平台

目标是跨越多个垂直行业，为无人机服务购买者与无人机服务销售者需求的匹配提供一个平台。ArcadiaSky 就是一个很好的例子，它使得数百个无人机服务提供商可将自己的产品销售到几十个不同的垂直市场。

保险、金融、培训和其他服务

与其他任何价值栈一样，无人机行业的价值栈还包括每个行业所需的保险、金融、培训和其他服务等通用类部分。

运营商在这个价值栈中的位置似乎只局限于网络连接。但价值栈分析表明，网络连接部分约占总价值的 10%。虽然这在全球 1150 亿美元的行业中看起来已经相当具有吸引力，但是有个问题是，运营商是否能够争取到其他 90%的价值？运营商特别感兴趣的一个事实是：价值栈中有超过 50%的部分来源于分析、IaaS、数据平台和无人机市场运营平台。

运营商有理由在网络连接的基础上，将其产品扩大到分析、数据平台和市场运营平台部分。首先，运营商的核心竞争力与市场运营平台的要求非常一致。同时，运营商正在对人工智能和大数据进行投资，因此能够妥善应对价值栈的分析和数据平台部分。随着一些垂直行业专业分析“玩家”的并入，它们还可能扩展到更多价值栈部分。另外，已有许多运营商对 IaaS 产品的开发进行了投资，而这种无人机服务为运营商利用 IaaS 投资提供了契机。

但在确定这种积极的无人机市场策略对运营商是否有意义时，我们要记住“魔鬼藏在细节中”。从抽象的层面来说，运营商可能适合于角逐以上价值栈部分，但为了催生现实的商业案例，它们需要把简单的无人机市场概念分解为具体的“行业用例”。

为运营商寻找“合适的”无人机用例

列举无人机可能有哪些用途并非难事，你只需要想象一下所有可能从“天眼”（Eye-in-the-Sky）或者其他运载机制中受益的行业，再加上飞行无人机带来的所有潜在的娱乐机会，很快就可以想到数以百计的应用。虽然最初的无人机产品是为了替代相对简单的人类视觉任务，但最终无人机将可以用来应对更为复杂的自动化和编排任务。

表 10 所列出的用例还是相对保守的，因为它局限于飞行无人机的商业机会。目前正在实现的供应方规模经济倾向于以飞行无人机为中心，还有更多专业的无人机应用机会没有真正考虑进来，如水下无人机或陆基无人机。但即使只限于飞行无人机的商业机会，我列出的实际用例就已经有 50 多个，其中任何一个都可能会产生显著的投资回报，而在这些用例中，运营商可以通过提供可靠的网络连接，或通过将价值栈扩展到数据平台或市场运营平台来发挥重大作用。

这些用例可以分成三大类。

- **成熟用例**

  这种无人机利用的是经过验证的军事和商业研究技术，携带有光学照相机等简单有效设备，在人类视距内由人工操控。该无人机用例的主要目标是实现人类视觉任务的自动化，主要优势是提供更好的视觉优势，在提高能力的同时降低成本，并且在很多情况下可以降低人员驾驶的风险。

表 10 可能的无人机用例

农业	1	连续作物健康监测	矿业	29	露天矿规划
	2	营养管理/VRT 优化		30	采矿勘探/维护
	3	定向喷洒农药		31	进展/环境监测
	4	灌溉管理效率		32	3D 地下测绘
	5	牛、羊群放牧	石油和天然气	33	天然气燃烧检测
建筑和基础设施	6	施工现场管理		34	管道泄漏检测
	7	铁路安全检查		35	石油溢出监测
	8	桥梁维护检查		36	石油平台检查
灾难管理	9	洪水暴发恢复	房地产	37	航拍摄影
	10	救生员援助	安防	38	边境管制
	11	搜索和救援		39	交通/高速公路监控
	12	森林火灾测绘和消防		40	入侵者监控
	13	建筑结构完整性评估		41	失踪人员面部识别
	14	高层建筑消防		42	执法
	15	核化生爆灾难跟踪	电信基础设施	43	关键现场监测
	16	灾难侦查和管理		44	基础设施检查
能源和公共事业行业	17	风力涡轮机检查		45	基础设施维护和优化
	18	电线/电线杆检查	运输和物流	46	基础设施扩建
	19	变电站检查		47	急救分娩/医疗后勤
	20	水电设施检查		48	器官移植递送
保险	21	风险监测		49	包裹递送
	22	风险评估		50	航运货运
	23	理赔和验证		51	食物外卖
	24	预防诈骗	天气与环境	52	野生生物保护
媒体和娱乐	25	电影摄影		53	气候变化监测
	26	新闻（影像收集）		54	运输排放监测
	27	定向广告/促销车辆		55	人工造林
	28	无人机竞赛/娱乐		56	天气监测

- **新兴用例**

  这种无人机携带越来越复杂的设备，如农作物喷雾器和包裹等，目标是完成视线范围外的操作。这些用例可以实现物理任务的自动化，提供更高的精确度、更高的频率以及消除驾驶疲劳等因素。

- **未来可能的用例**

  该用例可能涉及动态飞行，并集成避免碰撞和协作功能（如集群）。这些用例展现了从预先计划式飞行向无人机动态任务的演变，需要在分析和人工智能方面进行彻底改变以实现完全自治的系统。

尽管无人机在矿业、安防、灾难管理、保险、媒体和娱乐以及房地产等多个垂直行业的实际应用机会将如雨后春笋般涌现，但对运营商来说，短期和中期优先介入的垂直行业可选择农业、能源和公用事业行业、石油和天然气行业。

配备了各种摄像头和传感器的无人机可以从空中观测作物，这给农业带来了革命性的变化。农民能够采集到有关农作物质量的前所未有的庞大数据。无人机还可以协助偏远地区的农场管理和畜群管理。与农业机械的资金成本相比，无人机解决方案的增量成本相对较小，这意味着农民在该领域的投资回报相对较快。此外，无人机是实现连续监测的理想技术，因为它们通常飞行在远低于云层的高度，可以每天飞行，并且不受云层的限制。无人机可以靠近农作物多次飞行穿越，并从不同的角度进行检测，安装在无人机上的摄像机可以提供较好的图像。在农业方面，当前的无人机用例主要包括以下几种。

- **灌溉**

  合理管理灌溉能带来更稳定的产量。无人机可以观察到灌溉不理想的地方，并指导采取及时的补救措施。

- **施肥**

  多项研究表明，农民经常施用化肥却并没有明显增加农作物产量。为此，无人机可以不断监测肥料应用产生的实时影响并进行优化。例如，大疆创新（DJI）公司的 AGRAS 新无人机能够空运和喷洒约 10 千克的肥料，致力于精密喷洒、提高喷洒速度（约 60 倍）以及避免浪费和污染。

- **农药**

  在澳大利亚，归一化植被指数（NDVI，Normalized Difference Vegetation Index）设备已被安装在无人机上用于早期发现问题，农民能够进行主动干预，这样有助于发现化学灼伤等早期农作物问题，使农药等资源重点覆盖在茂盛的农作物上，减少浪费和降低对作物的不利影响。

目前，**能源和公用事业**行业广泛使用直升机或绳索作业攀爬者来检查电线、风力涡轮机平台、水电大坝等，这需要耗费巨大的成本，而无人机被认为能够有效地替代人们完成这些任务并节省成本。此外，与派遣工作人员通过绳索和滑轮到难以到达的地点检查相比，无人机提供的替代方案更安全、更灵活。

同样，**石油和天然气**行业广泛使用直升机来检查远程管道，并查看危险场所的燃气或石油泄漏情况。在此之前我也提到过，仅在美国，就有数百万公里的石油和天然气管道，通过直升机或其他传统方式进行检查需耗费巨大的成本。

上述的每一个行业对运营商来说都非常具有吸引力，因为它们都很依赖电信网络连接的可靠性、速度和低时延等。此外，这几个行业都已经足够成熟，适合加快无人机使用。能源和公用事业行业以及石油和天然气行业之前一直在大量使用其他昂贵的操作方式，而现在已经发展成熟，行业内可以用更节约成本的方式立即进行替代。在农业方面，无人机部署的成本效益分析非常乐观，能够充分促进无人机的快速使用。

为运营商寻找“合适的”无人机商业模式

虽然运营商进入这些商业机会的切入点无疑是作为网络连接提供商，但它们也应该寻找合适的商业模式，以便开发价值栈的其他方面。

数据平台是许多运营商可以提供的一个价值栈，比如提供开放式数据存储，视频或图像处理服务。例如，在农业中，这个平台还可以汇聚多个种植者的数据，并将这些预测的国家作物产量数据与政府机构、大宗商品交易商或连锁超市等第三方交易来实现一定收益。

无人机运营平台市场是运营商可能提供的另一个价值栈，这需要运营商实施双边的市场平台，将购买者和销售者（如垂直行业用户和无人机相关的产品/服务以及分析能力的供应商）连接起来。运营商已经在尝试开发类似的双边市场平台，用于 SaaS 转售和娱乐内容销售，因此从某种意义上来说，运营商已经开发了无人机运营平台的核心功能。

在上述两种情况下，运营商的商业模式将是通过提供易于使用、高可靠性的网络连接进入市场，最有可能使用的是传统的价值获取机制，例如，月度订阅或捆绑的数据包。

一旦商业模式在生态系统中建立起来，运营商就可以在数据平台领域提供更多的解决方案，或建立一个无人机市场运营平台。运营商可以采用有吸引力的价值获取机制，包括收入分成、免费增值服务以及通过第三方进行数据货币化。最终的商业模式愿景可能是建立一个多边的“无人机即服务”（Drones as a Service）平台，提供网络连接和云基础设施作为核心要素，并构建一个开放式的生态系统，使合作伙伴可以在其中提供特定领域的产品和服务。通过增量服务和免费赠送等市场手段，运营商能够拓展除网络连接服务收入以外的其他新收入。

新兴无人机商业模式的一个关键控制点是，关于 SIM 卡在无人机中的作用。为了在这个市场上占据强有力的地位，运营商应与相关的监管机构加强合作，使内置 SIM 卡的无人机能够站稳脚跟。这有助于实现远程无人机跟踪，为无人机的超视距（BVLOS）操作打开大门，巩固运营商在未来行业价值栈中的地位。

无人机市场机遇小结

总之，无人机市场规模到 2020 年可能超过 1150 亿美元，对持续的网络连接需求将越来越旺盛，以便发挥消费类、企业和政府市场等方面的潜力。运营商完全有能力满足这种无处不在的持续性网络连接需求，而且可以作为数据平台提供商或双边市场平台运营商提供服务，这最终有助于促使运营商争夺产业链上的大部分利润。随着市场的发展和监管的加强，运营商可以成为政府机构值得信赖的合作伙伴，通过了解每架无人机的位置和使用者情况来管理无人机市场，并在必要时能够实现控制“危险的”无人机。

增强现实和虚拟现实（AR/VR）

虚拟现实的萌芽比你想象的要久远得多！1838 年，查尔斯·惠斯通（Charles Wheatstone）证明了人的眼睛形成的两个不同的二维图像经过大脑处理可以形成一个三维图像。通过立体镜观看两个并排的立体图像或照片，用户可以感受到深度感和沉浸感。这个概念最终在 1939 年获得颇受欢迎的“View-Master 立体镜”专利，并被应用于虚拟旅游（Virtual Tourism）解决方案。

20 世纪 50 年代，莫顿·海力格（Morton Hellig）发明了一种叫作“Sensorama”的街机风格的影院体验室，它可以刺激所有的感官，带有立体声扬声器、立体 3D 显示器、风扇、香味发生器，甚至是振动椅；20 世纪 60 年代出现了第一款头戴式显示器；20 世纪 90 年代，第一个街机“虚拟现实”游戏出现。随着谷歌几年前推出流行的“Google Cardboard”，智能手机将变成一个虚拟现实的原型设备，查尔斯·惠斯通的“立体镜”最终到此画上了句号。

虚拟现实（VR）这个概念在过去 200 年的时间一直围绕着人类的灵魂或精神，但近几年来，虚拟现实（VR）以及其“近亲”——增强现实（AR）和混合现实（MR）已经爆发式地出现并普及。为了探索这个主题的重要性，我们从以下几个定义开始。

“增强的”“虚拟的”或者“混合的”，这些形容词通常用来描述一种能够改变我们所感知的事物的新技术。

它们都描述了现实世界在人类流媒体体验中被改变的不同程度。从增强现实的信息增强体验，到虚拟图像和声音与现实世界共存的混合现实，再到虚拟现实的完全浸入式体验，包括触觉、嗅觉和味觉等感官能力。然而，除了这种单一维度的沉浸方法或水平之外，我们还应该看到这些技术带给我们的其他体验，如空间、时间变换和新奇感。

- **位移现实**（Teleported Realities）

  位移现实指人们可以感受到远距离的事物，使一个人的空间位置发生改变。用户可以在开会或演出时以全息形式呈现；可以虚拟参观一个旅游景点、一个城市、一座山；可以实时观看别人所看到的事物；可以和朋友现场直播，一起观看体育或文化活动；可以为朋友或同事提供远程支持；可以远程操控无人机鸟瞰一个地方。

- **时移现实**（Time-Shifted Realities）

  时移现实指人们可以看到过去或未来的情景，甚至可以通过前后移动来比较情景前后的情况。人们还可以预览家里的新家具，或者根据逼真的训练体验为未来的场景做可靠的准备，购物者可以想象他们穿着新衣服或化妆的样子；游客可以沉浸在历史的重演中等。

- **新虚拟现实**

  新虚拟现实指人们可以提供一个逃离现实的机制，让自己沉浸虚拟世界和电影般的体验中，冥想或正念修行，参与远程群体艺术活动，或使用 CAD 与其他人共同设计未来新产品或新环境。

2014 年，Facebook 以 20 亿美元的价格收购了虚拟现实厂商 Oculus，意味着迎来了 VR 新时代。从此以来，Facebook、Valve、HTC、三星和谷歌一直在努力将 VR 带入主流。到 2016 年第四季度，它们的努力看上去收获了一定的回报。Google Cardboard VR 吸引了很多人的注意，似乎娱乐行业已经准备好花重金打造内容制作。然而，技术的使用从来不是这么简单。2017 年年初，该技术似乎进入了典型的“幻灭期”。Google Trends（谷歌趋势）反映，有关 VR 的搜索查询在许多地区（如美国、法国、韩国、日本和中国）都有了明显的下降。尽管如此，市场研究公司 Canalys 报告表明，2017 年第三季度 VR 头显行业首次在单季度出货量破百万台，其中，PlayStation VR 头盔是最受欢迎的，Oculus 和 HTC 销量表现也很不错。

此外，Facebook 旗下的 Oculus 在 2017 年年中宣布将在 2018 年推出一款售价 200

美元的独立 VR 头盔，这将对市场产生重大影响。谷歌和苹果也以领先的软硬件技术能力努力在 AR/VR 市场占据主导地位，并将在 2018 年开始不断推出新的产品，此外，Facebook 也看好 AR 内容的社交分享。

为什么 AR/VR 市场会引人关注?

如同其他新兴技术一样，AR/VR 市场预测的范围很广。Digi-Capital 预测，到 2021 年，仅仅是移动 AR 市场就将带来超过 600 亿美元的收入；而高盛公司预计，到 2025 年，全部 AR/VR 市场的规模将达到 800 亿～1820 亿美元，具体取决于某些服务被市场采纳的速度。

在消费类市场上，AR 眼镜在开始时将作为手机和智能手表的外设使用，但最终可能会成为消费者随身携带的单独装置。例如来自 Magic Leap、Meta 和微软的高级设备以及微软的 HoloLens 合作伙伴生态系统。

它们将改变我们与计算机进行交互的方式，并推动企业和消费者混合现实服务的发展。这个市场与电信行业有关，因为许多 AR/VR 用例往往需要较高的带宽（上传和下载），而且需要超低时延和移动边缘计算能力，这正好能发挥运营商的竞争优势，更有趣的是，它还能为 5G 的推出提供商业用例。很多业内人士都把 5G 看作是“正在等待问题的解决方案”，尽管业界正在努力创建 5G 商业用例，大多数人似乎都相信“只要构建，5G 就会到来”！AR/VR 可能有助于让一切变得更为现实。在运营商数字化转型核心的新型数字化服务中，AR/VR 服务最有可能需要 5G 关键差异化优势，即超高带宽和超低时延。

然而，虽然 AR/VR 服务的一般特征很好地契合了运营商所具备的核心能力及其新兴的 5G 能力，但是事实上还有许多“玩家”也在此领域角逐！

AR/VR 市场的价值栈结构及运营商的潜在角色

AR/VR 行业的价值栈包含以下 7 个不同的部分。

组件（Components）

AR/VR 行业所需的组件有很多，如 CPU、GPU、眼动追踪、手势追踪、光学器件、控制器和传感器等。AR/VR 需要先进的机器视觉功能，以及针对 AR/VR 所需的其他深度学习应用（包括预测、语音识别和面部识别）而优化的处理器。据估计，目前硬件收入占整个 AR/VR 市场的 50%左右。

设备（Devices）

能够驱动 AR/VR 行业的设备包括 VR 头戴式显示器、AR 眼镜和 360° 全景相机，以及手机内置的 AR/VR 功能等。市场的发展速度将取决于，能够以多快的速度在电池寿命、冷却、处理器密度和光学器件等方面做出突破，设计出所需的外形状态，并以优势价格占领市场。

图 22 AR/VR 行业的价值栈

操作系统和应用程序使能（Operating Systems and APP Enablers）

目前，在 VR 游戏市场主导操作系统和应用程序使能技术的有 HTC、Valve、Facebook 旗下的 Oculus 以及索尼 PlayStation。在 AR 方面，苹果的 ARKit 和谷歌的 ARCore 之间进行着大型操作系统的争夺战，预计这场战斗将随着 AR/MR 眼镜的推出“发酵”，而且微软、Meta 和 Magic Leap 也可能加入。3D 引擎是一个关键的应用程序使能技术，来自 Unity、Unreal 和 Amazon Lumberyard 的平台也在进行有趣的争夺战。总之，谁能占据这个市场的关键控制点，谁就可能会成为行业巨头，赢得整个行业的大部分可用利润。

网络连接（Connectivity）

运营商在网络连接方面已经站稳了脚跟。尽管许多 VR 用例可能是室内固定的，并且利用的是固定宽带连接，但是许多最佳的 AR 服务往往依赖于用户的灵活移动性，而且能够通过先进的 4G 甚至 5G 网络得到大大提升。360° 全景视频流能驱动带宽需求，通过移动边缘计算能力可以增强视频流，大大降低服务所需的往返延迟。另外，包括旅游、游戏和户外运动在内的许多服务都需要精准定位功能和实时高清的视频服务等，而网络切片将能提供所需的灵活性以满足 AR、VR 应用的弹性容量需求。

工具和云服务（Tools and Cloud Services）

与任何行业一样，谁可以提供工具和云服务，使应用开发人员能够轻松访问云服务、移动边缘计算和内容分发网络（CDN，Content Delivery Network），谁就将在 AR/VR 领域中拥有强大的竞争优势。例如，在企业领域，Blippar 等公司为 AR 提供视觉识别引擎，通过调用 Blippar 提供的 API 接口，可以实现 AR 体验时能智能识别场景和物体，以提供更完整的品牌体验，而像 Matterport 这样的内容工具公司则提供一体化的现实捕捉系统，让用户享受逼真的互动 3D 和 VR 体验。

应用程序、内容和市场（APP、Content and Marketplaces）

AR/VR 的成功取决于应用程序开发者、内容制作公司和系统集成商以及包括内容市场/CDN 在内的生态系统的发展，它们将帮助 AR/VR 创意推向市场。这个领域的早期领跑者包括 NextVR 和 Viveport。亚马逊也推出了名为 Sumerian 的 AR/VR 和 3D 内容开发者平台。

配套服务（Supporting Services）

许多不同的“玩家”都参与了AR/VR生态系统的竞争。例如，在该领域，有专注于风险投资的公司，如BoostVC，还有专业的媒体公司，如UploadVR和Next Reality。

运营商在这个广泛的生态系统中的地位是复杂的。毫无疑问，它们在价值栈的网络连接方面扮演着重要的角色，因为许多AR/VR服务将驱动对高带宽和低时延网络的需求。当与5G网络、精准定位和移动边缘计算相结合时，运营商在AR/VR领域的核心服务显然是相当有吸引力的，同时，它们也有一些同其他行业高度相关的能力，可以在其他领域发挥杠杆作用。例如，运营商的零售商店网络则为运营商展示和宣传新业务提供了一个绝佳的机会，同时也是销售（Upsell）新服务的好地方。另外，运营商也可以利用计费关系、客户支持和现场支持方面的优势在此领域建立新的托管服务（Managed Services）。从商业模式的角度来看，像VR体育（VR Sports）这样的服务以及其他类似电影的体验将成为家庭的下一个“杀手级”应用，并且可以很容易地与运营商现有的家庭视频业务服务捆绑在一起，运营商还可以补贴设备来推动市场的广泛运用。此外，360°全景视频中感受到的体验将能够被分享、存储，进而扩大运营商的云计算服务的范围。

运营商的AR/VR用例：市场全面推广

运营商的AR/VR服务市场推广路径应该围绕着寻求各商业用例之间的协同能力，而不是提供单个用例的解决方案。对于运营商来说，良好的商业用例应该是那些需要固网宽带，移动网络接入尤其是5G（低时延、高带宽）、移动边缘计算和精准定位等网络能力的用例。表11列举了在AR/VR的12个独立垂直市场上的部分用例。

表 11　可能的 AR/VR 用例

类别	序号	用例
通信与社交	1	AR/VR 沉浸式呼叫
	2	用户生成的 AR/VR 内容创建
	3	360° 直播我的生活
	4	重播/增强我的 360° 生活
游戏与娱乐	5	增强体验剧院
	6	基于户外位置的 AR 游戏
	7	游戏中心——多人 AR/VR 游戏
	8	AR/VR 家庭内容消费（UGC、音乐、电影、电视、体育、新闻、成人等）
	9	沉浸式运动/电竞竞技场
	10	增强音乐节
	11	直播赛事（音乐、体育、会议等）
旅行与旅游	12	用 VR 探索远程目的地
	13	AR 导游
运动与健身	14	统计数据和地图（赛跑者、骑自行车者等）
	15	增强运动/私人教练
教育与培训	16	AR 辅助房屋维修
	17	AR/VR 语言学习
	18	AR/VR 高管教育
健康与保健	19	AR/VR 远程病人护理（诊断、治疗、状态监测）
	20	AR/VR 辅助手术
	21	用 VR 来克服恐惧和焦虑
	22	AR/VR 辅助生活
	23	术后/伤害康复
办公室生产力	24	沉浸式 VR 工作站
	25	沉浸式协作环境
办公室生产力	26	AR/VR 内部销售
	27	增强的远程故障排除
	28	增强的商业网络事件
	29	AR/VR 团队建设
	30	虚拟聚会
零售和电子商务	31	增强的零售购物
	32	AR/VR 电子商务购物
	33	AR/VR 零售环境设计
	34	智能更衣室镜子
	35	VR 产品定制
	36	产品搜索/店内导航
房地产	37	房地产观察
	38	3D 家庭预览（家具销售）
工业	39	AR 辅助维护
	40	AR 远程支持
	41	AR 环境威胁警告
	42	AR/VR 3D 工程设计
汽车	43	VR 车展
	44	挡风玻璃虚拟显示（导航、安全警告、虚拟仪表板）
	45	增强后视镜
营销与广告	46	个性化情景敏感式 AR 广告
	47	个性化的广告牌
	48	3D 产品目录
	49	眼动跟踪/目标识别的数据收集

下面概述了与运营商能力最为匹配的 6 个关键战略性用例。

- **游戏和娱乐**

  虽然今天的 VR 重点应用在游戏市场，但预计到 2020 年，电视或视频市场价值将达到 3250 亿美元（游戏市场价值规模达到 900 亿美元）。VR 体育目前是最引人瞩目的用例，可以用来驱动其他娱乐和社交用例。此外，大型体育、文化和商业活动中，因为通常有大量的人在相对较小的区域聚集一天或更长时间，所以，它们是引入 AR/VR 服务的理想场景。音乐节、商务会议、艺术节和重大体育赛事都可以因浸入式体验发生改变，让不能参加这些活动的人们观看现场或录制的节目。运营商可以专门提供这些服务所需的基础设施，并可以逐步扩展价值栈，进而提供更多与活动体验相关的服务。

- **户外运动**

  未来 5 年，AR 眼镜将成为高尔夫爱好者、跑步者、骑自行车者和冬季运动爱好者的“杀手锏”应用，并将有望成为导航的必备配件，提供运动建议，采集和显示指标，还能通过 AR 提供远程教练与朋友竞赛等。到 2020 年，高尔夫装备市场预计将达到 150 亿美元，滑雪/滑雪板设备市场将达到 60 亿美元左右，而自行车配饰和服装市场则将超过 160 亿美元。估计在未来几年，基于 AR 的产品可能占这些市场的 10%左右，这可以为运营商进入这些垂直市场提供一个有趣的切入点，利用运营商的零售能力和网络连接捆绑服务，建立在户外运动行业中的 AR 服务地位。

- **旅游业**

  以 20 世纪 30 年代的“虚拟旅游”（Virtual Tourism）概念为基础，“增强旅游”（Augmented Tourism）将使游客能够得到导游的远距离指导（最终由 AI 来实现）。导游可以看到有关旅游团参观情况的直播流，并根据每个小组的需求定制旅游线路。运营商的商业模式将可能包括通过零售店租赁设备、通过帮助旅游景点构建 AR/VR 平台、通过削减旅游景点的其他设备投资而获得收入。

- **房地产业**

  与其他一些可能的用例不同，AR/VR 在房地产的应用已经存在了。房地产中介越来越多地使用 VR 设备来获取物业内部和外部甚至当地旅游景点的每个细节，使商业和住宅物业参观者可以减少物业实地参观的次数。运营商的机会在于向房地产代理商提供托管服务，为代理机构提供实现该服务所需的 VR 设备、网络连接和云平台。

- **零售业**

  零售商和消费品牌正面临来自电子商务竞争的巨大压力，需要重塑购物体验。AR 零售被认为能够提供一系列新的引人瞩目的购物体验，可以提高购物效率，并使购物成为无缝的物理/数字体验。通过将 5G、精准定位和移动边缘计算与 AR 眼镜相结合，提供解决方案，运营商可帮助零售商使用 AR/VR 实现先进的浸入式体验。

- **社交/个人沟通**

  大多数 AR/VR 体验本质上是社交性的。无论是想要进行一生难得的一次旅行，还是想要相互竞赛，还是决定购买新房子，还是需要购买建议，许多人都期待通过 AR/VR 远距离传输，与他们的朋友和家人分享这些重要的时刻。随着设备和网络技术的不断进步，我们将看到越来越多的服务出现，比如“直播我的生活”，这将使用户能够使用 360° 全景摄像机直播自己的生活。观看者能够通过虚拟现实的形式观看这些视频流，就像今天观看 YouTube 的明星一样。这些服务将对移动性和超高带宽连接提出要求，并可能帮助运营商创建 5G 商业用例。

总的来说，运营商可能在跨多个用例的市场中拥有机会，利用它们在个人通信服务方面的优势打入 AR/VR 社交领域。例如，引领家庭 VR 体育的运营商可以利用其与体育品牌的关系，现场直播竞技赛事，进行活动赞助，推广户外运动，构建社交优质内容观看平台。

同时，运营商也可以实现跨垂直行业的协同。例如，在车联网、无人驾驶汽车领域有竞争优势的运营商可能会利用这一点，把个人通信和车载娱乐应用到 AR 头戴显示器。在此基础上，运营商可以将 AR 服务推广到物流领域，让送货司机可以通过 AR 眼镜获取路线方向，查看送货时间表，并实时响应收送货请求。

运营商可能从如下几个方面参与使用 AR/VR 技术。

- **确保早期 VR 内容**

  确保早期 VR 内容旨在构建 VR 能力，尤其是在家庭娱乐方面。VR 第一个“杀手级”应用很可能是用于在家观看现场体育赛事，因此，运营商需要确保它们能够获得其所在地区最受欢迎的体育赛事的转播权。例如，许多运营商已经投资并获得了其所在地区的足球观看权。如果能在此基础上进一步扩充 VR /AR 应用将是一个明智之举，只有这样，才有机会让 VR/AR 的使用被普遍理解和接受。VR 是一种独处的体验，而体育观看本身具有社交性，所以在 VR 中构建体育观看的社交意义是非常重要的。

- **开发垂直市场 AR 产品**

  开发垂直市场 AR 产品可以布局在零售业、房地产业和企业活动等领域，也可以通过 5G、移动边缘计算和网络弹性伸缩及广覆盖等发挥一定的影响作用，从而在这些领域占据主导地位。

- **进入消费者 AR 空间**

  进入消费者 AR 空间旨在许可人们移动观看优质 AR 内容，同时通过添加无缝的人际之间的联接功能使这种体验社交化。例如，增强旅游和户外运动为运营商提供了一个展示 AR 特性并推动对设备和网络连接升级需求的机会。

寻找合适的 AR/VR 商业模式

运营商对于进入 AR/VR 市场的切入点是不陌生的。标准的商业模式很可能仍然是将设备和网络连接捆绑销售，并在一定程度上通过补贴来刺激用户订阅。在 AR 眼镜推出时，它可能会作为“双设备加连接”（Two-Device-Plus-Connectivity）捆绑销售的一部分，与移动设备配对使用。但是，商业模式创新仍有很大的空间。随着时间的推移，运营商可以有以下选择。

- **托管服务**（Managed Services）

  托管服务推出 AR/VR 服务所涉及的技术和运营比较复杂，为此，运营商可以为零售业、房地产业、体育俱乐部和活动行业提供完全可管理的服务解决方案。

- **内容市场**（Content Marketplaces）

  如果运营商对主导 VR 家庭娱乐领域的机会能完全敞开怀抱，它们就能在优质内容出售或租用以及付费观看（Pay-per-View）独家事件的服务方面占据强力优势。在文化和体育赛事上采取协同一致的办法，这可以提升运营商在该领域的影响力。

- **数据经纪**（Data Brokering）

  AR/VR 设备将产生十分有价值的消费者行为数据。假设消费者监管隐私的要求能够得到满足，视频、音频和传感器数据的实时流将可以为人工智能的应用提供机会，并产生显著的商业价值。

AR/VR 这个概念经历了 200 年左右的时间才得以起步，如今我们终于到了 AR/VR 将融入企业和消费者日常生活的阶段！运营商已经做好了准备，不仅可以提供所需的网络连接，而且还可以提供广泛的配套服务，帮助这个崭露头角的行业取得发展。个别单一的解决方案将难以在 AR/VR 领域赢得胜利。相反，运营商真正需要的是一种全局战略，在娱乐、零售、旅游和家庭商业用例之间寻求协同，利用生态系统中的合作伙伴关系建立自身优势。

视频分析

为什么视频分析市场会引人关注？

世界正逐渐淹没在视频的海洋中！在商店、街道、办公室、火车站、银行和机场，各种监控设备每天都在拍摄大量的视频，并且每年有数艾字节（Exabyte）的视频数据通过全球通信网络传输。除此之外，还有房地产经纪人、业余电影制片人、无人机和滑雪爱好者等也正在以商业或个人目的拍摄视频。此外，不容忽视的是，全球大约有25亿台的智能手机用户经常拍摄视频与朋友分享，如一些惊险刺激的画面。巨量的视频数据让人震撼，人类根本无法以最粗略的方式查看所有视频。酒店或办公楼宇的安保人员每天8小时盯着20个屏幕，但无论经验如何，只能发现最明显的问题。一旦某个时刻过去，就会有更多的视频涌入，他们几乎没有时间查看历史片段。

视频分析技术是用来对视频进行计算机处理和分析的技术，使我们能够实时查看视频，帮助我们从每天不间断生成的海量历史视频中挖掘有价值的信息。视频分析将采集的视频流转换为数据集，通过机器学习算法分析，可以用于实现多种功能，如人物识别（面部和步态识别等）、车牌识别、对象计数、产品识别、安全警报和足迹追踪。

视频分析有许多应用形式，从边境安检的面部识别到道路上的车辆统计，从放射图像的癌症检测到农场上的动物或树木数量统计。视频分析的可能性和应用简直是无止境！车牌识别等相关技术已经在全球范围内得到了充分发展和广泛应用，而其他技术，如全面的笔迹识别或产品识别还需要进一步研究。视频分析本身提供了有价值的服务机会，但与语音识别或自然语言理解等其他人工智能技术结合使用时，它将成为无人驾驶汽车和增强现实等新兴机遇的核心。

考虑到视频分析应用的范围很广，对其全球市场潜在规模的估计有很大差异，预计到2022年将达30亿～112亿美元。相对短的时期内，推动这一行业收入的关键应用包括以下几点。

- **交通运输安全**

  交通运输包括机场、港口、地铁、铁路和其他公共交通方式。在对这些交通枢纽的安全监控和一般操作实现自动化方面，视频分析发挥着越来越重要的作用。

- **银行、金融服务和保险**

  在自动取款交易中使用视频分析对面部和步态识别来消除银行卡欺诈，这是新一代视频分析的一个典型的用例。类似地，零售商店收银处可以利用面部识别技术来防止信用卡欺诈。

- **零售业**

  在零售场景中，视频分析用于追踪商店中的顾客，实时了解顾客浏览什么产品、考虑什么促销活动以及在不同地点的停留时间。它可以开发客户步行轨迹热图，提供有关受欢迎产品的信息和各种商品展示效果信息。它还可以检测顾客的排队等待时长，如果时间太久，会直接向监管人员发送警报，从而促进提升客户体验。

- **重要基础设施保护**

  重要基础设施包括石油和天然气工厂、核设施、化工行业和其他危险场所。将视频分析与其他人工智能技术配合使用，可以开发自动化系统来监控这类设施，并为将来的调查提供档案功能。使用诸如背景差分法和与人工神经网络相结合的技术，系统可以区分正常行为和需要某种干预的可疑行为。

- **平安城市监控**

  与重要的基础设施保护类似，视频分析应用能够对公园、地标、桥梁和纪念碑等公共场所进行大规模监控，以支持安全和执法活动，以及在智慧城市启用先进的交通管理。

- **接待和娱乐**

  现场监控、安全监控和人物识别，可以防止未经授权的客人进入受保护的场所。

- **教育**

  教育机构场所对安全保障有更高的要求，这是视频分析应用的一个典型例子。而且，视频分析也可以用于加强教育学习经验。

- **边境安全**

  视频分析可以降低人力成本，加快边境安全建设。

- **视频索引和分类**

  视频分析可以通过索引搜索物体、人物、位置和音轨。

预计到 2022 年，视频分析将达到 112 亿美元的市场规模，其中，交通运输垂直领域约为 25 亿美元；重要基础设施保护约为 17 亿美元；交通管理应用约为 15 亿美元。

视频分析市场的价值栈结构

视频分析市场的价值栈包含 6 个不同的部分，如图 23 所示。

分析服务（Analytics Services）无疑是视频分析行业中最重要的组成部分。从面部识别软件，到人数统计解决方案，再到受众分析，分析服务是整个市场的核心。与许多分析应用一样，拥有大量数据来构建算法是关键。像谷歌这样的公司，已经成功地利用自己海量的标签图片来构建图像识别算法，并与 Qognify 这样的小型专业公司进行竞争。运营商进入这部分价值栈的最大困难是产生足够的样本数据来训练它们的算法。

图 23 视频分析价值栈

云服务（Cloud Service）支持存储和视频处理，这是视频分析的一个重要方面，特别是对于历史内容的存储。运营商的云服务与此有着明显的契合点，但是，实现与基础云存储提供商相同的价格将是一个挑战。

市场和平台（Marketplace and Platforms）正逐渐出现在视频分析的市场上，用户可以上传内容进行分析。市场平台将以双边业务模式运行，聚集用户和垂直市场的分析专家。

网络连接（Connectivity）是运营商较谷歌等竞争者有差异化优势的领域。5G 技术与不断提升的手机计算能力以及移动边缘计算相结合，可以帮助运营商形成真正的竞争优势，尤其是许多用例都需要一定程度的移动性。

操作系统（Operating Systems）应该算是一种标准配置而非专属于某个市场，但系统上的应用服务对于视频或图像的快速上传可能非常重要。

硬件设备（Hardware Equipment）包括所有的摄像头和相关传感器，可以帮助运营商巩固某种形式的竞争优势。可穿戴设备必须确保和其他传感器绑定到手机上，然后连接到存储设备或移动边缘计算设备。

最后，运营商的关键竞争力差异点在于能够提供永不间断的高带宽网络连接和用户身份的能力。其他运营商优势包括庞大的用户基础、精准定位、移动数据，以及“可信赖”声誉。像美国威瑞森电信（Verizon）这样的运营商已在存储方面扮演着重要角色，并为微软 Azure 提供内容分发网络（CDN，Content Delivery Network）。如果运营商能够将这类服务提供与移动边缘计算结合起来，那么视频分析就具有极大的可扩展性。

因此，运营商可以通过开发视频分析功能来扩大服务提供范围，并可在多边平台的环境中出售，发挥其核心能力。实际上，分析领域将是运营商需要恶补的弱能力领域，不过可以通过收购专业分析公司或与其进行密切合作来解决。

为了更准确地了解运营商如何应对视频分析市场，我们来看一些详细的用例。

寻找匹配运营商能力的最佳用例

视频分析有许多潜在的应用，但关键是要找到可以让运营商建立真正竞争优势的用例，从而抵御来自谷歌或亚马逊等大型“玩家”的冲击。表 12 列出了一些垂直市场的主要用例。

表 12 可能的视频分析用例

领域	序号	用例	领域	序号	用例
零售	1	产品报价行为反应	营销	31	客户体验接触点标记
	2	市场活动响应监控可视化		32	移动视频体验个性化
	3	受众测量/响应报告		33	视频营销活动提供
	4	建筑容量的人数统计或人群管理	事件	34	VIP 出入管理
	5	为制订资源计划或营销策略在某一特定区域或时间段进行交通流量人数统计，或进行日/周/月度/年度交通流量人数统计		35	排队管理
	6	根据交通流量确定商铺租金		36	了解人群密度并确保符合安全规定
	7	排队管理和平均等待时间计算，管理队列较长的区域的客户满意度和服务		37	速度控制
	8	检测停车处出租车数量并实现自动化（如果乘客队列延长，就呼叫更多车辆）		38	防止违章停车
	9	车牌识别，实现 VIP 或高级管理人员车辆自动化安排（零售场所的停车处）		39	商贩检测
	10	检测违章停车，使用车牌识别系统，自动对违章停靠的车辆进行罚款处理（零售场所的停车处）		40	监控系统的健康检查，防止摄像机被篡改
城市	11	加强银行场所及邻近地区的安全保障，包括停车场闯入者检测	安防/监控	41	室内遗落行李检测
	12	在银行或 ATM 附近发现佩戴口罩、头盔或墨镜的人时，立即启动警报		42	室内确定物主
	13	检测在 ATM 附近徘徊的人		43	室内定位物主
	14	检测大厅区域的遗落物品		44	室内追踪物主
	15	检测涂鸦和故意破坏行为，尤其是 ATM 附近		45	室内安全区域闯入行为检测
	16	为警卫人员检测人员击倒事件		46	室内徘徊行为检测
	17	加强车辆出入控制/防止高度受保护区域发生追尾事件		47	室内尾随行为检测

续表

<table>
<tr><td rowspan="2">城市</td><td>18</td><td>保护二手车辆等资产</td><td rowspan="13">安防/监控</td><td>48</td><td>室内逆行行为检测</td></tr>
<tr><td>19</td><td>使用面部识别技术，立即识别犯罪嫌疑人或罪犯身份</td><td>49</td><td>室内门口出入检测</td></tr>
<tr><td rowspan="3">重要基础设施</td><td>20</td><td>教室或集会遵循消防规定和最大人数限制</td><td>50</td><td>室内清洁区检测</td></tr>
<tr><td>21</td><td>通过遗失物检测，提升失物招领流程效率</td><td>51</td><td>室内闯入者追踪</td></tr>
<tr><td>22</td><td>节能——了解空间环境，调节无人楼层的照明状况</td><td>52</td><td>穿戴式相机使用者防攻击检测</td></tr>
<tr><td rowspan="8">交通运输</td><td>23</td><td>交通管理——车辆的数量、速度、拥堵状况、平均等待时间等统计</td><td>53</td><td>自动校准大型 VSS 部署</td></tr>
<tr><td>24</td><td>使用车牌识别和面部识别，检测“禁止停车”区域的违章情况</td><td>54</td><td>自动校准异构 VSS 部署</td></tr>
<tr><td>25</td><td>运用识别系统自动找寻被盗车辆</td><td>55</td><td>人群管控</td></tr>
<tr><td>26</td><td>高效的交通灯动态管理——行人等待检测</td><td>56</td><td>爆炸威胁检测</td></tr>
<tr><td>27</td><td>隧道等环境中的烟雾和火灾检测</td><td>57</td><td>移动资产检测</td></tr>
<tr><td>28</td><td>道路维护——道路流量和最大负荷量检测</td><td>58</td><td>高速公路货物防盗检测</td></tr>
<tr><td>29</td><td>防止禁区内的盗猎行为</td><td rowspan="2">59</td><td rowspan="2">游客威胁检测</td></tr>
<tr><td>30</td><td>防止专用车道出现特定车辆类型——如公交专用车道检测</td></tr>
</table>

尽管运营商可在许多领域寻求发展空间，但调查表明，从短期到中期，适合运营商参与的较佳领域似乎是交通运输和平安城市监控。

运营商对**交通运输**很感兴趣，因为它们拥有基于网络连接的新能力，能够有效地管理和控制交通运输以及其他市政用途的公共交通车辆，从而彻底改变公共交通。这可以直接与智慧城市基础设施及其治理相结合，运营商已经在其中发挥了重要作用。其他以分析为中心的应用，如交通管理的车辆统计和沿街停车行为的车牌识别等，将全部集成到更广泛的智慧城市产品组合中。

运营商对**平安城市监控也**很感兴趣，因为平安城市监控需要无处不在的网络连接。而且，传统的电信网络和服务管理运营中心可以用来建立融合指挥中枢，集成提供都市视频流分析、全球信息系统、精准定位和其他核心电信能力。

有趣的是，运营商一旦在上述领域形成了视频分析能力，就可以很容易地扩展到相邻领域。例如，平安城市监控和学校监控等差异不大。

寻找合适的商业模式

正如我们之前的讨论，特别是对于任何由分析驱动的产品，数据就是“新石油”！拥有大量数据可以确保开发出更好的算法。更精确的算法反过来可以吸引更多的用户，这就创造了一个良性循环！因此，运营商所选商业模式的一大重点领域在于建立数据库的机制。例如，在交通和平安城市监控的用例中，运营商应该通过采用符合此重要特征的商业模式，重点关注有助于提升车牌识别、面部识别和情境识别算法的机会。虽然运营商在这两个领域无疑会有清晰的网络连接商业模式方案，但可能有必要开始对数字化服务产品的分析应用方面进行财务补贴，建立一个足够大的数据集用于训练算法，并培养必要的专业技能和准确性。这也可能要求运营商与软件开发商合作，以 B2B 和 B2C 方式构建应对公共交通和平安城市需求的解决方案。

同样值得注意的是，智慧城市、交通、安全和零售方面的分析具有较高的重叠度。一个垂直市场开发的解决方案可以立即移植到其他垂直市场中。因此，尽管视频分析为特定垂直行业提供特定的机会，但对于运营商而言，投资视频分析有助于建立使能平台，在不同市场实现多样化服务。第八章将详细介绍平台商业模式的运作，并解释视频分析如何成为该使能平台中的一部分。

视频分析市场机遇小结

总之，到 2022 年，视频分析市场的价值可能达到 112 亿美元，平安和智慧城市发展需求的增加也将在未来几年支撑这一价值增长。运营商恰好可以应对这种需求，最初是通过网络连接产品，最终发展到实时分析服务、数据处理平台和双边市场。进入价值栈其他领域的关键成功因素是，运营商采用适当的商业模式，建立足够大的数据集用于训练视频分析算法。在很多情况下，运营商与政府保持着良好的关系，这为平安城市监控和市政交通领域的视频分析开辟了机会，在未来几年可能会带来更多可观的收入。

人工智能

生存风险研究中心（Centre for the Study of Existential Risk）是英国剑桥大学的一个跨学科研究中心，致力于研究和减轻可能导致人类灭绝或文明坍塌的风险。该研究中心关注可能终结人类存在的灾难情景及其影响和可能性。潜在的灾难包括核战争、生物灾害、小行星撞击等，但是名列榜首的是人工智能带来的威胁。

在研究中，它们列出了因人工智能失控会迅速引起重大问题的一些主要领域，如人工智能战争、人工智能控制的金融市场以及人工智能驱动的网络安全。该研究也指出了其他一些受人工智能威胁相对较小的领域，如对隐私、选举的威胁。过去几年中，大多数的高科技行业领袖都对此发表了看法。埃隆 • 马斯克（Elon Musk）、比尔 • 盖茨（Bill Gates）、马克 • 扎克伯格（Mark Zuckerberg）

和斯蒂芬·霍金（Stephen Hawking）教授等，认为人工智能可能危及人类生存并深表担忧。

不过在此我想说的是，尽管人工智能危及人类生存，但它也为人类提供了巨大的机遇。具体来说，就本书而言，这为新型数字化服务提供了良好的商业机会。因此，在数字化转型过程中深入探索和开发人工智能时，我们应该始终牢记更大的机会前景。

人工智能与机器学习

人工智能（AI，Artificial Intelligence）和机器学习（ML，Machine Learning）是指机器能够像“人类”一样进行学习、决策和自我纠正的广义概念。从本质上来说，就是让机器访问数据，对机器进行配置使其自主学习的过程。尽管这样做存在上述风险，但是人工智能和机器学习可以帮助公司加速完成复杂的分析和决策任务，不再需要人类团队来执行。

支持人工智能和机器学习的一些关键技术元素包括以下几种。

- **自然语言生成**（Natural Language Generation）
  自然语言生成利用计算机数据生成文本，适用于客户服务、报告生成和商业智能洞察总结。
- **语音识别**（Speech Recognition）
  语音识别将人类语音转录并转换成适用于计算机应用的格式，通常用于交互式语音响应系统和移动应用程序。
- **虚拟代理**（Virtual Agents）
  虚拟代理指可以与人类交互的聊天机器人和高级系统，一般用于客户服务、销售助手、售后支持和智能家居管家。

- **机器学习平台**（Machine Learning Platforms）

  机器学习平台指各种企业应用程序，主要涉及预测或分类，以及相关的 API 和计算能力，用来设计、培训和部署模型。

- **深度学习平台**（Deep Learning Platforms）

  深度学习平台具有多个抽象层的人工神经网络，用于涉及大规模数据集的模式识别和分类应用。

- **高级生物识别技术**（Advanced Biometrics）

  高级生物识别技术用于实现人与机器之间更自然的交互，包括但不限于图像、指纹、语音和肢体语言识别。

- **群体智能**（SI，Swarm Intelligence）

  群体智能是分散的、自行组织的系统中的集体行为，通常是一群简单的代理人在其环境内彼此互动和与环境互动。

- **机器人流程自动化**（Robotic Process Automation）

  机器人流程自动化是指人类行为自动化，用于完成特定的手动任务。

在上述这些技术要素中，自然语言生成、语音识别、虚拟代理、机器学习平台和深度学习平台是最先进的技术，并且可能会在更复杂的新技术如机器人流程自动化、高级生物识别技术和群体智能之前投入使用。

人工智能和机器学习的全球市场潜在规模差异较大，预计到 2020 年达 150 亿～700 亿美元。智能数字助手行业在未来几年将迅速发展，预计到 2021 年市场规模将达 160 亿美元左右——这就解释了目前谷歌和亚马逊在智能家居和音响（Echo）产品上的投资力度。

几乎每个行业都将在未来几年受到影响，电信行业也不例外。人工智能和机器学习开始在提升客户体验管理方面发挥重要的作用。最近一些运营商的净推荐值（NPS，Net Promoter Score）有显著提高，运营商将其归功于人工智能和机器学习聊天机器人的应用。在不久的将来，人工智能和机器学习有望在 5G 编排和网络切片的实施中发挥重要作用。

人工智能与机器学习市场的价值栈结构

人工智能和机器学习市场的价值栈包括 8 个不同的部分，如图 24 所示。

垂直行业（Verticals）有许多公司提供特定行业的人工智能解决方案。对于运营商来说，进入这些垂直领域并非易事，因为它们需要领域知识和特定行业（医疗保健、金融和零售等）的合作伙伴。

配套服务（Supporting Services）指人工智能和机器学习行业及其技术不是现成的拿来就能用，而是在不断地发展演进。因此，售前支持、持续培训和售后服务仍将是行业中最具活力的部分。

分析服务（Analytical Services）的语音识别、计算机视觉、预测算法、面部表情识别、手势识别等能力，无疑是人工智能和机器学习的核心。该领域的竞争相当激烈，因为谷歌和亚马逊 AWS 等主要“玩家”已经将其算法通过 API 对外开放，只收取少量费用，以此期待吸引潜在客户购买其云计算服务。

云服务（Cloud Services）提供实时分析处理和存储的能力，这是每个行业的重要组成部分，人工智能和机器学习行业也不例外。其中占主导地位的是亚马逊和谷歌，尤其是通过他们将分析服务和实时云计算与存储捆绑在一起。运营商可能会从移动边缘计算和手机适配中发现市场，从而直接与相关的可穿戴设备进行集成。

图 24　人工智能价值栈

市场和平台（Marketplace and Platforms）满足了行业对算法市场和新兴领域跨平台集成的需求，使公司能够在各种平台之间共享算法，这可能是运营商利用人工智能和机器学习机会的重要战略支柱。吸引尽可能多的用户是一个关键竞争优势，因为这是训练更好的算法的主要驱动力。因此，运营商需要专注于可以与用户交互的领域，并共享算法来吸引大量的用户。

网络连接（Connectivity）是运营商可以建立竞争优势的主要领域。网络切片是许多应用的关键，如机器人、智能车辆等。位置、移动性以及丰富的单一客户视图（Single Customer View）也可以帮助运营商建立竞争优势。许多应用程序需要较低时延，如边缘计算将在人工智能和机器学习中发挥重要作用。运营商的高级网络连接能力，如移动边缘计算技术，可以证明网络连接是价值栈中一个重要控制点。

操作系统（Operating Systems）应用服务应该算是一种标准配置而非专属于某个市场，但系统上的应用服务对于视频或图像的快速上传可能非常重要。

硬件设备（Hardware Equipment）包括机器人、传感器、VR 头盔、AR 眼镜、相机和麦克风等，对运营商来说可能是一个有吸引力的领域。因为来自东亚的竞争对手的存在，传感器和可穿戴设备市场已经相当饱和，但是运营商在人工智能应用的手机优化方面还有机会，即支持人工智能代理、人工智能机器人和移动边缘计算等。

虽然运营商有可能在以上领域中参与竞争，但以下领域也面临着巨大的挑战。

- 人工智能中的分析服务将会是一个小众市场，且行业相关性比较强，被专业的“玩家”占据主导地位。
- 云服务将与分析服务捆绑，因此，单独推广云服务非常具有挑战性。
- 市场和平台将成为运营商在人工智能和机器学习领域中竞争的关键因素。访问大型数据集对于创建强大的人工智能算法至关重要。
- 网络连接对于某些人工智能和机器学习应用非常重要。对于涉及语言处理的用例，运营商真正的竞争优势是通过智能手机与广大用户建立联系，并处于用户生活的中心位置。
- 操作系统的重要性不高，并很可能受技术要求驱动，因而不具有战略性地位。
- 硬件设备将在便宜的可穿戴设备与谷歌或其他“VR 玩家”的产品之间呈两极分化趋势。运营商的机会可能是为手机披上人工智能的外衣，为不同类型的用户定制产品。不过，这最终由手机提供商而非运营商掌控。

对于运营商来说，将网络连接、数据平台边缘计算、市场平台以及（通过统一客户视图）对用户生活方式的高度理解结合起来，有助于产生比较成功的想法。运营商面临的最主要问题是：是否能够在这样充满活力和快速变化的环境中继续发展壮大？具有全球影响力的“OTT 玩家”是否会更快地创建出更好的算法，使得运营商的优势局限于网络连接领域？

寻找匹配运营商能力的最佳用例

鉴于人工智能几乎适用于所有行业，寻找用例并非难事。表 13 列举的用例相对比较保守，因为只考虑了每个垂直市场中可能对运营商有价值的几个用例。

从表面来看，大部分垂直领域运营商都可以投入，但考虑到竞争水平、与电信业务或网络是否相关等因素，可以重点关注某些领域。虽然农业技术、基础设施、零售业和汽车行业等机遇具有可能性，但我认为，在短期到中期，适合运营商参与的垂直领域是客户服务机器人、虚拟伴侣和网络管理。

客户服务机器人及其相关的虚拟助手和伴侣概念与运营商业务存在着直接的关联，所需的技术很可能在较短时间内就会出现。虚拟伴侣即将嵌入手机中，使手机更加人性化并提升到新的水平。针对不同细分市场和不同垂直市场，对手机进行不同的人工智能塑造，这可能成为不同手机相互区分的一种新方式。

网络管理能够通过人工智能的应用大大提升，尤其是当我们朝着虚拟化网络和 5G 技术的方向发展时，网络会具有自适应性、持续学习能力、主动监控、用户体验驱动的网络切片和主动安全保护等特点。

表 13　可能的人工智能用例

农业	智能农业：传感器、商业智能和物联网	教育	CliffesNotes、学习笔记和小测验自动生成器
农业	农作物健康监测	教育	文本式问题回答
农业	机器人农业——蔬菜分拣系统	教育	个性化教育和辅导
农业	预测作物产量、质量和疾病	教育	保护儿童免受网络伤害
农业	树木、动物等数量统计	法律	合同分析
农业	计算智能和葡萄酒地理信息学	法律	法律文件审核与研究
基础设施	交通管理算法	市场营销	自动和智能识别最有前景的线索
基础设施	无人机监控（图像识别）	市场营销	确定潜在客户及与其联络时间
基础设施	智慧城市：交通运输优化	市场营销	利用高级语言数据和认知技术自动创建内容（主题、横幅标语、文本等）
基础设施	智慧停车：自动引导车辆至空闲车位	市场营销	通过多方式向客户推送消息
基础设施	利用深度学习预测风险评估	市场营销	进行大量网页广告测试
金融业	利用自然语言处理进行海量信息分类和股价预测	市场营销	结合推文（Tweets）等生成实时信息
金融业	算法交易策略性能改进	市场营销	通过网络聊天内容分析客户见解

续表

行业	应用
医疗保健	病人数据的高效和规模化处理
	普通医学诊断工具
	消费者医疗助手
	临床路径生成
保险业	索赔处理
	风险评估
	即付即用保险
	欺诈行为的预防和侦察
零售业	产品识别和实时信息/报价
	自动化机器人和销售助手
	搜索引擎查询
	大规模社交媒体信息管理
	产品推荐系统
商业	虚拟会议
商业	网络攻击或诈骗检测
	自动分类或转发接收的邮件
	虚拟秘书
安全保障	边境安全控制——面部识别
	交通或高速监控
	闯入者监控
	失踪人员面部识别
	重要现场监视
电信行业	网络连接管理
	人工智能机器人客服
	欺诈管理
汽车行业	自动驾驶车辆
	智能后视镜和显示

寻找合适的商业模式

聊天机器人依赖于自然语言处理（NLP，Natural Language Processing）技术。与许多算法一样，其数据量越大，算法越好。更好的算法反过来会吸引更多的用户，最终形成良性循环，增加数据量，进一步促进更优的算法。

运营商拥有庞大的用户基础，因此可以发展自己的自然语言处理能力，从而在不同的垂直行业实现商业化。与视频分析一样，运营商的商业模式需要从这些服务的使用中获取短期收入和积累足够的数据量以不断改进算法。运营商可以考虑通过免费提供自然语言处理算法进入市场，随着时间的推移，用户量增加，算法也会得到改善。人工智能机器人本身可以在订阅的基础上推广，或与价格计划进行捆绑。对于人工智能聊天机器人来说，**广告市场**是运营商可参与的一个理想领域，可以从人工智能机器人交互中获取单一客户视图（Single Customer View），了解客户生活方式的全貌。然后，运营商可以开发一个双边市场平台供买卖双方建立联系，从而通过广告获利。

一旦运营商的算法被大量使用而得到优化，它们就可以将其网络连接、存储和人工智能服务进行捆绑集成，形成一种**基于云的人工智能即服务**（AaaS，AI as a Service），针对特定的垂直行业提供服务产品。这也将为安装、售后服务、培训、维护和硬件等方面创造机会。

然而，像谷歌和亚马逊这样的"OTT 玩家"有可能获得更大的用户基础，所以运营商不能仅凭用户量这一因素就认为自己会在竞争中取胜。为了实现与大型互联网竞争对手相媲美的经济规模，运营商可能有必要与全球其他运营商组成联盟，共同提供产品和服务。在第八章中，我将更详细地讨论联合平台商业模式这个概念。

最后，我们可以想象人工智能机器人**将彻底改变手机市场营销**。消费者目前依据技术质量、外观和价格来购买手机。在未来，手机可能会因为不同复杂程度的人工智能应用而区分。同一款手机中，运行更先进的人工智能机器人的设备价格会更高。这些先进的手机人工智能机器人也可以为满足不同垂直领域（如医疗、金融或建筑业）的需求进行优化，并以高价出售。

人工智能市场机遇小结

谷歌等企业已经对人工智能公司进行了大量投资，试图在这一领域占据一定的市场份额。随着多边联合平台的建立，运营商也有可能在这个竞争激烈的市场中找到自己的细分市场。以客户为中心的人工智能聊天机器人将成为运营商一个可能的切入点，在某些目标垂直行业最终向基于云的人工智能即服务演变。手机的不同程度的人工智能应用，将对消费者和目标垂直行业呈现出差异。

车联网

为什么车联网市场会引人关注?

自 20 世纪以来汽车行业就经历着翻天覆地的变化！简单来说，软件在“吞噬”汽车！事实上，包括处理能力、传感器、激光雷达、通信、软件等在内的技术耗费的成本占现代车辆成本的 35%。更重要的是，电子系统贡献了超过 90%的汽车创新和新功能。如今先进的汽车包含多达 1.5 亿行的代码，比哈勃望远镜和大型强子对撞机的代码总和还要多！

当我们提及车联网行业时，我们其实讨论的是推动变革的四大关键趋势，即网络连接的广泛使用、自动驾驶的增加、新型出行，以及动力传动技术的创新。近年来，运营商对车联网的兴趣日益增长，首先是因为网络连接需求的增长。网络连接可用于下载音乐等简单操作，或者用于其他更重要的操作，比如，与其他汽车进行无线通信以传递速度和轨迹数据。运营商也非常关注这种网络连接将如何在出行和自动驾驶方面创造机会。

Statista 估计，到 2021 年，连接的硬件、车辆服务、娱乐资讯系统的价值将从 2016 年的 160 亿美元增长到 800 亿美元以上。长期来看，麦肯锡公司（McKinsey & Company）在《2030 年汽车发展趋势报告》（*Auto2030*）中预测，到 2030 年，新型服务带来的经常性收入将占汽车行业收入总值（6.7 万亿美元）的 20%以上，并将以每年 30%的速度增长。预计到 2030 年，数据服务部分的价值将在 4500 亿～7500 亿美元之间，这取决于数据货币化的水平，同时意味着网络连接提供商和更广泛的商业平台价值还有许多无法预料。

汽车制造商和初创企业越来越意识到车联网产生的数据价值。麦肯锡公司估计，一辆联网汽车每小时约产生高达 25GB 的数据量。Automatic 和 Otonomo（自动驾驶初创企业）等公司正在开发汽车数据平台，为汽车制造商提供一种存储海量数据的方式，并通过第三方将数据货币化。这些第三方将包括智慧城市、汽车零部件供应商、保险提供商、零售商和车队管理公司。

由于其庞大的融资规模、预测的行业增长速度以及颠覆性的技术和商业模式变革速度，不难理解为什么有人会对车联网行业感兴趣。此外，在未来的所有业务场景中，网络连接具有核心意义；而且，该行业的商业模式业从机械工程为中心转向以软件为中心。所以，运营商也需积极调整并把握这一机会！

车联网市场的价值栈结构

在过去的一个世纪中，在汽车行业已经形成高效的全球价值栈。随着车联网行业的起步，我们可以利用并扩展现有的汽车行业价值栈，来满足车联网市场的需求。

半导体与加工基础设施（Semiconductor and Processing Infrastructure）
过去 20 年来，这类“玩家”对全球汽车行业一直有着巨大的冲击力，而且在车联网领域发挥的作用只会越来越重要。这类主要“玩家”包括芯片供应商因特尔（Intel）和 ARM，还包括越来越多的无线模块供应商如金雅拓（Gemalto）、华为（Huawei）和哈曼（Harman）等。

软件、服务和操作系统（Software、Services and OS）

软件、服务和操作系统参与的“玩家”类型众多，从跨行业解决方案提供商（如微软和谷歌）到行业内专业公司（如福特 Sync）应有尽有；还包括专业网络连接提供商、中间件厂商和图像处理厂商，如 NVIDIA、IBM 和 CloudX。

一级和二级供应商（Tier 1 and 2 Suppliers）

一级和二级供应商包括德国的博世（Bosch）和大陆（Continental）等传统汽车工程、电气和电子供应商。随着软件继续“吞噬”汽车行业，它们与车联网价值栈的关系将随着时间的推移而变化。

传统汽车制造商（Automotive OEMs）

虽然目前尚不清楚传统制造商是否会控制车联网行业的新价值栈，或者最终是否会将控制权让给谷歌、苹果和其他一些有抱负的厂商，但是它们将继续位居车联网行业的核心位置。

网络连接（Connectivity）

这是运营商在整个车联网价值栈中所处的位置，不过它们也面临着 Airbiquity 等车载信息服务（Telematics）公司竞争。在网络连接层，运营商作为云平台供应商和智能交通系统提供商发挥着越来越重要的作用。

应用程序平台和应用程序（APP Platforms and APP）

这是车联网行业的核心。基于软件的应用平台（如谷歌 Android Auto 或苹果 CarPlay）将极大地影响车联网行业的形成。在价值栈的这一层中，有重要的智能手机平台提供商、自动驾驶和车队商业平台以及众多垂直行业应用程序提供商。

其他的利益相关者和业务“玩家”（Additional Stakeholders and Business Players）

所有这类“玩家”都与车联网行业息息相关，它们都想参与这个行业并影响行业的发展方向。从保险公司到监管机构，从出租车和公司车队到运输行业，可以毫不夸张地说，这些“玩家”的未来都取决于不断发展的车联网行业的决策和进步。

图 25　车联网行业的价值栈

显然，运营商在价值栈的网络连接方面投资巨大，并希望占据主导和领先地位，不过，它们也相信自己能够在整个车联网价值栈中提供一系列其他的解决方案，具体内容如下所示。

- **无线模块**（Wireless Modules）

  运营商通常会针对其消费者和企业客户群在车联网产品中涵盖厂商提供的各种模块。其中一个例子就是车载诊断设备（OBD-II，On-Board Diagnostics Devices），这种设备提供的信息流还可供保险公司或其他第三方使用。

- **网络连接**（Connectivity）

  运营商不仅直接提供网络连接，还为车载信息服务提供商等移动虚拟网络运营商（MVNO，Mobile Virtual Network Operator）提供网络连接。

- **尚未联网的汽车平台**（Unconnected Car Platforms）

  这一领域的运营商通常是初创公司的投资者，帮助尚未联网的平台实现互联互通。例如，德国电信（DT，Deutsche Telekom）投资了加拿大初创公司 Mojio，并于 2017 年在德国推出了 CarConnect 智能手机 APP，可以让任何汽车实现联网。

- **应用程序**（Applications）

  所有的汽车司机和乘客都可以使用核心电信服务，但大多数运营商也针对车队所有者和其他企业客户需求，与第三方软件开发商联合推出了车载信息服务和导航解决方案。一些运营商也投资了汽车共享服务公司，比如沙特电信（STC，Saudi Telecom Company）投资了阿拉伯乘务共享公司（Careem）。

为运营商寻找“合适的”车联网用例

如果运营商存在大量可能探索的用例，那么要在其中找到与运营商能力相匹配的合适车联网用例就非常具有挑战性。通过对车联网领域进行广泛、深入的研究可以发现，目前或在可预见的未来，至少有 160 个可行的用例可以给运营商带来商业利益。

这些用例可分为以下四大类。

- **自动驾驶或辅助驾驶**
  自动驾驶或辅助驾驶包括安全相关的服务或特性（如防撞警报），以及支持辅助或自动驾驶的大量用例（如支持卡车车辆结队管理和避免交通堵塞的服务）。
- **普通汽车保养和维护**
  普通汽车保养和维护包括辅助汽车诊断和修理、针对资产管理和自动驾驶记录的车载信息服务、以保险为中心的用例（如按行驶里程或时长定价），以及支持或增强地图和导航相关服务的用例等。
- **企业服务**
  该服务包括流行的包裹自动快递，以及紧急响应和政府执法服务相关的一系列用例。
- **普通消费者服务**
  该用例包括与汽车媒体和娱乐服务有关的各种用例，以及增强车内办公效率的服务。这些消费者服务还包括一些增强的通信用例，以及支持消费者出行的服务，如无处不在和持续增长的汽车租赁和共享出行服务。其实，如果将这些“优步式”服务与自动驾驶汽车相结合，将会是汽车行业过去 100 年中最具颠覆性的事件。

表 14　可能的车联网用例——辅助驾驶

类别	用例	类别	用例
安全	左转辅助	协助驾驶员	实时态势感知和高清本地地图下载和更新
	十字路口转弯辅助		速度协调控制
	紧急电子刹车灯		高清传感器信息共享
	排队警告		查看车队前方状况
	车间传感器信息共享		安全协作车道变换
	车辆紧急报警系统		卡车车辆结队
	前向碰撞预警系统		前方车辆的实时路况信息
	车辆碰撞预警管理		制动和转向辅助
	远程车辆碰撞检测和响应中心		危险提示和警告（包括视觉范围外）
便利	软件更新		自动响应交通信号
	远程车辆健康监测		潜在危险操作警告
	无人占用时自动充电		传递设备信息给驾驶员（平视显示器等）
	自动服务和维护访问		紧急警报和控制中心通信
	智能自助停车和接客		协作自适应巡航控制
	远程车辆准备（气温控制、车门锁定和解锁、车辆设置调整、远程车辆启动、远程喇叭和灯光控制、车辆固定）		车载签名
	个性化仪表盘和汽车设置		防撞
弱势用户	十字路口行人安全		盲点检测
			交通堵塞协助
	告知危害行人安全的行为		发现交通弱势群体（如行人和骑车者检测和行为预测）
			告知危害行人安全的行为

表 15 可能的车联网用例——普通汽车保养和维护

原始设备制造商	客户体验管理和汽车生命周期管理	车载信息服务和追踪	成本节约（例如燃料和欺诈性使用）
	召回通知的分发和执行		宵禁警报
汽车修理及经销商	客户体验管理和汽车位置管理 服务价格协商和预订		地理围栏和家庭追踪
	远程故障诊断和及时维修通知	安全和维护	故障和路边援助
	服务提醒		预测性和预防性维护和警报
车载信息服务和追踪	车辆故障诊断		保护消费者黑匣子和碰撞取证
	汽车性能状态判断		故障、被盗用和被盗车辆的检测、跟踪、禁用和锁定
	游戏化，即通过引进游戏元素来吸引消费者参与（例如提高效率）		持续的车辆测试和锁定危险车辆
	资产管理		驾驶员行为和效率监控
	驾驶员、车辆和装载的定位与追踪	车辆使用保险	按行驶里程或时长定价
	电子行驶日志		按驾驶行为习惯定价
	自动化后台报告		基于驾驶员和装载信息的保险，包括商业汽车和卡车保险
	集中化车队管理（物流计划和多变量路线的优化）	地图与导航	车队路线分析
	燃料补给管理		高清地图、交通流量、个性化的旅行计划、路线指引和实时导航
			基于收费和流量的最低成本路线
			兴趣点通知（餐馆、加油站等）

表 16 可能的车联网用例——企业服务

货运和物流	配送、物流、供应链和实时货运	应急响应	紧急情况清除通道服务
	货运和大宗货运		本地自动应急车辆
	集成交通运输方案提供商		合法征用车辆用于集体疏散
	货运管理		对天气、污染、紧急情况的交通积极响应
	远程卡车驾驶		远程病人监护和救护车干预
	高速公路自动驾驶		集中灾难管理
	排队自动行驶		实时安全无驾驶区域
	自动化拖车支持		自动应急服务援助

续表

快递	包裹快递自动化	应急响应	接近紧急车辆警告
	按需即时快递		应急路线设备系统
	消费者快递跟踪		灾难旅行者信息系统
车队服务	公共交通		撤离和返回管理
	计算机辅助调度	智能交通系统道路运营商和智慧城市	智能停车
	自动统计乘客量		自动驾驶道路清扫车
	高级售检票		道路和基础设施自动监测车辆
	按需中转服务		集中等候区取代当地停车场
	出租车车队		自动驾驶车辆的基础设施改造
	公司车队和企业汽车共享服务		自动化交通管理
	汽车租赁服务		交通事故管理
	旅途管理		基础设施和环境监控
政府与执法	按里程交税		人工驾驶车辆的检测和管理
	驾驶员身份和许可执行		智能通行收费
	保险实施		交通调查数据采集
	超速行驶和驾驶员行为约束		公交信号优先
	执法行程追踪		高级公路铁路平面交叉道口
	检测危险或恶意车内物品		自动出入控制/停车
	持续的驾驶员能力测试		闭路电视交通监控
	驾驶员辅导和培训		车速监控
	卡车路边检查		变速控制
	商用车辆清关和安全检查		排放监测
	驾驶员证照审核		吊桥管理
	道路服务巡查		电气照明管理
	交通检测和监控		动态消息标志牌
应急响应	应急服务的路线和现场管理		道路封闭
	紧急车辆信号优先		

表 17 可能的车联网用例——普通消费者服务

类别	用例
媒体和娱乐	广播和音乐
	视频和电影
	AR & VR 信息和娱乐
媒体和娱乐	个人媒体云
	个性化乘客媒体服务
	车载动态语音导航
	乘客在线游戏
	信息和娱乐服务
	通过车辆界面访问智能手机应用程序
	旅客信息、黄页和预定服务
通信	车间即时通信
	乘客和车辆通信所需的互联网接入
	娱乐设备、智能手机和电脑所需的 Wi-Fi 或 5G 本地热点
	eCall & bCall （紧急呼叫功能和道路救援服务）
	全球无缝出行（一个合约支持各地的网络连接）
	无缝网络连接（与家庭网络或智能手机网络集成）
	智能家居应用的远程控制
	车内视频通话和会议——持续车内视频直播
	车外景观直播视频存储和共享
通信	社交驱动（例如，分享驾驶信息和视频，汽车或司机的社交网络）
生产力	车内办公
	车载远程医疗，健康和安全的监测和干预（例如，通过方向盘传感器测量血压，通过眼部扫描评估困倦程度）
	单独工作人员安全
基于地点的商业	车载广告（针对位置、乘客和目的地）
	将货物运送至消费者车辆
	本地电子商务
出行	预测车辆可用性
	车内环境个性化
	即付即用交通
	本地合伙用车、驾乘共享、汽车出行俱乐部
	老年人和残疾人出行需求
	无人陪伴儿童的交通安全
	多模式出行即服务
	出租车约车服务
	按需租赁
	网络约车
	外租自己的车辆
	单车共享

虽然车联网领域的确有很多可以探索的用例，通过使用市场机会、客户基础、数据货币化、平台适用性、技术和风险等大约 50 个标准的控制点分析，我们可以缩小用例范围，选择适合运营商短期至中期投资的 10 个左右的用例。排在前十的用

例如下。

- **车辆结队**

  协作式卡车驾驶是交通运输行业设想的热门话题之一。将卡车紧密地集中在一起组成长列车队，可以帮助降低大量燃料成本。单独靠人来完成太危险了，不过自动驾驶卡车可以通过车间（V2V，Vehicle to Vehicle）通信来实现这一点，使多辆卡车之间的加速和制动同步。车队中的卡车仅保持 9～15m 的车距，后面的车辆随前面的车辆移动，这样可以大大降低油气成本。英国政府甚至已经宣布了一项车辆结队试验，并将在 2018 年进行公共测试。车辆结队采用“透视”辅助服务（使用摄像头和 V2V 通信，为后方跟随的车辆提供前方卡车道路视频信息），让同一道路上的其他车辆驾驶员更安全。

- **自动和远程驾驶车队（穿梭巴士、校园、紧急情况等）**

  预计高度自动驾驶汽车和远程驾驶汽车将首先在封闭或受控环境中广泛使用，在这种环境中，道路状况更容易预见和管理。封闭的社区、校园、工业园区等是比较常见的理想环境。华为宣布将在其深圳企业园区穿梭巴士上试用这种无人驾驶车队模式。

- **无线软件和固件更新**

  联网的自动驾驶汽车在整个生命周期内需要对多种类型的数据进行无线调度。此类数据包括软件和固件更新、需要更新或撤销的安全凭据，以及地图更新信息（包括实时态势感知所需的高清细节）。

- **车载 AR（信息和娱乐服务）**

  随着时间的推移，车辆将配备不同类型的高级接口，用来给司机和乘客提供信息和娱乐服务。这种接口有望用于增强现实应用，并将集成在挡风玻璃和车内其他屏幕上。

- **车外景观直播视频存储和共享**

  越来越多的车辆乘客喜欢拍摄周围环境、录制视频，达到旅行纪念、社交分享或保险目的。这一趋势将带来车载摄像头以及随附系统和应用程序的出现，可以将视频上传到云端、处理并分享给他人。

- **全球网络无缝移动连接**

  现代的网络连接不仅提供移动和固定电信服务，而且能满足与车辆相关的网络连接需求。这为用户随时随地（包括其车辆内部）无缝享用运营商服务提供了基础。此外，跨国界不间断网络连接的需要，促使运营商为车主提供全球通用的汽车 SIM 卡和漫游服务。

- **车载数字助手**

  数字助手常用于智能手机、电脑和智能音响等设备，方便各类事情处理。这类助手也可以在汽车上使用，例如，按需提供车辆状况信息，开启与汽车使用和维护有关的服务，以及打开与驾驶员和乘客相关的所有其他类型的应用。

- **未联网的汽车平台**

  今天，很少有汽车实现了真正意义上的联网。然而，通过使用车载诊断设备（OBD-II，On-Board Diagnostics Devices）端口模块，过去 20 年生产的车辆可以轻松享受智能服务，使车辆连接到服务平台以及平台上运行的各种增值应用程序。通常情况下，这些未联网汽车的平台通过显示屏给服务和智能手机应用程序提供接口。

- **多模式出行即服务**

  网约车的成功，证明了对新型出行解决方案存在相当大的需求，人们不需自己拥有车辆，对广大用户和整个社会都有益。乘客只需说出想要到达的目的地，智能的多模式服务将会把乘车共享等服务和公共交通相结合，为旅程提供最佳的出行建议。

- **“优步式”货运**

  货物运输市场的特点是摩擦多且效率低。这样的市场改变时机已成熟，“优步式”的应用正好可以解决这样的问题。智能应用有望帮助匹配货运服务需求和卡车供应，从而极大地压缩执行时间。透明度和数据收集与分析相结合，可以共同促进市场参与者之间的信任，这能很好地促进这类服务的诞生。

车联网市场机遇小结

总之，车联网和出行创新市场是运营商可以通过物联网多边平台发挥其核心竞争力最重要的候选市场之一，并为车联网系统中所有其他利益相关者提供服务，包括从传统汽车制造商和用户（个人用户和企业用户）到其他供应商（如软件开发商和服务提供商），以及更大的团体（包括地方政府、监管机构和执法部门）。在满足无处不在的网络连接需求的同时，运营商还能够提供各种不同的服务，包括许多还未商品化的服务，如数据分析、人工智能、精准定位、安全标识和生态系统使能等。也许最重要的是，车联网是运营商展示 5G 和蜂窝网络（如移动边缘计算和网络切片）相关创新给整个社会带来的福利的较好机会，也是寻求必要投资支持的较佳时机，同时，最终将以提高安全性、效率、经济和生产力的方式回馈大众。

第八章

联合平台与云

如今，高科技已经成为一个快速发展的流行产业。对于消费者，尤其是对青少年而言，电子设备、APP 应用和鞋、衣服一样重要，都是必备品。人们把高科技公司的创始人当作电影明星、体育明星和流行偶像一样看待，对他们的想法、兴趣和感情生活细节等极为关注。谁能想到，极客们竟然也能主宰世界！

高科技产业影响的不仅仅是消费者，商业方面也同样受到了深刻的影响。每隔一两年就会出现一个“流行”的新话题，人们很快地使用流行词语来描述大多数行业的产品和服务，但这个词语最终又会被下一个流行词语代替。从大数据，到移动应用，再到云，无一不是如此。最近的例子是“平台商业模式”这一概念。在谈起平台商业模式时，那些固守传统商业模式的高管们总是充满敬畏，因为它促成了价值数十亿美元的品牌的兴起，比如家喻户晓的优步（Uber）和爱彼迎（Airbnb）。平台商业模式似乎有种“魔力”，让企业可以绕开传统路径成为市场的领导者。每个高管都想知道如何在自己的行业施展平台商业模式的“魔力”，无论是带来业务增长的机会，还是防御新进入者的进攻！

平台商业模式不仅流行，也很重要！正如 Geoff G. Parker，Sangeet Paul Choudary 和 Marshall W. Van Alstyne 在他们出版的《平台革命》（*Platform Revolution*）一书中解释的那样：平台商业模式正在改变全球经济，打破传统商业模式，而且所需人员和资源只是传统企业的一小部分。爱彼迎（Airbnb）比最大的酒店集团（如希尔顿或万豪酒店）的价值更高，每晚入住的客人更多，但它旗下没有酒店。优步（Uber）比世界上任何一家出租车公司都要大，但它没有属于自己的汽车，这都是平台商业模式的“魔力”带来的。

这当然不是什么魔力！平台商业模式的工作原理非常明晰，但实施起来却很困难。虽然平台不缺少令人惊叹的成功案例，但更多的是失败的例子。此外，虽然运营商高管能学习和理解平台商业模式，但他们大多数并不清楚如何搭上平台这趟列车！下面我将分享一些支撑平台商业模式的概念，然后继续探讨平台商业模式和运营商之间可能存在的交集。

平台商业模式介绍

多角色参与的平台正在成为数字时代的主流商业模式。与传统商业模式相比，它们能让平台所有者更快、更低成本地增加收入和市值。

平台商业模式的基本概念是，让开发人员、解决方案提供商、OTT 厂商（生产商）通过平台实现价值，让消费者获得价值并买单。随着消费者数量的增加，平台对生产商的价值也随之增加。同时，随着生产商数量的增加，消费者会从平台获得更多的利益，如图 26（A）所示。

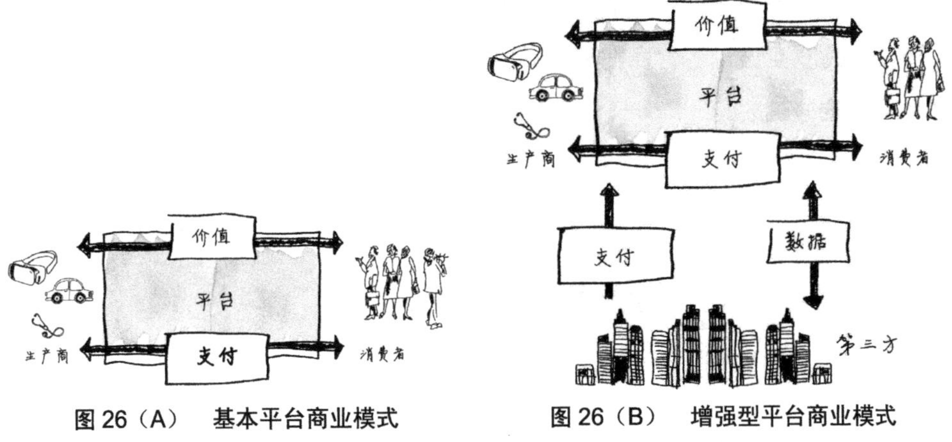

图 26（A） 基本平台商业模式

图 26（B） 增强型平台商业模式

另外，生产商也可以转变为消费者，反之亦然。我们熟悉的一些发展完善的市场平台，如亚马逊、eBay 和阿里巴巴等，已深入影响了我们的日常生活。从用户的角度来看，我们可以直观地体会到，随着越来越多的产品和供应商的出现，平台的价值也会提升。

同样，随着越来越多的消费者使用平台，平台对于卖家的吸引力也随之增长。平台这一特点被称为“网络效应”（Network Effect），它会带来正向的反馈循环，让市场上少数几个占主导地位的平台迅速发展，同时扼杀那些不太成功的平台。

除了平台带来的交易价值外，增强型平台模式还收集交易产生的各种数据，如图 26（B）所示，平台方可以与第三方一起通过各种商业模式（如广告）从数据中获利。对于亚马逊这样的电商平台而言，收集数据并商业变现能获得额外的收入。但对于 Facebook、谷歌或 Twitter 等其他平台，把数据提供给第三方并实现商业变现（主要通过广告）则是其主要收入来源。

希望深入了解平台真正的工作方式和设计方法的读者，我建议你花时间阅读一下 Parker、Van Alstyne 和 Choudary 合著的《平台革命》（*Platform Revolution*）。在本书中，我将重点讨论运营商在采用平台商业模式时可能面临的机遇和挑战，以及如何应对这些挑战。

联合平台如何助益运营商

如前所述，运营商对平台商业模式有充分了解，并且抱有极大的兴趣。在上一章中，我们介绍了运营商具有竞争优势和独特机会可以去参与的各种数字化服务。

通过平台商业模式，这些服务理念能够得到快速开发利用，包括为买卖双方提供市场，或把数据提供给第三方获利。然而，运营商利用平台商业模式时将面临重大挑战。除了构建和运营复杂的生态系统，开发平台所需的以数据为中心和敏捷性的技能等所面临的困难之外，运营商还需努力建立必要的规模。除非有特殊的商业机遇，并且平台所有者有宝贵且难以复制的专业知识，否则平台业务想要成功，就需要具有面向全球市场的规模。对于以往只专注于某个国家或地区的运营商来说，这是一个特别大的挑战，而且他们还会受到监管和立法环境的制约。

运营商也许可以采用的平台方式是，将多个运营商和第三方以“联合的”平台商业模式聚合在一起。在这个模式中，一般的平台能力由相关运营商成员分别提供，关键的平台能力则由处于中心的联合平台统一协调，如图 27 所示。

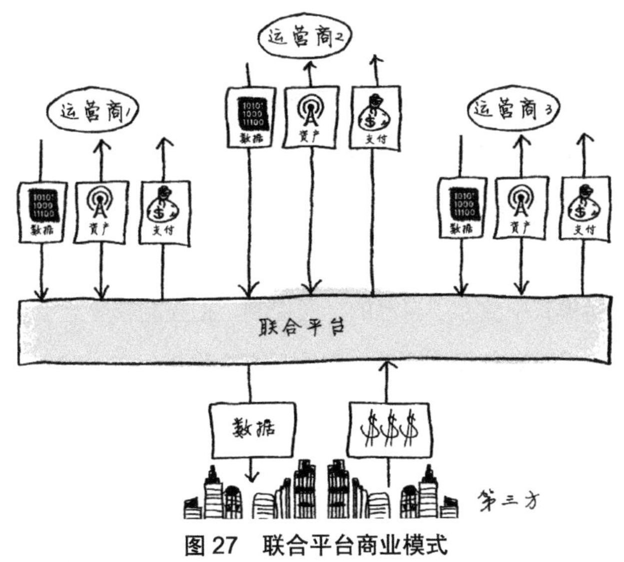

图 27　联合平台商业模式

联合平台模式的案例

我们之前提到了运营商平台商业模式具体会遇到哪些挑战，现在我们不妨回头看看联合平台是如何运作的。总的来说，我们可以将一个联合平台定义为由两个或两个以上的公司合作，以集中治理模式将平台推向市场。平台创建者为每个参与者提供投票权，让其参与平台运作的关键决策。

VISA 信用卡

来自金融业的一个典型例子——无处不在的 VISA 信用卡。早在 1958 年，美国银行就已经提出了信用卡的概念，并在加州首次推出。信用卡在一开始取得了一些成功，但美国银行很快就意识到，想要充分发挥它的潜力，就必须将其推广到全国。而当时的银行监管限制了美国银行在其他州的运营，因此他们决定，授权许可其他银行来运营这个平台。后来信用卡得到了巨大的发展！到 1966 年，信用卡已推行到 41 个州，发行量超过 170 万张。不过，尽管取得了成功，但它仍面临着一些内部问题，比如银行间流程结构不合理，以及治理模式不同等问题。1968 年危机爆发，加州以外的银行意识到，在运营美国银行授权的信用卡服务时遇到的那些运营问题已导致了数亿美元的损失！而且，当时的治理模式把所有的权力集中在美国银行，这让其他银行不禁担心，如果出现监管变化，整个系统可能会变成一个有利于美国银行的“特洛伊木马”。于是，美国银行提出把许可证模式转变为 VISA 联合平台模式，由参与的银行共同拥有和控制，并且由独立的中央董事会控制新 VISA 卡的决策权。虽然美国银行在新模式中放弃了自己的全面控制，把控制权交给了更大的生态系统，但它有信心在新模式下获得经济利益，因为所有合作银行在 VISA 平台都有既得利益，这个平台有更好的增长机会。

20 世纪 60 年代，美国开创“全国性”信用卡服务，2017 年，运营商尝试推出新的“全球性”数字化服务，这两者面临着相似的挑战。信用卡平台模式的成功，是因为达到了全国或全球的规模。网络效应需要有尽可能多的不同地区的供应商参与，以及有尽可能多的持卡人。从车联网到无人机，对于运营商而言，这些新型数字化服务的价值主张都很强烈，但只有推广出去才真正有意义——

最好推广到全球！但就像 20 世纪 60 年代的美国银行一样，运营商通常在地理上受限。

尽管运营商可以签署许可协议，将其电信业务推广到世界其他地区，但美国银行的经验告诉我们，这很难成功。信任和承诺问题可能会阻碍许可协议的达成。此外，与更主流的平台商业模式相比，以许可协议的方式推广无法带来足够的网络效应。在我看来，运营商要想把数字化服务平台产品推向全球，唯一明智之举就是通过某种联合平台模式，与世界各地的运营商合作。

航空公司联盟

另一个例子是航空公司联盟。20 世纪 70 年代爆发燃油危机，航空市场管制放松，航空公司需提高效率和盈利能力。由于航空公司的直接成本高，单个航空公司难以享受规模经济带来的好处，而只增加航班和座位数并不会带来更多的利润。提高效率有如下 3 种方法。

- 发展范围经济——增加更多航线。
- 发展规模经济——让每条航线上的乘客人数最大化。
- 发展密度经济——提高飞机的使用效率。

为解决这个问题，航空公司联盟起初采用简单的点对点合约，以支持航班号共享，或利用航空公司采购协同效应。这在一段时间内是见效的，但随着竞争加剧，客户满意度的问题也需要解决，这反过来又需要各方之间加强协调，所以航空公司更改成联盟结构。如今，天合联盟、寰宇一家和星空联盟这三大联盟全部采用相同的通用管理架构。该架构如下。

- 联盟董事会。联盟董事会由每个联盟成员的 CEO 组成。董事会负责联盟的战略方向，确定联盟的准入和退出标准。

- 集中式管理团队。集中式管理团队负责管理联盟，为董事会提出战略建议。管理团队成立为独立的公司。
- 联合工作组。联合工作组通过一系列重要的联盟活动来执行管理董事会决策。工作小组的人员来自联盟的每个成员，并以矩阵方式向集中的管理团队汇报。

联合平台商业模式示例

联合平台背后的原理只有在经过真正的机遇和实例的验证后，才能真正开始活跃起来。在第七章，我谈到过运营商可能感兴趣的一系列新型数字化服务，其中每个数字化服务领域都有很多运营商想尝试。

表 18 列举了大约 50 个无人机用例，涵盖农业、物流等 13 个不同的垂直行业。

表 18 可能的无人机用例 （示例）

行业	序号	用例	行业	序号	用例
农业	1	连续作物健康监测	矿业	29	露天矿规划
	2	营养管理/VRT 优化		30	采矿勘探/维护
	3	定向喷洒农药		31	进展/环境监测
	4	灌溉管理效率		32	3D 地下测绘
	5	牛、羊群放牧	石油和天然气	33	天然气燃烧检测
建筑和基础设施	6	施工现场管理		34	管道泄漏检测
	7	铁路安全检查		35	石油溢出监测
	8	桥梁维护检查		36	石油平台检查
灾难管理	9	洪水暴发恢复	房地产	37	航拍摄影
	10	救生员援助	安防	38	边境管制
	11	搜索和救援		39	交通/高速公路监控
	12	森林火灾测绘和消防		40	入侵者监控

续表

类别	序号	用例	类别	序号	用例
灾难管理	13	结构完整性评估	安防	41	失踪人员面部识别
	14	高层建筑消防		42	执法
	15	核化生爆灾难跟踪	电信基础设施	43	关键现场监测
	16	灾难侦查和管理		44	基础设施检查
能源和公共事业行业	17	风力涡轮机检查		45	基础设施维护和优化
	18	电线/电线杆检查	运输和物流	46	基础设施扩建
	19	变电站检查		47	急救分娩/医疗后勤
	20	水电设施检查		48	器官移植递送
保险	21	风险监测		49	包裹递送
	22	风险评估		50	航运货运
	23	理赔和验证		51	食物外卖
	24	预防诈骗	天气与环境	52	野生生物保护
媒体和娱乐	25	电影摄影		53	气候变化监测
	26	新闻（影像收集）		54	运输排放监测
	27	定向广告/促销车辆		55	重新造林
	28	无人机竞赛/娱乐		56	天气监测

评估每个用例是否适用于联合平台是很有趣的，其关键的分析标准如下。

- **普及性**

  这种服务的使用在不同的区域是否基本相同？

- **跨境**

  用户是否期望在多个国家使用相同的服务，以及这项服务是否需要协调跨境的通信接入？

- **产生数据**

  平台上某地产生的数据是否能够通过与别国产生的数据相结合来大幅提升价值？

- **规模经济**

  与这项服务相关的规模经济因素，数量是否十分庞大？例如，要想让技术得到广泛使用，是否需要大量的前期投资？

- **分布式创新**

  这项服务的创新步伐是否足够迅速，以及是否能够从广泛的创新中受益？

考虑到上述所有标准，我们可以从联合的角度大致确定哪些服务可能值得考虑，如图 28 所示。

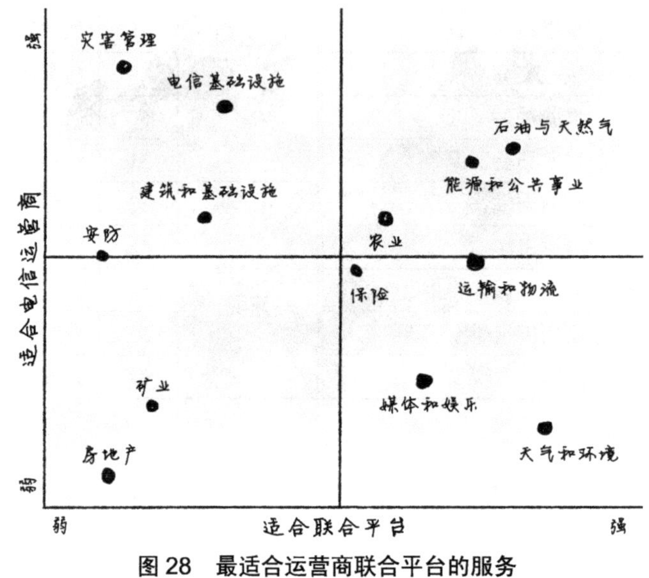

图 28 最适合运营商联合平台的服务

农业

农业配备了各种相机和传感器的无人机能从空中观测作物，这给农业带来了一场革命。农民可以用无人机收集到前所未有的大量关于土壤肥力的数据，或协助管理偏远地区的畜群。农业与运营商联合平台有着相当好的契合度，首先，该市场正在迅速采用无人机技术；其次，实时采集、传输和存储大量的作物视频数据将对网络连接产生巨大的需求。

农业非常适合用联合模式，主要有以下两个原因。

- **普及性**

  无论你在世界哪个角落，无人机都能提供相同的农业服务。例如，爱达荷州的作物喷洒与俄罗斯或德国的都差不多。

- **产生的数据**

  农业无人机产生的数据对世界各地的粮食商品市场都有价值，可供市场预测下一季作物产量。如果投资者能知道某大陆（甚至全球）而不仅仅是小地区的作物回报，那么这些数据的价值就会大大增加。

石油和天然气

该行业目前都是大量雇佣高成本的地勤人员从事较为危险的工作，如检查偏远地区的管道，去危险的地点检查燃气或石油泄漏情况，成本很高。而无人机能以低成本完成这些工作，十分契合运营商的利益。比如，通过使用视频来远程控制无人机，并实时向中心办公室的专家反馈图像和传感器数据，这需要充分利用带宽。此外，无人机需要超视距飞行，这在中期很可能需要 SIM 卡来连接网络。

石油和天然气应用也非常适合使用联合模式，尤其从跨境的角度来看。

- **跨境**

  跨国的石油和天然气管道以及钻井平台往往跨越多个边界，因此跨边界无缝导航，实现在多个运营商和监管体系之间切换的能力很重要。各国运营商如能形成联合关系，将为这项服务提供强有力的差异化优势。

房地产业

房地产业也可利用无人机服务，但不太适合使用联合商业模式。有趣的是，商用房和居民住房都越来越多地使用无人机，并且把它作为房地产核心价值主张的一部分。在无人机服务市场上，无人机爱好者可接受房产经纪人委托，拍摄航拍视频，并上传到云服务器。但为此项服务建立联合平台并没有多大意义，因为客户一般只在本国使用它，服务不产生大量数据，不需要什么分布式创新，也不会形成规模经济。

联合平台与云

对运营商而言，联合平台的实现主要依靠“云”。本章最后一部分将详细介绍云市场，以及联合平台在云市场中对运营商的影响。

日益重要的云

没有云，任何关于数字化服务或数字经济的讨论都是不完整的。如今，我们在讨论云时遇到的一大挑战是，云无处不在，如此普及，以至于我们几乎忽视了它的存在。人们下意识地觉得所有服务都将通过云来实现，不管需要多么强大的云能力，我们都能实现，而且使用得会越来越多。云已经彻底颠覆了价值 3 万亿美元的 IT 行业，促使新服务的开发和推出变得大众化，并为创业公司扫除了前期需要大量资本投入的障碍。

据 Gartner 和 Statista 等分析公司的市场预测，目前（2017 年）公有云服务市场（不包括广告）规模近 1500 亿美元，预计 2021 年将增长到 2500 亿美元以上。云计算的三大核心 IaaS、PaaS 和 SaaS 将在未来几年内强劲增长，其中 IaaS 年增速预计将达 25%左右，PaaS 和 SaaS 约为 20%。这将彻底改变 IT 行业！

短短时间内，云颠覆了传统市场，市场份额从戴尔、IBM、思科和惠普等传统 IT

企业公司向亚马逊和微软这两大巨头转移。传统的数据中心外包市场正在迅速萎缩，而且随着云计算市场的增长，预计将继续缩小。到 2020 年，数据中心外包和基础设施服务（传统 IT 企业的核心服务）的市场份额将从 50%下降到 35%左右。

转移和提升

“转移”（Shift）和“提升”（Lift）是推动云市场发展的两种不同的方式。

- “转移”是指把现有的应用程序、基础架构和工作负载从传统 IT 迁移到云部署的 ICT，因为云可以大幅降低成本，提高效率。
- “提升”是指由价值创造因素（如新用例、新业务模型和业务敏捷性）驱动的云支出。

最初，业务向云迁移主要是为了降低成本。但后来，越来越多的公司是因为它具有灵活性，并可以使能新的商业模式。据《华为 2017 年全球转移和提升分析》（*Huawei Worldwide Shift and Lift Analysis of 2017*），“提升”占云总支出的 50%左右。随着时间的推移，以及在移动性、大数据分析、物联网和数字化转型等市场机遇的推动下，“提升”将进一步成为云支出的主要驱动力。

“提升”和“转移”使得计算工作负载正在急剧迁移到云端。根据 451 Research 咨询公司预测，到 2019 年，约 75%的计算工作负载将在云上运行，传统的“裸机”计算将很快不复存在。你可能还记得 20 世纪 90 年代初发生过类似的从大型机架构向客户端服务器模式的架构转变，从 1989 年到 1994 年，5 年间大型机的使用率从 75%下降至不到 25%。

“提升”和“转移”对传统服务器的设备制造商（OEM，Original Equipment Manufacturer）

也产生了影响。大型公有云“玩家”一般不会从戴尔和联想等购买服务器，而是倾向于让价值链下游的设计制造商（ODM，Original Design Manufacturer）给自己设计服务器。因此，服务器市场停滞在350亿美元左右。

私有云与公有云

从供求因素来看，公有云比私有云更具成本优势。在供应侧，数据中心越大，每台服务器的成本就越低。拥有10万台服务器的数据中心和拥有1000台服务器的数据中心相比，前者每台服务器的总体拥有成本（TCO，Total Cost of Ownership，）约为后者的20%。在需求侧，集群计算请求能力可以通过负载均衡提高服务器利用率。

另外，云的大部分创新功能都出现在公有云。亚马逊和微软是公有云领域的领导者，他们占据了近60%的市场份额，并且正在对自己的平台加大投资。据说亚马逊AWS在2017年新增了1000个新功能，对开发者更具吸引力。微软Azure也在进行类似的投资。但是传统的ICT供应商，在平台创新和投资方面远远跟不上巨头的步伐。

据估计，对于同样的服务，私有云的成本约为公有云的10倍。不过，公有云虽有成本优势，但很多用户仍然会选择私有云。这些原因如下。

- 出于安全性或监管目的，企业更愿意自己保存数据。
- 企业需要定制化的硬件，以支持传统的应用。
- 企业想在一定程度上对公司进行IT管控。云的一个不良影响是会导致“影子IT”组织的出现，各部门由于紧急容量需求，开始与云服务提供商分别签订合约，形成“IT孤岛”，许多组织都曾花巨资消除这些“IT孤岛”。公有云可能会导致“IT孤岛”再次出现，所以公司会选择私有云来消除这种风险。

一些评论者认为，通过健全的内部治理流程，安全性问题以及“影子 IT”等问题最终都能得到解决。到那个阶段，公有云的成本和性能优势将会胜出。但是，没有考虑到的一个事实是，传统的应用程序，本身设计时只考虑了本地运行，如果没有大量的额外代码工作，传统应用就很难扩展到云上，因为他们的底层平台和工具一般不是基于云设计的，仅仅依靠在云中托管软件也无法改变这一点。另一个观点是，未来几年内，大多数大型软件厂商的政策将从 Cloud-First（“云优先”）转向 Cloud-Only（“只有云”）。一旦发生这样的变化，除了大公司外，剩下的组织就别无选择了。公有云将成为大赢家！

定义 IaaS、PaaS 和 SaaS

在电信行业，当讨论云的这 3 个核心元素时，我们常把它们误认为是静态的且定义明确的，而现实并非如此。技术正以惊人的速度进步着，IaaS、PaaS 和 SaaS 的组成元素也在不断发生演变。本节简单介绍以下这 3 个术语。

IaaS

基础设施即服务（IaaS，Infrastructure as a Service）。表 19 列出的是大型云服务提供商提供的最常见的 IaaS 功能。所有主要厂商都提供虚拟服务器和容器。在存储方面，所有厂商都提供块、对象和文件存储，大多数也提供备份存储。运营商会作为代理人或使能者，与云服务提供商一起提供内容分发和网络直连等网络服务。内容分发网络（CDN，Content Delivery Network）把文件存储在离最终用户更近的位置，使得时延更短，效率更高，而网络直连则有助于大型数据管道直达公有云。

不过，IaaS 功能大都是商品化的，不同云服务提供商之间的差异主要体现在价格和地理覆盖范围。

表 19 典型的 IaaS 功能

服务器	容器	存储	网络	安全
虚拟服务器	容器服务	块存储	内容分发网络	活动目录
	容器注册	对象存储	负载均衡	多重身份验证
		文件存储	域名系统	身份和访问管理
		备份存储	虚拟私有云	密匙管理
			VPN 网关	安全服务
			网络直连	Web 防火墙
			网络性能管理	安全合规
				证书管理

PaaS

平台即服务（PaaS，Platform as a Service）。表 20 列出的是大型云服务提供商最常见的 PaaS 功能。PaaS 主要是用来创建应用和分析数据的。云服务提供商希望为软件开发人员提供创建应用所需的一切，因此在云上提供开发工具以便开发者构建、测试和部署软件。

他们还提供通用应用和 Web 服务，如消息队列、工作流、调度、API 管理和通知服务，以方便通信和编排。

其中大多数还提供各种数据库和大数据分析工具，以批量模式实时处理和存储大量数据。“企业集成”功能有助于实现本地云整合，而“物联网”功能则可以促进设备连接和数据管理。

PaaS 目前备受关注的一大领域是“无服务器计算”，例如 AWS Lambda 或 Google Cloud Functions。“无服务器计算”是一种应用服务，在被事件触发时执行代码，例如将数据上传到数据库，或从另一函数发出通知。在无服务器计算的情况下，计算设备随传入数据的数量作出相应反应，使开发人员能够专注于应用逻辑。这也降低了成本，因为用户只需要支付自己所使用的计算。

表 20　典型的 PaaS 功能

数据库	大数据分析	应用服务	移动/Web 服务
内部数据库	Hadoop	DRaaS	移动应用开发服务
MySQL	Spark	电子邮件服务	网络 API 管理服务
PostgreSQL	Hbase	消息通知	Web/移动身份认证服务
NoSQL	数据仓库	队列	多账户强化管理
	缓存	调度	移动应用测试
	数据库迁移	无服务器计算	应用服务
	批量数据管道	转码/编码	移动应用分析
	机器学习	工作流程	
	搜索	区块链服务	
	流式处理		
开发者工具	**管理工具**	**物联网**	**企业集成**
源代码库	自动化工具	物联网平台	混合数据 ELT 和发布
软件开发和构建	资源配置管理	物联网数据计划	混合消息总线/网关
软件调试和测试	资源监控和事件管理	物联网消息	事件路由服务
软件云部署	治理和合规	物联网应用开发	混合备份和存储
交付人力管理	资源优化	精准定位	应用工作流程管理
			混合数据库存储

PaaS 另一个值得注意的领域是人工智能。本书前几章讨论过人工智能可能提供的数字化服务，AI 同时也是 PaaS 产品非常重要的组成部分。AI 能力使开发人员可以访问强大的人工智能系统，云服务提供商曾耗费多年时间和数百万美元的投资才开发出来这种系统。人工智能能力通常通过 API 实现，主要由基于大量标记的数据集的机器学习来驱动。例如，Amazon Lex 的语音文本功能，可以将语音转换

为文本并理解其意图。Alexa 数字助手使用的也是这项技术。公有云提供商最初的重点是提供语音、自然语言处理、知识提取、视觉分析和搜索等最基本的认知服务，这些服务构成了基本的平台基础服务，开发者可以把它们与 PaaS 功能结合来创建新的应用程序。

SaaS

要详尽列出 SaaS 产品的服务是不太可能的，因为它们每天都在不断增加和变化，最终将包括现在和未来所有可用的不同软件产品。

运营商在云市场中的机会

运营商在云市场上活跃了多年，但在整个云市场所占的份额却不到 10%，而且主要集中在 IaaS 产品。美国的运营商们由于受到云服务领导者（如亚马逊 AWS、微软 Azure）在大规模和低价格优势下的直接竞争，几乎已经从 IaaS 市场退出，但欧洲和亚洲的运营商却仍然在坚持。究其原因，主要是由于政府的管理体制和数据主权法律不同，云服务领导者在海外缺少本地的数据中心，某些业务难以取得竞争优势。虽然法律法规以及本国内数据中心的数量都在持续发生变化，不过可以设想，在未来几年中，本国内的数据中心的数量将因云规模经济的争论受到限制，欧洲和亚洲的云环境不得不维持合理的现状。在美国，运营商已经转而推出 PaaS 和 SaaS 混合云产品，以与市场保持联系。

运营商在云业务中往往扮演以下 3 类角色。

- **简单的云服务转售商**（Simple Cloud Reseller）

  这种运营商投资较低，并利用其与企业客户的业务关系，为主要云服务领导者提供管道和渠道。

- **云服务中介商**（Cloud Broker）

  这种运营商在提供大型云服务提供商的云服务的基础上，还提供一系列特定垂直市场的平台。例如，美国的运营商专注于成为云中介商和合作伙伴，为企业提供先进的网络连接和专业服务。类似地，英国电信（BT）也专注于成为企业客户的云中介商，并提供特定行业的云服务。

- **全面的云服务提供商**（Full Cloud Player）

  要成为全面的云服务提供商，需要合适的市场环境和雄厚的投资，只有少数有雄心壮志的运营商能实现。欧洲的德国电信就是一个很好的例子，它与其他市场领导者进行全面竞争，拥有一套完整的 IaaS、PaaS 和 SaaS 服务，有专业服务的支撑，并与华为、VMware、SAP 和微软等关键供应商建立了战略合作伙伴关系。另外，日本 NTT 也成功地在其核心市场开辟了全面的公有云业务。

总体而言，在过去几年，运营商已经大大缩减对云的投资。Ovum 的分析报告称，从 2012 年到 2015 年的 4 年间，全球运营商每年推出约 300 多个新的云服务。在 2016 年，这一数字降至不到 100。另外，运营商在数据中心建设方面的投资也大幅下降。2012 年，运营商大力投资建设或收购的数据中心约达到 45 万平方米。到 2016 年，这个数字已经跌落到 3 万平方米左右。

与四大云服务提供商竞争

前面也提到过，IaaS 和通信基础设施市场会受到供给侧的规模和范围影响。换而言之，该市场的成功与否取决于是否拥有广泛的覆盖以及高的 IT 和网络负载。亚马逊、微软、谷歌和 IBM 四大云服务提供商都投入巨资建立了必要的网络规模和用户基础，特别是在 IaaS 公有云方面。

尽管运营商可能拥有一些独特的优势，例如网络连接、当地知名度、BSS 和 OSS

服务、边缘计算能力、现有的客户基础以及在高度管制的市场中积累的经验，但没有一家运营商可以在规模上与这四大云服务提供商竞争。虽然尝试进行正面竞争可能会白费力气，不过可以通过其他可能的方式进行竞争。

例如，OnApp 作为市场的新进入者，对运营商如何抓住市场地位提供了一些借鉴。OnApp 开始起步是通过为托管服务提供商提供云管理平台。根据 OnApp 自己的统计数据，托管客户约有 40%的私有云容量未被使用，因此他们向其客户提供了一个将剩余容量出售给第三方的市场平台。在市场平台上集成也很容易，因为每个客户端都已经安装了 OnApp 软件。因此，即使在没有基础设施投资的情况下，OnApp 也很快就可以在全球范围内提供 CDN 和 IaaS 服务。人们把 OnApp 商业模式和 Airbnb 商业模式进行类比，两者有些相通，但是 OnApp 的故事才刚刚开始，目前还不清楚它后续会如何进展，或者一旦 OnApp 开始变成强大的竞争对手，四大云服务提供商将会作出怎样的反应还不得而知。

我之前提到过联合平台商业模式的概念，而云市场为联合平台商业模式提供了一个极佳的例子。通过创建面向开发人员的联合平台业务，尤其是针对车联网、“浸媒体”（Immersive Media）、工业、政府视频监控或金融等垂直行业的需求，运营商可以在尚未被四大云服务提供商主导的细分市场中进行竞争。这与上面讨论的 OnApp 模式是一致的，主要区别在于运营商联合平台不应该把重点放在标准的 IaaS 类产品上，而应专注于在垂直市场上建立价值和网络效应。

2016 年 2 月宣布成立的下一代企业网络联盟（NGENA，Next Generation Enterprise Network Alliance）是运营商联合平台模式的一个例子，它基于联盟各个合作伙伴网络的备用容量，提供全球软件定义网络（SDN）服务。这个联盟最初包括了德国电信、美国 CenturyLink、印度 Reliance Jio 以及韩国 SK 电讯，如今已经扩展到了 12 家运营商。每个联盟成员都可以让 NGENA 其他成员访问其 L2 网络，NGENA

已经建立了更高层次的软件用于建立全球性的联合网络，提供100%自动化的网络连接服务。但关键的是，联盟合作伙伴只能以批发的方式向NGENA购买全球网络服务，再销售给其客户。也就是说，NGENA无法与其成员进行竞争。

这给运营商带来了较为明显的好处。在投资相对较少的情况下，每家运营商都能为其客户提供全球SDN能力，如果仅靠一己之力，是无法有效做到这一点的。而且，由于NGENA在每个不同的区域或国家只有一个联盟成员，每个成员要保证它的网络能够承载其他联盟伙伴产生的所有到达其区域的网络流量。NGENA正在努力提高服务效率，帮助联盟成员从使用中受益。在本章后面谈到联合平台的治理模式的时候，我还会再回到NGENA这个例子。在这里，有趣的是，建立联合平台的一大驱动因素是支持工业4.0用例，使制造公司能够在全球范围内进行有效的沟通。NGENA相当明智地在最初把重点放在销售通信服务上，即运营商典型的线性批发商业模式。然而，随着我们迈向单一产品的定制化生产，NGENA也可能通过制造商、供应链和最终客户之间的自然交互来调整平台商业模式。不过NGENA是否会进一步开放其服务，创新平台商业模式，以促进增长，或是否将坚持以传统的通信为中心的商业模式，这些还有待观察。如果不是的话，我想其他人会伺机在NGENA之上建立这种平台！

设计联合行业平台

建立成功的联合行业平台不只是产品开发和销售的一种演练。其成功与否将取决于运营商能否基于平台创建和管理生态系统，使能第三方创新，为所有合作伙伴和平台用户创造价值。设计联合行业平台的首要任务是要针对目标市场定义一系列引人注目的功能，以及在发布时支持的用例。在推出时，所需的平台功能可以通过 IaaS、PaaS、SaaS、业务流程即服务（BPaaS），以及开发人员和内容创建者所需的各种工具来提供。另外，需要定义特定行业所需的 IT、网络和设备功能，例如汽车行业需要低时延网络。虽然这听起来有些让人望而生畏，但实际上许多垂直行业有重复的功能需求，也就是说，许多定义的功能可以跨多个用例重复使用，如图 29 所示。

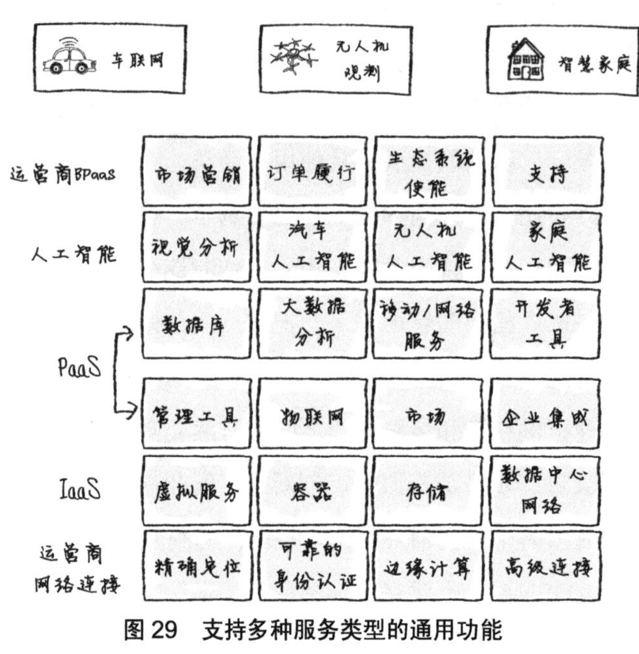

图 29　支持多种服务类型的通用功能

运营商习惯于设计出了完整的解决方案，才会推向市场。我们想要与大型的云和 OTT 服务提供商竞争，就必须改变这种习惯。例如，亚马逊 AWS 每年发布的云服务的新功能就超过 1000 个。根据 Puppet Labs 的报告，Netflix 工程师每天部署代码达数千次，停机时间几乎为零。对于运营商而言，有一个诀窍是：采用 DevOps 方法，从小处着手，关注交互的数量和价值大小，发布时使用最少的一组功能，并只在有利于增进网络效应的情况下推出更多的功能。从战略角度来看，PaaS 能力必须掌握，这是平台仅次于数据的最重要的资产之一。PaaS 服务有助于平台培育开发人员生态系统，确保平台不断进行创新，如果做得好，这能提升平台对于生态系统的价值，并带来网络效应。

关键运营原则

如前所述，参与联合平台的运营商可能会担心其权力被联盟剥夺，而且会产生知识产权和数据共享问题。联合平台的构建必须使得合作伙伴通过参与联盟而获得更多的收益。为巩固有效的联合平台商业模式，关键运营原则有以下 5 个方面，需要合作伙伴之间进行商定。

- **营收前的平台容量和价值**

  与其他传统行业一样，电信行业也寻求高投资回报率，习惯了早期就获得收入或利润！但在平台商业模式中，重点必须首先放在规模增长和网络效应上，特别是在“赢者通吃”的市场。这意味着即使还没有创造出收入，也需要不断增加有效用户数量以及用户从平台获得的价值。这对每个运营商来说都是一桩为难的买卖，所以需要 CEO 的明确指示，并且需要得到联盟合作伙伴的一致认同，尽量减少准入壁垒，一般而言，平台不应该与其生态系统合作伙伴竞争。任何对平台不公平的偏见，或与目标市场互动时发生不必要的摩擦，都将导致用户放弃平台转向其他更好的选择。

- **所有相关的互动必须在平台上进行**

  该运营原则必须鼓励联盟成员积极提出新想法，提升平台和生态系统的表现。这是很难做到的，因为每个成员都保留了作为一个独立公司的自主权，并且会试图单独实行一些更好的想法。但是，成员如果单方面采取行动，会给平台造成竞争，或使平台的增长发生转移，最终损害整个生态系统。因此，创建联盟协议时，必须对通过平台创造新价值的参与者给予充分奖赏，并认可他们的知识产权。

- **公平参与和灵活性**

  当合作伙伴在决策上具有同等地位时，联盟效果才能达到最佳。倾向于一方参与者的行为或投票机制，最终将会导致整个联盟的失败。另外，高科技领域的变化速度惊人，这意味着要想取得长期的成功，联盟成员必须接受和实施变革。所以，快速决策是关键！

- **平台参与者之间公平的收入分成**

  平台不断尝试使用用户提供的数据和功能创造新的价值。通常情况下，所创造的价值并不能提前预知，因此很难确立收入分成的规则。但是，只要有可能，这些规则必须尽早商定。

- **快速和自动化的冲突解决**

  良性的网络效应可以促进平台的发展，而恶性的网络效应会导致平台的衰落，例如，Twitter 出现的网络“喷子”（网络用语，指爱好胡乱指责他人而不通情达理的人）。平台上的冲突管理过程必须由联盟合作伙伴先行商定。而且，考虑到平台商业模式运行的规模，这个过程必须是自动化和自适应性的。

与谁成为合作伙伴?

哪些公司以及在什么条件下可以加入联盟？这是联合平台构建的一个关键方面。对早期的航空公司联盟来说，只要新成员达到一定的准入标准，尽可能多的航空公司加入对联盟是有好处的。但在运营商联合平台的商业模式中，情况并非一定如此，面临的一大挑战在于建立的联盟规模只需要满足有利于联盟就足够了。一旦平台上产生了足够规模的互动，它就能像地球引力一样，吸引越来越多的用户。其他运营商可能会在此阶段才加入联盟，但被要求的条款和条件可能与创始成员有所不同。

平台上各方的合作伙伴关系结构分为 3 个层次。

- **第一层次的合作伙伴关系**

  联盟创始人之间建立紧密的合作关系或创立合资企业来建立平台或推广平台。他们可能来自于一系列不同的行业，成为平台的管理团队。在决策上，他们拥有平等的投票权，也可能参与平台战略制定或控制。他们共同分担平台的成本，推动平台的发展和提升，并期望得到更高的回报。最重要的是，联盟创始人可以决定谁能加入联盟以及谁可以使用这个平台。

- **第二层次的合作伙伴关系**

  准会员公司拥有的资源，可以大大帮助联盟实现目标，但是如果能在市场达到足够规模，就不需要这些公司的参与。例如，准会员可以帮助联盟迅速进入市场，为联盟提供零售店和客户服务能力。作为资源置换的好处，他们获得授权的特定条款，但是不具有任何投票权，并且不参与决策过程。

- **第三层次的合作伙伴关系**

  还有生态系统的成员，包括平台上的供应商、开发商、内容提供商和其他生产商。联合平台的创新将依靠生态系统成员来推动。作为市场进入策略，可能有必要与某些生态系统成员建立伙伴关系，吸引其他更多生产商和消费者进入平台。例如，索尼推出 PlayStation 时，他们与 EA 游戏合作，确保以高质量、独特的游戏内容吸引用户。然而，比起形式上的合作伙伴关系，精心设计的平台激励制度更有助于带来持续的用户流和价值。理想情况下，联盟将允许任何公司加入平台生态系统来使能创新，但对那些行为不当或以其他方式产生负面网络效应并损害平台声誉的成员，联盟有资格将其拒之门外。

回到之前提及的那个 NGENA 例子。NGENA 成立一年后，其成员包括联盟伙伴和生态系统合作伙伴两种。联盟伙伴只能是运营商，且每个地区只有一个。他们是经过精心挑选的，以保证成员能力和目标的一致性。生态系统合作伙伴是第三方开发者，帮助建立平台，比如有思科和 Comarch，这两家公司与联盟的关系并非普通的供应商关系，它们是 NGENA 构建平台能力的关键部分，并已经充分融入 NGENA DevOps 流程。

关于如何确定哪些公司适合成为联盟创始人，没有硬性规定。如果我们考虑的是围绕工业 4.0 建立运营商平台商业模式，那么就需要具有工业领域服务能力的合作伙伴，并且他们的市场已经准备好踏入工业 4.0。德国和亚洲的工业制造商及国内运营商可能更适合建立联合平台，而其他一些国家，如英国和法国，在这个市场上则相对滞后。

假使存在一个确定与谁成为合作伙伴的“规定”，那应该是与服务提供商发展紧密的合作伙伴关系，这些服务提供商能让市场向对联盟有利的那一方倾斜，并有助于加强和促进平台互动。有如下几方面考量来帮助选择服务提供商。

- 愿意共享数据以推动网络效应并支持创新。
- 现有的服务或功能能给平台带来新的互动。
- 能够进入目标市场并带来相关领域知识。
- 能够在所在的区域备受信任，减少客户不愿参与平台的情况发生。

你可能好奇为什么知识产权和技术没有列入其中。在联盟中进行知识产权的管控是一项复杂的任务，可以通过其他方式来做。例如，可以授权知识产权，或购买技术。如果某些知识产权或技术对于平台的成功至关重要，或平台只是想阻止竞争对手使用某些知识产权或技术，那么进行并购可能是比较明智的选择。然而，通过平台商业模式，技术知识产权总是可以通过开发者网络不断添加的。

概要：只有当没有其他方法可以获得所需的能力时才建立联盟。对于运营商来说，市场准入和规模是创建联合平台背后的最初驱动力。

开发联合平台治理框架

平台商业模式治理的正式定义是：通过决策权、收益分成和冲突管理来协调生态系统，为所有生态系统参与者创造公平的价值。这意味着要在谁来决策、如何分账以及如何解决问题等方面达成一致！

为了解决这个问题，我们需要考虑建立一个治理框架，包括两个独立但相互作用的层次，即业务层和基础设施层。平台商业模式的成功完全取决于对这两个层次的治理。理想情况下，这两种模式应该协调发展，而不是分别单独开发，试图将其中一种模式建立在另一种模式之上。

业务层

业务层专注于平台商业模式治理，协调合作伙伴生态系统，以产生价值和网络效应，包括管理收入和处理冲突。各个生产商和赞助商的目标和战略动机难免会存在不一致，并可能会相互竞争。因此，他们需要被管理，以确保平台取得长远的成功。建立业务层涉及以下四个问题：

- **生态系统的成员可以做什么？**

  这是一个复杂的问题。在回答这个问题之前，需要考虑如下方面问题：比如，哪些合作伙伴有权做出哪些决策？平台的开放程度如何？平台上的数据由谁拥有？

- **整个生态系统的价值如何分成？**

  当然，这涉及整个生态系统的收入分布，但也必须回答这样一个问题：平台的合作伙伴和用户可以获得何种激励以及激励持续多久？

- **如何管理失败和解决平台上的问题？**

  这涉及商定解决问题的正式途径，以及适用于平台使用的非正式“规范”。

- **谁需要被管理？**

  这涉及对平台不同利益相关者的不同管制制度，包括赞助商和合作伙伴，生产商和消费者。

表 21 归纳了待解决的关键治理问题。

表 21 平台治理的关键考虑因素

决策权	生态系统的成员可以做什么	角色	他们有哪些角色和责任？ 他们在平台上的决定权有哪些？期望在平台上如何表现？谁来控制是进入平台还是被排斥在平台之外
		开放性	平台的开放程度如何（尤其对于开发者而言）？哪些技术接口将被开放
		数据	谁拥有数据资源？ 谁有权访问平台数据？出于什么目的访问
定价收入	整个生态系统价值如何分成	激励	运用何种激励措施以及什么时候进行激励？ 运用何种补贴水平？向谁收取费用
		奖励	如何在整个生态系统中对收入进行分成
冲突管理	如何管理和解决平台上的失败和问题	正式控制	当互动失败或用户表现糟糕时，应采取什么补救措施？ 我们有什么规则和标准
		非正式控制	有哪些平台规范
范围	谁需要被治理	生产商	以产品、服务和数据的形式为平台增值的企业或用户，比如，无人机服务提供商、电子健康提供商等
		消费者	消费产品和服务的企业或用户
		赞助商/提供商	平台上运营服务或拥有投票权的企业。赞助商是联盟中全面的合作伙伴，而提供商只有子公司或渠道的角色

如果业务层治理得不好，将导致增长缓慢，更极端的情况下，可能会导致价值的破坏或平台的消亡。举一个简单的例子，最近发生的 WannaCry 勒索病毒软件攻击，暴露出的一个问题是，一些运营商应对威胁攻击的准备不如其他公司。如果建立了联合平台，客户的期望会认为所有平台提供商的服务质量都是一致的。如果一家运

营商没有充分实施网络安全流程，整个全球联合平台的信心都会遭受创伤。

表 22 列举了业务层治理需要考虑的一些潜在的问题类型。

表 22　需要考虑的潜在治理问题

生产商	**劣质产品**	**脱媒**
	公司不合法，伪劣产品，产品不符合描述	公司将业务移出平台
生产商或消费者	**滥用**	**虚假声誉**
	个人虐待和骚扰，非法或文化敏感的不良行为	公司用付费的方式让用户提供虚假的正面评论或损害其他公司的声誉
提供商/赞助者	**数据/隐私违规**	**偏见**
	网络安全失败，利用数据谋私，暴露或盗用私人数据，非法使用数据	使规定向生态系统中的某项业务倾斜，制订不利的定价强制用户遵从，价值共享存在偏见
	寄生行为	公司治理
	吸引用户群到另一个平台	滥用劳务工，不公平的工作做法，IP 管理

基础设施层

基础设施层包含联盟成员一系列互联的云和网络基础设施组件。其中，有关 IT 和云的治理是最主要的关注点。因此，像 DevOps、SLA、服务定义和访问、恢复能力、容量、安全性、隐私和遵守不同法规约束等是这一层的核心。与业务层一样，所有治理流程都需要 100%自动化，以应对庞大规模的治理。也许，最大的挑战在于不失去灵活性或不违反法规要求的前提下，互联的云平台之间如何分担责任。这涉及创建一个处理策略的中央编排层，对每个云堆栈进行合规性审计，同时根据每个堆栈酌情决定如何实施策略。这为联盟成员之间提供了相当轻量级的治理流程。

TM Forum 的数字平台参考架构（TM Forum Digital Platform Reference Architecture）可以作为一个参考标准，旨在实现治理流程中的控制和敏捷性的平衡。简而言之，每个云堆栈只有通过一组标准的 API 才能看到，或者可以使用黑盒视图（Black Box View）。每个云堆栈都需要确定它是如何实现集中治理的。

建立运营商联合平台商业的指导方针

关于如何建立最佳联合平台，我进行了一些思考。

从小处着手。虽然我在前面已经略为提及了这一点，不过我还是想再重申一下。在平台开始推出时，建议选择最少的合作伙伴，只在有限的区域内推出，逐步消除治理问题！一旦该平台在运营商覆盖区域建立起来，就可以添加一个或多个赞助商，帮助联合平台扩展到其他地区，并引入足够规模的平台互动。这可能只有少数几个大型赞助商，他们可以进行适当的投资，并愿意参与治理框架。这些赞助商需要进一步确认是否能够进行实际交付。例如，经受严格监管的运营商通常数字化成熟度较低，这可能成为平台的一道障碍，即使他们拥有非常多的用户。不过，一旦平台达到临界规模，生态系统将发挥自己的"引力"，可能不再需要赞助商。另外，联盟可以通过更有利的条款来吸引其他提供商。

保护关键控制点。要创建网络效应，联合治理框架的所有控制点都很重要，其中有三点对于平台的长期控制以及平台所有者的经济回报十分关键，即围绕数据所有权、开放程度控制以及平台准入这三点为中心的平台决策权。平台所有者应确保这些权利始终在他们的严格掌控之下，而不是随意地分布在广泛的生态系统中。

基于变化和规模进行治理。平台及其生态系统不是静态的，而是必须不断适应市场和用户行为的变化。因此，治理模式不能简单地被合约中的一系列静态规定所束缚。相反，它必须能够随着平台而扩展、灵活地适应调整。同样，参与治理模式的公司和组织也必须适应快速变化。

第九章
结语

对于同一本书，每个人都可能有不同的看法。在阅读时，人们常常会带着自己的先入之见。比起书中与我们的看法有出入的部分，我们更愿意相信和关注我们认同的部分。如果我们能轻松阅读，就能更好地理解和吸收一本书。

阅读商业书籍更是如此。比起我们并不感兴趣的部分，我们会更加关注与我们当前所面临的挑战息息相关的部分。我记得多年前阅读过汤姆·彼得斯（Tom Peters）一本十分具有开创性的商业书籍《追求卓越》（*In Search of Excellence*）。该书基于对一些成功公司的访谈，详细阐述了促进这些公司取得成功的八大法宝。那时我在攻读 MBA，并在英国电信（BT）担任产品经理，我尤为感兴趣的两个成功法宝是“崇尚行动”和“贴近顾客”。后来，作为 TM Forum 首席执行官和企业家的我，碰巧再次拾起那本书，对其中的另外两个成功法宝产生了兴趣——“自主和创业精神”和“以人增效”。当下，如果我再次阅读那本书，我可能会更关心其他某个成功法宝。

在阅读本书时，你可能会跳过一些与你今天所面临的挑战不直接相关的部分，专门阅读你感兴趣的内容。因此，在最后一章中，我想强调整本书中提到过的一些关键信息，希望能对你有所启发。也许，你今天不是对所有的内容都感兴趣，但让它们在你的脑海里留下印象，说不定未来某天就会派上用场。

“哑管道”对运营商不一定是坏结果

写书的过程让人有所改变。几个月前，当我坐下来写这本书的时候，我对数字化转型有非常清晰的认识。其中一些观点在整个写作过程中一直没有变，但有些观点变了。最令我惊讶的是我对“哑管道”的看法发生了改变。在过去的十年里，“哑管道”意味着运营商失去拥有个人客户，并被大多数运营商认为是失败的定义。Skype、WhatsApp、Snapchat 以及众多快速取代传统电信服务的其他“免费”OTT

服务的出现，意味着运营商在未来十年从其传统服务中获得的收益注定会递减。而我现在认为，运营商专注于大量 B2B（2C）网络连接销售和单位 Gbit/s 最低成本（成为“哑管道”）的想法不是一件坏事。

如果愿意同时采取如下步骤，那么运营商去做一个“哑管道”就是一个有意义的选择。

首先，运营商需要成为超高效的公司，从经营传统电信业务中获取相对较小但可持续的利润。这就意味着公司的规模会变小，而且拥有专注于精益流程和运营优势的技能基础，以及强烈偏向成本控制的 KPI 结构。这不会偶然发生，所以运营商需要进行彻底重组，去掉与“哑管道”使命无关的各种业务，在以数据为中心的基础上增加支持超高效运营所需的技能。

对于与“哑管道”无关的业务应当如何处理呢？一种实际的情况是，运营商把这部分业务打包成独立的“纯服务玩家”，建立一个完全独立的业务部门，或者更实际的做法是，建立一个完全独立的公司。与“哑管道”运营商相比，“纯服务玩家”运营商所需的技能、人员、系统、KPI、奖励机制和核心竞争力等将存在较大差异。二者最初可以作为结构独立的实体运作，然后最终形成不同的公司。

归根结底，“哑管道”聚焦的是基础网络连接服务，并且通过并购或者被其他基础设施运营商收购等方式来进行经营规模的拓展。一旦运营商把与“哑管道”无关的业务打造成独立的“纯服务玩家”，就不再受到原有的监管限制，它将能够与“OTT 玩家”在平等的环境中竞争，并从数字化服务中受益。

洞悉运营商未来的发展十分重要，值得各个运营商董事会开展讨论。但是人们却总是默认假设数字化转型会让运营商成为一个“智能管道”或综合数字服务提供商（IDSP），这是否真的最适合运营商？让我们拭目以待吧。

数据贯穿转型的始终

在谈论和撰写关于数字化转型的主题时，哈佛商学院的朋友几乎总会把主题回归到数据上，例如支持转型过程的数据、驱动组织不同文化的数据、作为新商业模式焦点的数据，数据似乎贯穿了每个数字化转型讨论的始终。

对于有电信背景的人来说，我们对数据的看法往往过于拘泥。大多数人都倾向于认为获取客户数据是为了提供更好的客户体验，使用数据是为了更好地完善现有的产品和服务。

很少有人会愿意根据数据来设计新的产品和服务，尽管这一点正在快速发生着变化，新业务开始采用设计思维（Design Thinking）和厚数据（Thick Data）来辅助决策；另外，很少有人将数据视为产品或服务的主要直接输出，也很少有人试图通过与第三方的合作来做数据变现，这往往涉及跨地域的数据隐私及其遵从性合规。

相比之下，无地域限制的大型互联网企业和OTT玩家在数据的采集、使用和货币化等方面则完全游刃有余。他们不拘泥于收入，而是耐心地积累数字化服务的数据，并坚信数据增长与金钱收入一样有价值。

如果数字化运营商要与这些互联网企业和“OTT玩家”竞争，就需要培养类似的数据能力。不要把数据视为服务的一个运营信息，而应该把数据的采集和使用“作为”一种服务。运营商需要对运营经理进行培训，把数据采集和使用放在业务运营的核心位置，给予产品经理自主的业务设计权，要求他们在获得产品营收之前，先关注能够产生价值的数据。如果不进行这种思维转变，我不确定运营商将是否能够与大型互联网企业和“OTT 玩家”进行正面交锋。

擅长转型必须成为运营商的核心竞争力

贯穿本书始末，我一直提醒自己规避一个认识陷阱——数字化转型是一个终会结束的项目。实际上，转型永远不会结束。在本书的开头，我引用了哲学家赫拉克利特的话来提醒自己——“唯一不变的就是变化”。运营商需要有能力管理核心竞争力，适应不断变化的环境。在未来几十年，数字化转型将不断发生变化，技术流行语会发生变化，主要“玩家”和主要竞争对手也会发生变化，而为了适应“OTT 玩家”的最新挑战并抓住最新机遇，运营商必须不断转型。

针对如何一步步推进转型，我在前面已经介绍了“长远愿景”的概念。高瞻远瞩的运营商会认识到，构建组织的适应能力一定是这个“长远愿景”的核心部分。因此，在应对数字化转型时，运营商应该把它视为一个机会，建立一个能够不断适应变化的结构，并能够在流程、技能和商业模式等方面不断进行重新评估和优化。

平台会一次次打败产品

当我最开始研究平台商业模式时，我与波士顿大学的终身教授 Marshall Van Alstyne 进行了一次有趣的交谈。他曾和 Geoffrey Parker 以及 Sangeet Choudary 一起就这个主题写了一本十分重要的书籍《平台革命》(*Platform Revolution*)。他说，“平台会一次次打败产品”，他的意思是，虽然许多成功的产品公司通过从生产商到消费者的渠道进行销售，可是一旦成功的平台业务进入市场，后者几乎总是赢。Marshall 把其中的核心原因归结为 3 点。

- 平台消除了效率低下的把关人，因此更容易扩展。例如：传统图书出版商依靠编辑来选择“最好”的书籍，而 Kindle 平台可以让图书出版商高效地发布一切书籍，并允许让市场来选择最好的书籍。
- 平台开启新的供应来源和价值创造/捕获来源。例如：爱彼迎（Airbnb）在没有重大资金投入的情况下打开全球床位供应来源，比希尔顿等传统酒店（“产品型”公司）实现了更快的拓展。
- 通过使用基于数据的工具，平台在获得社区反馈方面效率更高。例如：将维基百科与大不列颠百科全书进行对比，发现前者的成功在于以超低的成本使社区参与促使知识库增长。
- 这里我增加第 4 个原因：平台倾向于排斥竞争对手，而产品则吸引竞争对手，这意味着，成功的“产品型”公司，往往会吸引越来越激烈的竞争对手，提供越来越多的功能和越来越低的价格；相反，“平台型”公司往往处于一个“赢者通吃”的世界，一旦建立起来，它们常常出于本性地击退竞争对手。谁在乎一个新的社交媒体平台比 Facebook 有更好的功能，我的朋友可全都在 Facebook 上呢！

我在这里提到这一点，是为了说明运营商需要找到任何可能的方式来开发平台，而不是仅仅专注于开发独立的产品（或服务）。在第八章中，我提到这样做是非常困难的，其中主要原因是运营商在创建一个成功的全球性平台产品方面面临着挑战。不过，“联合”等概念可以用来帮助解决上述每个挑战，运营商需要记住 Marshall 的这句话：“平台会一次次打败产品”。

DevOps 是战略性决策

我希望 DevOps 有一个更好的名字，而不是简单地取 Development and Operations 的首字母缩写。

很不幸，DevOps 听起来像是应由开发人员和运营人员来处理的东西。比如，也许它应该叫作 Making and Operating Really Great Infrastructure, Products and Services（“制造和运营真正伟大的基础设施、产品和服务”），可悲的是，首字母缩写 MORGIPS 的效果没有那么好！但我认为 DevOps 指的就是这个 MORGIPS。在前面的第六章中，解释了为什么 DevOps 对运营商来说至关重要，我在大家通常所说的 DevOps 好处的基础上，提出了另外 3 个原因。

- 如果开发与运维的协作方式没有发生相应改变，向 NFV/SDN 转型将难以实现预期的效益。这将影响从“哑管道”到综合数字服务提供商（IDSP）的所有类型的数字运营商。
- Open API 平台的实施与向 NFV/SDN 转型一样，如果运营商内部不采用 DevOps 方法，向 Open API 平台架构的转型就不太可能取得成功。像 Netflix、亚马逊、谷歌和 Facebook 这样的公司正在以运营商无法比拟的速度发展，例如亚马逊声称在过去的一年里已经为 AWS 平台交付了 1000 多个新功能。其他大型互联网平台也能在数周至数月内推出基于平台的新产品，更重要的是，通过运用 DevOps 和每天发布多个代码版本，他们能够快速地实现产品的增强和完善，并且将注意力集中到满足客户和市场需求上。为了保持竞争能力，运营商需要“模仿”这些大型互联网平台的成功实践，并通过采用 DevOps 来跟上步伐。
- 推出新的数字化服务，从车联网到无人机，每个垂直市场都需要树立 DevOps 思想来开发合适的服务，满足合适的需求，并高效运行。

不要认为可以把 DevOps 决策留给开发主管或首席信息官（CIO）。DevOps 是整个公司的战略性决策，需要在公司的最高层会议进行讨论。同样，不要让自己被流行词语所迷惑，你需要真正深入了解组织内部，以及组织与可信赖供应商和合作伙伴之间的实际工作方式。正确实施这一步骤对于为数字经济的成功做好准备至关重要。

“大海捞针”——寻找合适的新型数字化服务

石油储藏在地面以下很深的地方，必须钻到深处才能找到它，寻找适合投资的数字服务也是如此。这些行业充斥着无人机、车联网、人工智能等新型数字化服务概念的例子，但“魔鬼藏在细节中”，例如，如果想知道无人机可能有哪些用途，这并不困难，只要想一想哪些行业可能从“天眼”（Eye-in-the-Sky）监控系统、可替代的运输系统或者新的高效运输机制中受益，然后再加上飞行无人机所有潜在的娱乐机会，你很快就会想到数百个用例。

这些数百个用例中的任何一个都会带来赚钱的机会，但是运营商需要找到一个对自己有利的绝佳用例，且运营商转型后的核心竞争力能够与该用例成功所需的条件相契合。在第六章中，我概述了一种称为“数字化服务创新框架”（DSIF，Digital Services Innovation Framework）的方法，使用该方法，运营商可以识别出数百个可能的数字化服务用例，最后筛选出一两个真正合适的用例。数字运营商与成千上万的“OTT 玩家”是不同的，各有优缺点。在投资数字化服务时，运营商如果想做出正确选择，采用业务聚焦的思维方式是至关重要的，切忌“广撒网”。

转型将影响业务的方方面面

一位 AT&T 朋友曾经对我说：“AT&T 已经完成了数字化转型，现在正在迈向下一个挑战。”听到这话，你可以想象我当时的反应，数字化转型不仅是一个永不止息的持续过程，而且从基础设施到文化，从客户体验到商业模式的灵活性，每个转型过程的范围如此广泛，即使是最先进的运营商也得花许多年的功夫才能“完成”数字化转型。

我们都局限于自己感兴趣的碎片化部分，因此，我们眼里的转型或是一种技术挑战，或是一个数字化服务新机会，或是一种文化变革，或是客户接触（Customer Engagement）问题。事实上，远远不止这些！在第三章中，我详细描述了我认为运营商要想着手成为数字化运营商需要历经的十条不同的转型旅程。

- **转型旅程 1**：从离散的网元向自治管理和虚拟化的通信及云基础架构转型。
- **转型旅程 2**：从被动的、某个特定产品的安全策略向主动的统一编排的安全策略转型。
- **转型旅程 3**：从有限的数据使用向以统一编排的数据为中心的企业转型。
- **转型旅程 4**：从封闭的管理系统向 Open API 平台架构转型。
- **转型旅程 5**：从有限的传统服务组合向多元的数字化服务组合转型。
- **转型旅程 6**：从有限的供应商向活跃的合作伙伴生态系统转型。
- **转型旅程 7**：从有限的商业模式向运用多种商业模式转型。
- **转型旅程 8**：从传统的运营商组织和文化向数字化的组织和文化转型。
- **转型旅程 9**：从关注传统渠道向采用多种进入市场的渠道转型。
- **转型旅程 10**：从单维度客户关系管理到 360° 全渠道客户体验管理转型。

虽然每个旅程面临着不同的挑战，但各种旅程之间仍有着密切的相互依赖关系。转型既是一个商业挑战，也是一个技术挑战，它将改变运营商的运营方式，以及与经济环境接轨的方式。

在这里，我想再提醒一下可能会存在的危险！运营商在追寻十大转型旅程时可能会心有余而力不足。任何一条旅程都会让公司的能力受到考验，而且同时选择多条旅程并行可能会造成重大问题。所以，要在这些旅程中实行“大幅度简化”，不断寻找机会，消除复杂性，并留意一次旅程中作出的决定是否会不经意间让另一个旅程复杂化。

运营商转型不仅仅只涉及运营商

对运营商来说，数字化转型是一个未曾经历过的挑战，这不仅仅是因为转型的范围很大，而是因为它不仅仅只涉及运营商。数字化转型是运营商从一个独立的依靠自身能力和投资而经营运转的实体，转型到由合作伙伴组成的复杂生态系统的过程。这个转型过程从一开始就需要聚集相互依赖的不同玩家，在新的生态系统中完成共同转型，其中的每一个玩家都需要实施不同程度的转型。

每个玩家都需要与其他玩家合作来进行转型，比如，供应商和运营商共同分担创新重任，或者多个运营商作为联盟或同盟在全球范围内共同引入新型数字化服务。还有其他一些相关方需要参与转型，例如，公司董事会支持运营商高管们以改革的姿态面对冒险，促使运营商能够追求新型数字化服务的机会；监管机构支持新的管理制度，支持运营商探索新型业务，或针对现有的业务进行新商业模式变革。了解当前运营商生态系统中每一个玩家的观点，是了解他们应如何行动来促使转型的起点。

关注转型中的人与文化

我个人认为许多运营商（以及其他垂直行业的许多公司）花了太多时间来讨论人员和文化的重要性，而不是积极地用实际行动去改进他们。在进行数字化转型时，无论从组织的技能，还是从组织的思维和行为等方面开展的组织变革都必须符合转型战略的要求，这一点至关重要。关于这个话题，我有如下三点建议。

- **投资于人，而非取而代之**

  Milestone 公司的首席执行官（CEO）说过：Either change the people, or change the people（“要么改变人，要么换人”）。这句妙语告诉我们，要么实行文化变革，要么换人。但在转型中，你可要小心地处理这个问题。我认为，数字化转型中存在一种非常错误的假设，即组织成员是应被剔除的成本而非需要投入的资源。事实上，只要有可能，应当对组织中的优秀人才进行投资，留住优秀成员来支持转型，而不是简单地纳入新人。许多组织利用转型来淘汰 50 岁以上的成员，这类人才“确实”是最昂贵的员工，但常常被“错误”地认为不能再为充满活力的新型数字化运营商做出贡献。这样的策略通常会导致组织内部出现可怕的知识缺口，给转型变革造成阻力。所以，应当加大对人才技能的投资，而不是不加辨别地一概抛弃。

- **让人们来主导**

  公元前 6 世纪的中国哲学家和思想家老子曾说:“功成事遂，百姓皆谓我自然”。当转型得到组织各个层次成员的支持时，才更有机会取得成功。在转型的最后阶段，各级组织成员都应该相信自己是一切变化的引擎。

- **挖掘组织和生态系统中的想法**

  关于转型，高管们以及顾问们并不总是能够想出最好的主意。挖掘想法不是简单地把外部目标强加在公司上，或从公司内部挖掘出目标，而必须是一个双向的过程。对于组织的中、基层管理人员，值得信赖的合作伙伴和客户，应当积极挖掘他们关于“需要进行哪些改革”以及“怎样进行改革”的想法。

参考其他行业数字化转型案例

成功开展数字化转型是一项艰巨的任务，尤其是当没有类似的运营商可以参考时。虽然有些运营商在个别转型旅程中已经取得了很好的进展，有些甚至已经公布了一些相关的财务细节，但要想模仿这些运营商来开展自己的数字化转型，依然十分困难。在过去十年中，不只是运营商面临了数字化转型的挑战。实际上，电信行业在此过程中已经落后。所以，需要放眼其他已经有此经历的行业并汲取经验。

在第二章中，我重点介绍了哈佛商学院进行的一项关于数字化转型对 344 家非电信行业公司基本财务绩效的影响的研究结果。他们根据数字化转型进度对这些公司进行了评估，然后比较了数字化转型领导者的平均毛利率、平均营业收入、平均税前盈利和平均净收入等关键财务指标与数字化转型落后者之间的差异，可以看出领先者与落后者之间的差别是十分明显的。数字化转型已经在其他行业起作用，对电信行业也同样会有很大影响。

最后箴言

希望你能在上述观点以及整本书中找到价值。数字化转型无疑是当代电信行业高管们的挑战，我们如何应对这一挑战将决定未来几十年电信行业的形态。这个问题若处理得不好，我们将看到运营商的影响逐年削减，直到变成主要靠价格来竞争的通信公司；若处理得好，我们将看到多种新型运营商的出现，其中一些是超高效的传统通信服务提供商；另一些则是新晋的平台和数字化服务提供商，每一种都可以与玩家竞争。这完全取决于运营商自己的抉择！祝好运！

附录 A
数字化成熟度评估

表 23 汇集了目前常见的 60 多种数字化成熟度模型及其评估工具。

表 23 常见的数字化成熟度模型及其评估工具

	模型创建者/来源	模型/工具名称	开放（O）、专有（P）、学术（A）	模型范围：低（L）、中（M）、高（H）	行业聚焦或企业通用
1	埃森哲（Accenture）	数字化性能指标	P	M	通用
2	奥特米特集团（Altimeter）	数字化转型六阶段	P	H	通用
3	ARRK 集团（Arrk Group）	数字化成熟度评估	P	M	通用
4	科尔尼（AT Kearney）	合适的转型框架	P	L	通用
5	贝恩资本（Bain）	数字化构想	P	M	通用
6	贝恩资本（Bain）	数字化运营模型	P	H	通用
7	波士顿咨询（BCG）	数字化转型商业机构	P	M	通用
8	毕博咨询（Bearing Point）	数字化成熟度评估	P	H	通用
9	凯捷咨询和麻省理工 2013（Capgemini & MIT 2013）	数字化转型框架	P	L	通用
10	凯捷咨询（Capgemini Consulting）	数字化成熟度评估（DMA）工具	P	L	通用
11	智利政府—马塞洛等人	电子政务能力成熟度框架	O	H	政府
12	思科（Cisco）	数字化准备度评估	P	L	通用
13	麻省理工信息系统研究中心（CISR）	确定和执行数字化策略的 4 个关键	A	M	通用
14	高知特（Cognizant）	数字化转型框架	P	M	通用
15	高知特（Cognizant）	制造业数字化转型框架	P	M	制造业
16	高知特（Cognizant）	数字化成熟度加速器	P	H	通用
17	哥伦比亚商学院—大卫·罗杰斯	数字化成熟度自我评估	A	L	通用
18	德勤（Deloitte）	数字化成熟度诊断模型	P	H	通用
19	Denovati.com	数字化转型框架	P	L	通用
20	Digital Group, Tech Mahindra	数字化成熟度指数（DMI）	P	M	通用
21	Digitalanalyticsmaturity. org	数字化分析成熟度自我评估工具	P	M	通用
22	DigJourney（digitaltransformation.net）	数字化成熟度指数	P	M	通用

续表

	模型创建者/来源	模型/工具名称	开放（O）、专有（P）、学术（A）	模型范围：低（L）、中（M）、高（H）	行业聚焦或企业通用
23	dPRISM	dPRISM 数字化成熟度指数	P	H	通用
24	dStrategy	dStrategy 数字化成熟度模型	P	L	通用
25	DT Associates	数字化卓越成熟度模型（DEMM）	P	M	制药业
26	econsultancy.com	数字化成熟度审计（DMA）	P	H	通用
27	爱立信（Ericsson）	运营商数字化成熟度模型	A	H	电信业
28	安永咨询（Ernst & Young）	数字化准备度评估（DRA）	P	H	通用
29	弗雷斯特（Forrester）	数字化成熟度模型 4.0	P	L	通用
30	高德纳（Gartner）	数字敏捷性关键驱动力	P	M	通用
31	GenPact.com	精益数字化比例	P	L	通用
32	Gollenia 等	数字化能力成熟度模型	A	L	通用
33	南澳大利亚州政府	数字化成熟评估工具	O	M	政府
34	哈佛商学院（HBS）	数字鸿沟	A	M	通用
35	Horváth & Partners	数字化成熟评估	P	H	银行
36	华为（Huawei）	数字化成熟度测量模型（DM3）	O	M	电信业
37	国际数据公司（IDC）	数字化转型成熟度	P	L	通用
38	Institute for Digital Transformation.org	数字化转型评估	P	L	通用
39	IMD 商学院&思科（IMD & Cisco）	数字化“钢琴”	P	H	通用
40	爱尔兰梅努斯大学创新价值研究所（IVI）	数字化准备度评估（DRA）	O	H	通用
41	Ionology	数字化转型的逐步指导	P	H	通用
42	Keystone	运营商运营模式成熟度框架	A	H	电信业

续表

	模型创建者/来源	模型/工具名称	开放（O）、专有（P）、学术（A）	模型范围：低（L）、中（M）、高（H）	行业聚焦或企业通用
43	毕马威（KPMG）	数字化准备度分析	P	L	通用
44	麦肯锡（McKinsey）	数字化指数	P	L	通用
45	麦肯锡（McKinsey）	数字化能力诊断	P	H	通用
46	微软（Microsoft）	微软数字化成熟度模型	P	M	通用
47	NetStrategy jmc	基础框架和成熟度等级	P	M	通用
48	英国国家医疗服务体系（NHS）	供应商数字化成熟度评估	O	L	医疗保健
49	日本 NTT	数字化成熟度模型（DMM）	P	L	银行
50	Open ROADS Community	Open ROADS 数字化成熟度模型（ODMM）	O	H	通用
51	OpenGroup.org / TOGAF	业务转型准备度指数	O	L	通用
52	OpenText	2020 准备度调查问卷	P	M	社会
53	甲骨文（Oracle）	数字化转型评估	P	L	通用
54	普华永道（PWC）	数字化运营商成熟度调查	P	H	电信业
55	SAP—数字化商务研究院	数字化能力框架	P	L	通用
56	Socitm	数字化成熟度评估	P	H	政府
57	Software AG	数字化合适度评估	P	L	通用
58	STL	运营商 2.0 转型指数	P	M	电信业
59	普华永道思略特（原博斯公司）	数字化智商（DIQ）	P	L	通用
60	Stratford	数字化成熟度评估	P	M	通用
61	TechMahindra	数字化转型框架	P	M	通用
62	TM Forum	数字化成熟度模型和指标	O	H	电信业
63	圣加仑大学/CrossWalk	数字化成熟度模型	O	H	通用
64	VISA	数字化成熟度评估	P	L	支付
65	Web Credible	数字化成熟度评估	P	M	通用
66	WorldofDigits.com	数字化转型审计	P	H	通用

附录 B
应对不同的转型旅程

正如我在本书第五章中提到的那样，一个组织的数字化转型旅程不能简单地照搬一个统一的转型模板。不过，我很提倡通过提问来进行管理。所以，既然没有一个统一的转型模板，那么在经历每一条转型旅程时，都需要对组织提出一系列问题。对于不同的转型旅程，所提问题也不相同，它们能促使运营商对许多话题和假设进行审视。

转型旅程 1：从离散的网元向自治管理和虚拟化的通信及云基础架构转型

从一系列复杂系统所管理的离散网元网络基础架构，向基于 NFV/SDN 的半自治虚拟化通信和云基础架构的演变，这条转型旅程既有挑战性同时也最经济，这是显而易见的，如图 30 所示。

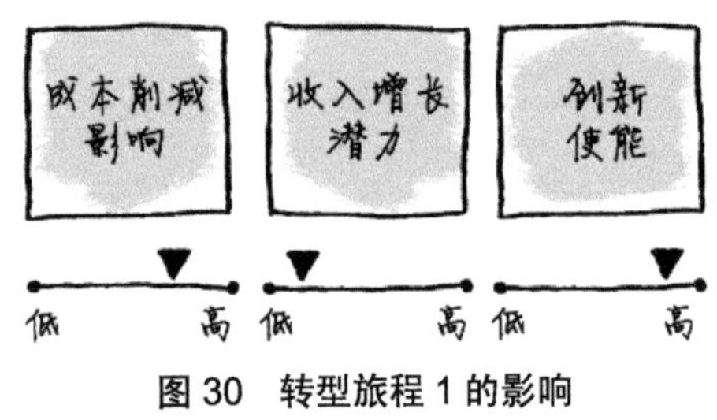

图 30　转型旅程 1 的影响

这条转型旅程带来的成本削减将给大多数数字化运营商带来深远的影响，从而首次为这一代运营商大幅度降低每比特成本提供了良好机会。

CIMI 公司（CIMI Corporation）的首席执行官 Tom Nolle 认为，2017 年大多数运营商都经历了每比特收入低于每比特支出的情况，而且这将在整个行业产生强烈反响。网络功能的虚拟化并不会为运营商带来巨大的收入机会，但可能在未来的几年中成为高水平创新的使能者。

进行这一转型旅程时，必须考虑以下关键问题。

- **不同领域**

  我们是否已经为 DSL、SD-WAN、RAN、无线分组核心、有线回传（Wireline Backhaul）等不同的重要领域制订了虚拟化策略和实际迁移计划？NFV/SDN 如今的最大价值在于哪里？有没有快速取胜的方法？软件定义级的互操作性问题是什么？从整体上看，当前的网络是否已经为演进到 NFV/SDN 作好了准备？

- **由外而内、由内而外以及 SDN 网络覆盖**

  我们了解自己的虚拟化战略吗？我们是否在边缘虚拟化时采用了由外而内的方法，并首先着眼于提供可带来收入的新服务？或者我们是否在中心虚拟化时采取了由内而外的方法，推动资本支出/运营支出的效率？或者我们是否会实施 SDN 网络覆盖？

- **哪些功能需要虚拟化**

  我们知道自己打算虚拟化哪些功能，以及这些功能是否会以某种形式在全国、地方或者本地进行托管吗？哪些网络功能将首先被虚拟化，以及什么时候虚拟化？我们是否基于包含了所有相关业务成本的标准方法对总体拥有成本（TCO，Total Cost of Ownership）进行了分析？

- **商业案例**

  对于如何通过我们的新网络来实现增量成本节约或收入，我们是否有明确的商业案例？最初的重点是实现手动流程的自动化，还是降低基础设施成本，还是增加新的收入来源？它是基于端到端的客户体验历程来分析的吗？

- **存量成本**

  我们是否考虑了存量网络和虚拟化网络并行所需的成本以及收入侵蚀的影响？这些成本还必须包括维护拥有不同技能的支撑团队所需的成本，以及维护逐渐过时的存量服务所需的成本。在进行网络虚拟化规划之前，我们是否提前几个月有明确的技能开发和学习规划？

- **管理存量网络**

  我们将如何成功从存量网络向未来网络过渡？我们是否考虑过建立双重网络管

理团队，或者我们是否可以连续多年将存量网络管理和迁移工作外包给可信赖的第三方？我们是否将使用“容器化”方式让传统基础设施打包在 API 中作为我们迁移和 Open API 策略的一部分？

- **Open API 策略**

  我们通过 Open API 公开网络不同部分的策略是什么？为支持虚拟化网络的运行，API 是否能够访问当前所有的存量数据和功能？

- **基础设施分析**

  为保障网络正常运行，我们是否有利用实时预测分析的策略来提前识别和解决网络基础设施问题？我们如何使用分析来提高网络的弹性？我们可以量化这些好处吗？我们从哪里开始分析？

除了这些问题，还需要考虑以下一些关键因素。

技术

为了参与自治的虚拟化转型，运营商需要开发实时编排能力，构建超低时延的网络，实现从传统管理转向零接触式自治管理的转变。运营商还需要逐渐了解开放网络自动化平台（ONAP，Open Network Automation Platform）和开源 MANO（OSM，Open Source MANO）等编排相关的行业标准概念，大胆使用开源软件和通用/商品硬件。

最后，运营商还须培养“API 优先”的思维方式，以成功利用自治虚拟化基础架构环境所带来的机会。

关键指标

衡量这一转型进度的关键方法有多种，包括网络性能相关的主要指标、网络功能虚拟化百分比，以及 E2E 客户体验历程自动化或自助化百分比。不过，高管们还应该密切关注开源贡献的相关指标以及引入的开源组件，以了解其基础设施转型如何影响并受益于全球运营商的转型实践。

关键流程

这一转型旅程将要求运营商采纳敏捷（Agile）和 DevOps 流程和方法，并构建持续发展和快速试验的文化，这将是一个漫长的过程，需要花费许多时间来反复摸索。

关键技能

除了在 NFV/SDN 中所需的重要技能以及数据中心管理和优化（这些是实现成功转型的核心）之外，运营商还需要更高水平的数据和网络分析技能，来充分挖掘这一转型旅程的潜力。

转型旅程 2：从被动的、某个特定产品的安全策略向主动的统一编排的安全策略转型

随着运营商面临新技术、新商业模式、新合作伙伴、新垂直市场和全新客户的机遇与挑战，安全性管理必然成为转型的重要考虑因素。

以安全为中心的转型就像在日益复杂的技术和数据监管的背景下做博弈，而且面临着越来越危险的客户数据所有权和网络犯罪环境，如图 31 所示。

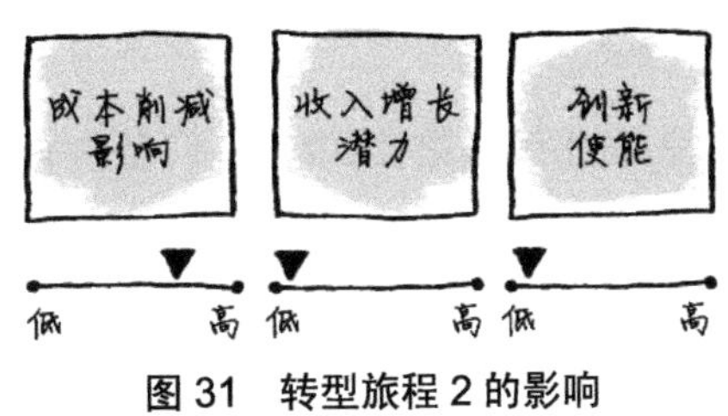

图 31　转型旅程 2 的影响

然而，正如第二章中提到的数字化转型价值，有效的安全措施会通过降低防范数

据泄露的成本来为组织带来扎实的利润回报，同时信任度的提升也会增进市场份额。

进行这一转型旅程时，必须考虑以下方面的关键问题。

- **了解数据隐私**

  作为一个组织，我们是否有足够的知识来针对数据安全制定相关监管要求？在欧洲，从 2018 年 5 月起，各组织必须遵循"一般数据保护条例"（GDPR，General Data Protection Regulation）的要求。许多其他司法管辖区都有数据隐私要求，虽然细节各不相同，但许多基本原则是相同的，如对隐私权的相关界定，以及未经同意不得使用他人数据。

- **物联网的影响**

  物联网的安全管理策略是什么？当前物联网安全性举措的管理框架有哪些？目前有不少很好的例子，比如工业互联网高峰论坛（Industrial Internet Forum）制定的框架。然而，考虑到数十亿网络连接存在的许多潜在漏洞，分层安全策略将必不可少。

- **生态系统合作伙伴的增长**

  我们计划如何在多方服务中管理安全性？与引入第三方合作伙伴相关的安全策略是否符合我们的目标？针对第三方安全，我们有什么持续的监控和治理安排？

- **数据中心安全技能**

  考虑到数据中心信息泄露的潜在成本很高，我们是否有足够的专业技能来管理大量的数据中心元素？

- **安全技术技能**

  在最新的安全技术中，我们是否具备必要的内部技能，包括 AI 驱动的威胁分析、行为分析和威胁可视化以及 IT 安全框架的应用？哪些可信赖的合作伙伴可以补充我们的技能？

- **安全治理和文化**

  我们必须如何调整我们的治理和组织流程以巩固以安全为中心的业务？我们如何确保在所有新产品或服务设计的早期阶段就考虑到安全性？

- **成本影响**

  我们落实以安全为中心会对组织的成本结构产生怎样的影响？

- **网络基础设施的影响**

  我们需要如何改变底层网络和基础设施以应对不断变化的威胁环境？

- **Open API 的安全性影响**

  在落实 API 平台时存在哪些安全性挑战，我们准备如何迎接这些挑战？我们需要考虑的因素包括：API 的固有漏洞、数据收集/保护/隐私、身份和访问管理以及供应商管理/治理方面的挑战。

除了这些问题，还需要考虑一些关键因素。

技术

参与这一转型旅程需要深入了解安全技术，包括从基于签名和基于规则的方法，到机器智能和人工智能主导的解决方案，以处理高级长期威胁（APT，Advanced Persistent Threats）。同时还需要大数据技术，它能对大量数据进行批量和实时处理，具有强大的安全分析应用功能。

另外，微分段（Micro Segmentation）、安全行为分析和威胁可视化的能力也将成为重要的技术。

关键指标

安全性转型已经延伸到了其他所有转型旅程，其关键指标将覆盖网络和客户数据跟踪、服务违规识别，并以此采取主动措施来避免安全漏洞。

关键流程

这一转型旅程将涉及的关键流程包括敏捷（Agile）、DevOps 方法和流程，通过智能操作系统支持数据驱动开发。同时，也需要对认证过程进行彻底改革，特别是考虑到广泛的生态系统的合作。最佳实践包括对基于角色的访问控制和授权权限进行上下文敏感的动态管理。

关键技能与文化

这一转型旅程无疑需要加大投资，吸纳更多网络安全专业知识和数据中心安全专家、人工智能和可视化安全专家，以及擅长在多个地方市场中使用数据技术和熟知数据法规的专家。鉴于许多安全违规都是由人为因素和漏洞造成的，应该优先在所有员工和承包商中培养安全意识，并且确保安全权限随时刷新。

转型旅程 3：从有限的数据使用向以统一编排的数据为中心的企业转型

以数据为中心的转型需要为大数据的收集、分析、分发、安全和货币化建立一种统一的协调方法。这一转型跨越了组织的各个部分，从基础设施、服务、社会渠道、业务中收集数据，并利用这些数据来提高效率、改善客户体验和实现获利。

如果采取的措施得当，向以数据为中心的演进将为整个组织大大降低成本。虽然这一转型不会产生太多的直接收入，但它将带来一整套全新的创新服务机会和相关的商业模式，其中无疑将包括数据货币化，如图 32 所示。

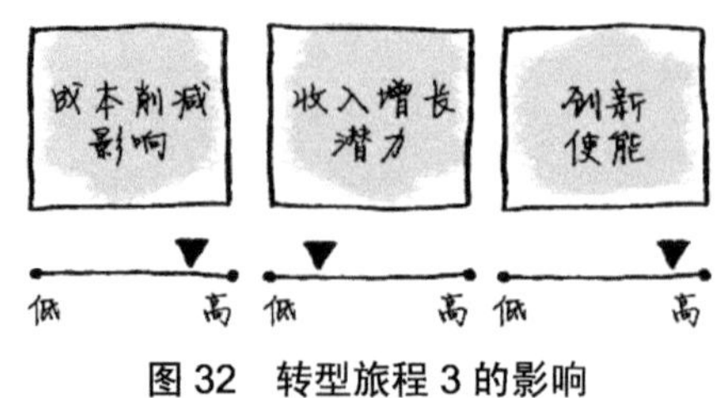

图 32　转型旅程 3 的影响

进行这一转型旅程时，必须考虑以下方面的关键问题。

- 目标

  我们以数据为中心的目标是什么？以数据为中心可以有多个不同的目标，所以我们必须决定我们正在努力达成什么？例如，提高成本效率、自动化网络管理、预测支持和问题缓解、增加交叉销售/向上销售机会、创造个性化体验等。洞察客户应根据目标合理利用大数据分析。例如，个性化体验的创造除了需要大数据分析以外，可能还需要通过小团队使用 Design Thinking 方法和人员技能。

- 方法

  我们的转型方法是什么，怎么转型，以及从哪里开始转型？其中一些关键任务将包括：把数据策略（Data Strategy）作为升级 IT 架构的整体企业信息化管理战略（Enterprise Information Management Strategy）的一部分，识别数据所有者，分析数据的清洁度，确保有“单一的真实来源”，以及识别人才需求等。

- 运营影响

  以数据为中心对我们的运营流程、技术能力和组织设计意味着什么？这带来的影响可能包括“数据无处不在”的思维方式的应用、迭代和数据主导的创新的应用、更深层次的合作伙伴关系、更加横向的合作以及首席信息官（CIO，Chief Information Officer）职责变化。同时，它还需要新的数据科学专业知识，以及数据安全/保真度、可视化工具和多维度的客户分析能力。

- 数据治理和文化

  为了开展以数据为中心的新业务，应该如何调整我们的治理架构和组织流程？应考虑的典型数据治理结构一般包括：沟通扁平化设计、集中式数据所有权、首席数据管理官（CDGO，Chief Data Governance Officer）、数据洞察的生成过程和“数据优先”的决策文化。

- 收入影响

  以数据为中心将会创造什么新的收入流？我们最初的重点是什么，是更快的上市时间、数据货币化、交叉销售/向上销售的改进、推荐引擎输出，还是基于行为数据的产品创新？

- **成本影响**

  以数据为中心对我们的成本结构有哪些影响？这应该考虑到：自动化网络性能管理、通过预测性服务减少呼叫中心或客服支持成本、数据主导的研发、对新人才的投资、对新工具和分析方法的投资等机会。

- **网络基础设施影响**

  怎样改变底层网络和基础设施以支持数据运营平台？对时延、自动化安全性、快速交付能力和云架构有哪些要求？

除了以上问题，还需要考虑如下一些关键因素。

技术

要参与这一转型旅程，将需要强大的分析平台和工具，并支持特殊分析和预测分析。一线员工需要简化的界面和可视化工具以及可扩展的平台，这类平台能够容纳不同的数据格式，并保持存储库和生产系统的一致性。最终，还将需要机器学习和自然语言处理能力，并与其他许多转型旅程一样，需要一个开放的集成 API 层促进利用第三方的能力，并允许通过第三方实现核心数据的货币化。

关键指标

关键指标将包括员工访问所需数据的满足度、产品和服务设计中的数据使用情况、数据得到有效清洗并随时可用的比例。当然还有更多与网络分析和交互指标相关的传统指标。

关键流程

在这一转型旅程中将涉及的关键流程包括敏捷、DevOps 和 Design Thinking 方法，以及支持通过智能操作系统进行数据驱动产品开发的流程。还将需要标准化的入职、培训、支持和性能监控流程，以及数据采集、存储、清理、处理和在合适的时间向合适的人员提供合适信息的流程。数据管理流程也应嵌入到更广泛的知识管理战略中，包括知识转移和发展机制。

关键技能

这一转型旅程无疑需要在整个组织中建立大数据和数据科学专业知识。它还需要培养以数据为中心的文化，对关键人员培训数据及其分析应用，并自上而下通过预测数据来驱动业务决策。

转型旅程 4：从封闭的管理系统向 Open API 平台架构转型

从封闭式业务管理系统向开放式平台架构转型，有利于运营商在数字服务领域展开竞争，并有可能促使运营商采用更具竞争力的多边平台商业模式，如图 33 所示。

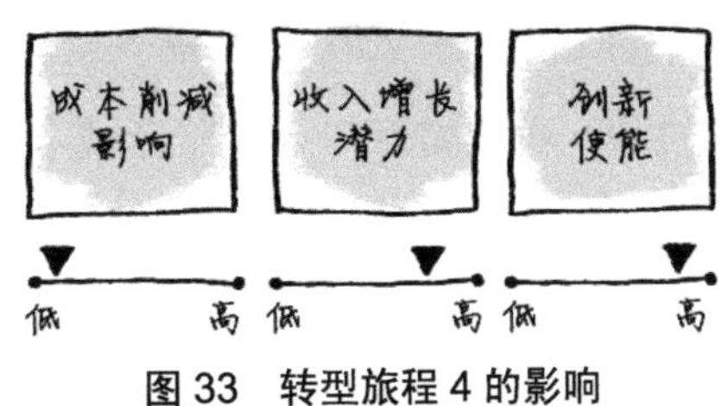

图 33　转型旅程 4 的影响

尽管引入 Open API 平台可以提高新服务的开发效率，从而降低成本，但向 Open API 平台转型的主要好处是通过与第三方合作将大大促进创新。运营商为此将获得两类收入：一是来自第三方付费使用 API 的收入（直接收入）；二是来自第三方营收分成协议的收入（间接收入）。

进行这一转型旅程时，必须考虑以下方面的关键问题。

- **平台架构**

  我们期望平台的核心元素有哪些，例如网络、IaaS、PaaS 和 BPaaS？哪些元素需要公开，公开到什么程度，以及向谁公开？

- **平台战略**

  我们的 API 战略是什么？我们期望自己的 API 努力重心放在哪些方面，如移动应用开发、平台 API、公共 API、数据提供程序、遗留系统容器化等？我们是否支持标准的 API？哪些 API 将是专有的，其原因是什么？

- **开发者战略**

  Open API 平台的开发者战略是什么？如何创建和管理日渐强大的开发者关系生态系统？在此应考虑的因素将包括 SDK、辅导、测试、分析、认证等开发支撑方面的因素，以及提高开发者社区成员意识的战略，如公共 API 目录、动态门户、支持、认证、创客马拉松、开发者会议等。

- **安全性**

  我们在生态系统中落实 API 平台时存在哪些安全性挑战？我们准备如何迎接这些挑战？需要考虑的因素包括：API 固有的安全漏洞、数据收集/保护/隐私、身份和访问管理挑战。我们如何在 API 平台技术和流程中建立安全分层机制？

- **治理**

  我们必须如何调整治理和组织流程以应对 Open API 带来的风险和责任？考虑的方面应该包括：开发者管理、API 标准管理、API 产品管理，以及面向外部的性能管理。

- **收入流**

  API 平台可以创建或启用哪些新的收入流？这些收入流可能包括 API 使用许可、订阅、数据货币化等。

- **成本影响**

  落实 API 平台，如研发、数据架构投资、新的人才需求、增加支撑需求等，对成本会有什么影响？

- **基础设施影响**

  怎样改变底层网络和基础设施以支持 API 平台？这可能涉及增加安全性和隐私、改进数据管理、增加数据传输容量以及降低时延。

- **流程再造**

  流程再造需要哪些新流程，以及可以实现多大程度的自动化？API 平台将如何影响我们的业务运营？

除了以上问题，还需要考虑如下一些关键因素。

技术

需要关注的一些技术挑战，例如，具有高可用性的弹性动态扩展的云架构，以构建始终在线的 API 网关环境。根据应用的不同，它也可能需要极低时延的网络和自动化的性能管理和安全执行。

关键指标

需要关注的关键指标，包括实时 API 统计，将 API 使用情况按用户、请求、系统和地理位置分类。同时，性能指标也很重要，例如系统响应时间、跟踪收入分成以及从 API 获得的收入。性能指标的高效自动收集需要强健的安全性，因此最好在早期设计阶段就构建好。

关键流程

关键流程可能是双重的。为支持 API 平台高效运行，其中一套流程用于应对多租户负载平衡、分析、身份和访问管理、质量保证、安全执行和网关测试等挑战；另一套流程可能用于将 API 推广给第三方，包括创建专门的开发者推广渠道和社区开发渠道，例如创客马拉松，以及自助式开发者门户网站和流程，通过适当的治理构建 API 生态系统。

关键技能

除了明显需要 API 领域专家之外，运营商还需要建立一种专业知识的共享社区，便于开发者群体了解 API，并能轻松使用 API 平台。

转型旅程 5：从有限的传统产品服务组合向多元的数字化服务组合转型

在此转型旅程中，运营商将学习如何有效扩大服务组合并超出目前的范围。运营商必须学习如何识别哪些服务领域最适合他们的能力，并最终对自身的运营进行转型，从而能够有效地管理多样化的服务组合，如图 34 所示。

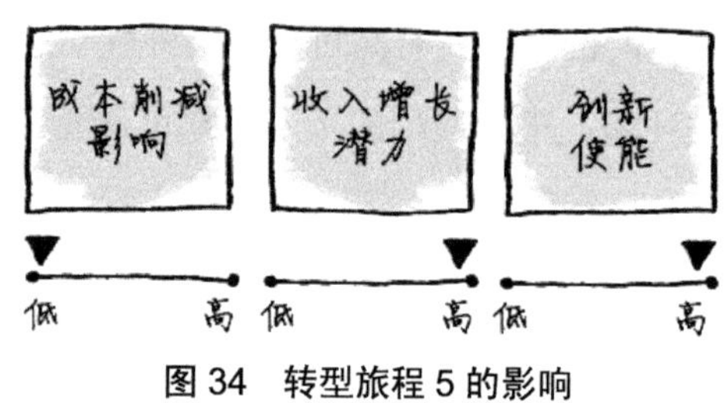

图 34　转型旅程 5 的影响

这一转型旅程最具推动新收入的潜力。同时，通过接触新服务机会和新市场思维模式，它还能促进组织的创新。

这个话题在第七章中已有阐述，这里就不再赘述。

转型旅程 6：从有限的供应商向活跃的合作伙伴生态系统转型

从有限的供应商关系演进到充满活力的合作伙伴生态系统，运营商需要从根本上转变自己参与和管理合作伙伴生态系统的方式。从根本上说，虽然这是组织内部的过程和思维方式的变化，但也可能会对技术产生影响，如图 35 所示。

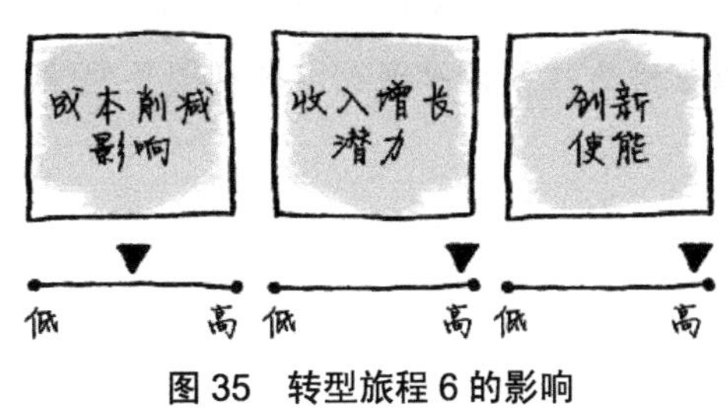

图 35　转型旅程 6 的影响

通过有效管理合作伙伴生态系统，运营商能在一定程度上降低成本。有效管理生态系统的主要好处是可以在不显著增加成本的情况下推动收入增长，并且可以借助合作伙伴逐步推进创新变化。

进行这一转型旅程时，必须考虑以下方面的关键问题。

- **对销售组织的影响**

  成为“生态系统玩家”将如何影响销售组织的规模、地点和销售角色？这将如何影响销售奖励制度？

- **“玩家”进入生态系统的速度**

  对不同类别的合作伙伴进入新生态系统的速度有何期望？需要考虑由标准化的区块链促成的“智能合约”在未来会如何发挥作用？

- **精益流程再造**

  精益流程再造在多大程度上需要使用精益技术来重新设计流程，以便能够全面参与生态系统？

- **客户管理**

  设想如何在多方服务交付链中管理客户？需要考虑运营商在生态链中扮演次要

角色、提供二线或三线支持的情况。

- **解决冲突**

  如何处理（运营商参与的）合作伙伴服务与内部服务发生直接冲突的情况？需要考虑新兴服务以某种方式损害了现有可盈利服务的情况。

- **集成**

  什么级别的自动化、自助服务，甚至自主操作是可行的，并将在每个客户消费历程的服务交付和管理中出现？

- **API 策略**

  如何管理现有的 API 要求以建立更有效的生态系统？API 生态系统发展的业务和技术路线图是什么？

- **灵活的商业模式**

  如何为生态系统服务选择合适的商业模式？是否正在使用 Design Thinking 技术和 A/B 测试来开发和完善商业模式？需要考虑持续衡量商业模式的有效性并预测未来商业模式的有效性。端到端价值链或价值网络中有哪些重要控制点？我们如何利用自己的商业模式控制点，以便与生态系统合作伙伴协商可持续发展的商业模式？

- **红线问题**

  生态系统会涉及哪些红线问题？计费、品牌、支持等都可能是红线问题，可能需要在生态系统内的每一个伙伴关系中加以捍卫。应该从战略的角度考虑红线问题及其界限，每个人都应该知道并能够辨别红线问题。

- **客户数据策略**

  生态系统中的数据管理策略有哪些？存在哪些特殊的数据要求，以及这些要求对数据架构有何影响？关于主要客户身份/标识的策略是什么？如何提供客户单一视图（SVC，Single View of the Customer），以便在合作伙伴生态系统中实现无缝的客户自助服务和支持体验？如何用好优化的数据分析结果，以及将采用哪些新的平台或业务发放指标？

- **退出策略**

  从生态系统伙伴关系中退出，或停止提供某种合作伙伴关系产品的机制是什么？需要考虑知识产权、持续支持、历史数据所有权等问题。在引入合作伙伴过程中，所有这些考虑项都应该是透明的。

除了以上问题，还需要考虑如下一些关键因素。

技术

为了充分参与这一转型旅程，我们需要高度依赖 Open API 平台的开发。运营商需要培养一系列技术能力，包括高级分析能力、人工智能和深度学习能力、自动化和预测数据驱动能力。所需技术能力还包括安全 API 服务和微服务的开发和集成，呼叫中心技术以及移动和物联网应用程序的开发和集成（能通过移动服务来购买和使用物联网设备服务）。

关键指标

大部分关键的新指标，例如实时 API 统计，将 API 使用情况按用户、请求、系统和地理位置分类。同时，性能指标也很重要，例如系统响应时间、跟踪收入分成以及从 API 获得的收入。另外，生态系统合作伙伴引入的速度和满意度测量也都是重要的指标。

关键流程

关键流程可能是双重的。其中一套流程用来支持生态系统平台的有效和高效运作，如合作伙伴的便捷和快速引入、合作伙伴的 API 使用、易于集成到关键系统（如计费、订单管理等），这将高度依赖 API 平台的有效跟踪性能；另一套流程涉及最大限度地提高不同生态系统合作伙伴的回报，并确定增加投资或终止生态系统伙伴关系的时间。在各产品和营销中，都需要集中的业务智能流程，以支持多个合作伙伴的发展和维护。

关键技能

除了构建和管理多方生态系统的明显的技能之外，这一转型旅程还需要人工智能和用户界面/用户体验（UI/UX）设计方面的顶尖人才。数字营销技能也非常重要，这需要数据科学家、数据架构师、机器学习和分析/数据驱动技术方面的专家组成的团队提供支持。

转型旅程 7：从有限的商业模式向运用多种商业模式转型

这一转型旅程的关键不是定义新的商业模式，而是要培养必要的运营和 IT 灵活性，以便运营商能够在适当的时间无缝地支持新的商业模式，从而使特定的服务取得成功。我在本书中多次提过，错误的商业模式会扼杀一个可能成功的服务，而正确的商业模式可以将一个普通的想法变成世界一流的服务，如图 36 所示。

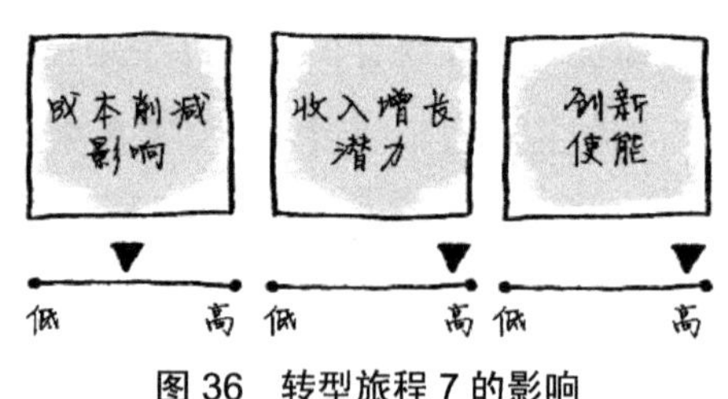

图 36 转型旅程 7 的影响

如果转型成功，这将会对成本削减、收入提升和创新支持这三个维度产生切实的影响。关于成本削减，通过尝试采用从未使用过的商业模式，能够避免组织目前所经历的惩罚性 IT 和流程成本。而这一转型旅程成功的主要原因是通过快速转向所需商业模式，能够带来巨大的收入增长，并且通过较小的变更成本去自由探索其他商业模式而获得创新能力。这些条件最有可能适用于基于数字服务平台架构的新型商业模式，从而实现新业务的快速发展。

互联网和软件业务在构建、测试和提炼新的价值创造和价值获取来源方面已经有了相当大的创新，表 24 列举了与新型数字化服务相关的一些例子。

表 24　当前流行的价值创造和价值获取模式

价值创造模式		价值获取模式	
价值创造模式	**多边市场**：各种服务的供应商和消费者可以通过有效匹配供求的方式进行交易	价值获取模式	**授权许可**：支付许可费用以获得使用解决方案或其组件的权利
	免费增值服务：基本服务可免费使用，但连续使用或使用高级服务时需付费		**优质服务**：因为具有差异化、非商品化的优势，因而可溢价销售
	计量使用：服务消费与其费用成正比		**应用内购买**：通过应用程序内的购买行为产生收入份额
	广告：将消息精准地推送给需要服务的用户，精准匹配用户的个人资料、兴趣或偏好		**软件订阅**：定期支付订阅费以使用服务
	数据分析：基于对所采集的数据进行处理和分析，创建新的产品和服务		**剃刀模式**：购买某个解决方案的一部分，后续需要定期补充付费才能获得完整方案
	捆绑：对一组服务单位收取固定费用，而不考虑实际的服务消费		**成果定价**：根据达成的议定结果收取服务费
			会员制：定期支付会员费以使用服务或资源
	垂直集成：将多个公司的能力、流程和资产进行组合集成，提供单一服务		**差别取价**：根据需求动态更改价格，以提高服务收益
			交易费用：每次交易服务时都支付服务费用

进行这一转型旅程时，必须考虑以下方面的关键问题。

- **商业模式的范围**

  预计在短期到中期内有哪些可选商业模式？如何支持多种商业模式的运作却尽量不增加复杂度和成本？这是我们短期内应重点关注的内容，而不应让它长期限制我们的灵活性。

- **对数据策略的影响**

  商业模式灵活性对于以数据为中心的战略意味着什么？带来的影响包括“数据无处不在”的思维方式的应用、迭代和数据主导的创新、更深层次的合作伙伴关系、更加横向的合作以及首席信息官（CIO，Chief Information Officer）的职责变化。同时，它还需要新的数据科学专业知识，以及数据安全/保真度、可视化工具和多维度情境感知的客户分析能力。

- **数据治理和文化**

  为了确保需要数据的人可以随时随地访问最新数据，应该如何调整数据治理和组织流程？需考虑的数据治理，一般包括沟通扁平化设计，以及带有上下文和位置敏感的基于角色的访问控制（RBAC，Role-Based Access Control）的集中式数据访问。

- **数据货币化**

  作为商业模式设计的核心，组织对于数据货币化的态度是什么？它是如何与各个运营辖区的隐私法规相平衡的？应当考虑在这方面提供公司指导，包括明确的指导方针和参与规则。

- **财务治理**

  商业模式转型将如何影响我们现有的财务治理流程？我们对审批速度的期望是什么？如何使用基于角色的访问控制（RBAC，Role-Based Access Control）来管理审批授权，从而提高商业模式的灵活性？在收入份额、所需短期投资回报率等方面有哪些准则？

- **对待风险的态度**

  对战略风险、战术风险有什么判断？从业界的商业模式转型失败案例中学到了什么？组织内有关部门需要明确可接受的风险范围和授权的职权界限。

- **网络基础设施的影响**

  怎样改变底层网络和基础设施以支持灵活的商业模式？对自动化安全性、快速交付能力和云架构有哪些要求？

除了以上问题，还需要考虑如下一些关键因素。

技术

要参与这一转型旅程，将需要强大的分析平台和工具，并支持特殊分析和预测分析。有必要为一线员工开发简化的界面和可视化工具。建立先进的商业模式，需要广泛地部署人工智能技术，并构建能够实时评估商业模式性能的系统。与其他转型旅程一样，开放式集成API层将促进利用第三方能力，并允许通过第三方实现核心数据的货币化。

关键指标

关键指标将自动聚焦特定商业模式的性能，通过数据驱动方式实现商业模型的改进和转变。这些指标可能包括网站分析，如点击率、布局动态、网站停留时间和跳出率；行为分析，如交互指标、网站使用指标和微分段；以及财务指标，如每用户收入和每次交互收入等。此外，还需要开发A/B测试指标，用以支持商业模型假设检验和假设验证。

关键流程

这一转型旅程将涉及的关键流程包括商业模式批准、定价、收入分成准则、所需的短期投资回报率等财务治理流程，以及简化数据使用审批的新流程。

关键技能

毫无疑问，这一转型旅程将需要在整个组织中建立大数据和流程再造等专业能力。还将需要培养以数据为中心的文化，对关键人员进行再培训，使用数据和分析。对于可接受的风险承担水平，需要组织自上而下地支持和清晰认识。还需要跨组织的法规专业能力，了解可允许的数据使用。

转型旅程 8：从传统运营商的组织和文化向数字化的组织和文化转型

从传统的运营商组织和文化，演变到更具创新性和灵活性的未来运营商组织和文化，这是对绝大多数运营商最有挑战的转型旅程。这一旅程的目的是了解和设计目标文化和组织，然后绘制一条通向目的地的路线，如图 37 所示。

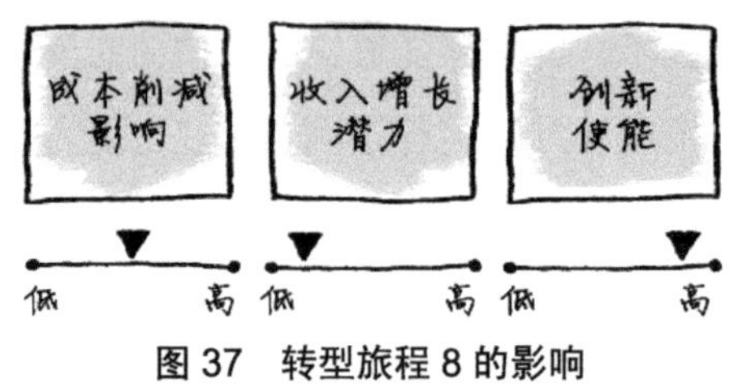

图 37　转型旅程 8 的影响

假设公司在转型中削减劳动力，那么这个转型肯定会提高组织的效率，并有助于控制组织成本。但是在一些国家，由于严格的劳动法和强大的政府影响力，运营商不会有这样的灵活性。文化和组织转型对收入增长的直接影响相对较小，但最终会建立一个更加敏捷、创新和灵活的组织，组织技能能够满足数字经济的需求。

进行这一转型旅程时，必须考虑以下方面的关键问题。

- **过渡战略**
  从当前状态向以数字为中心的组织结构、文化和劳动力过渡的策略是什么？最重要的初始推动力之一是在每个组织层面建立成熟的数字化领导骨干，重点关注良好的领导沟通。还需考虑如何循序渐进地通过岗位整合、工会谈判和知识管理等过渡到未来的组织设计。另外，为促进过渡，还需要哪些奖励机制？
- **技能概况**
  需要什么样的新技能，在哪里以及如何获得这些技能？除传统招聘方式外，还应考虑到创客马拉松、再培训、数字能力发展计划、教育伙伴关系和战略人才招聘等。另外，还需要什么样的职业发展框架和教育伙伴关系？

- **“数字文化”的价值**

  “数字文化”（Digital Culture）将如何提升我们的业务和长期股东价值？提高运营模式生产力、增加数据使用率、促进以客户为中心、提升客户互动的敏捷性、加强安全意识和创新能力等，都是实施“数字文化”的潜在价值。然而，重要的是要清楚组织“数字文化”在价值、行为、流程、政策、关键利益相关者关系和工作环境等方面如何体现。这些方面都需要相互保持一致，并符合数字化转型整体战略的要求。

- **商业案例**

  是否有明确的商业案例指导变革，以及如何量化组织和文化转型后的收入增长、创新增长或成本削减？商业案例中的关键因素可能包括裁员、缩短产品开发周期、缩短获利周期、加快以客户为中心的反馈循环以及测试版本发布。我们是否也了解在培训和留住现有人才、招聘新人才或建立长期人才合作方面的成本变化？延迟的机会成本是多少？

- **运营模式影响**

  应如何调整运营模式（流程再造、新指标和治理等）？有相关的数字化优先（阿里巴巴、谷歌、Facebook 等）度量标杆吗？性能预期变高了吗？薪酬计划需要重新设计吗？

- **员工士气管理**

  如果我们向减少劳动力的方向转型，该如何保持员工士气和生产力？

除了以上问题，还需要考虑如下一些关键因素。

技术

虽然这绝对不是一个技术转型旅程，但是仍然会有一些相对较小但重要的技术问题需要解决，比如实施企业知识管理平台和职业档案工具，帮助员工识别技能差距，实施学习平台并提供大型开放式网络课程（MOOC，Massive Open Online Courses）、相关的在线学位和其他在职培训工具。另外，还可以借助职业智能工具，帮助分析转型路线图每个阶段中组织的招聘趋势和能力成熟度差距。

关键指标

关键指标包括员工再培训基准，衡量员工每年的培训时间和已完成的课程数量。随着转型的进行，员工士气的评估将是一个越来越重要的指标。需要不断追踪转型组织的技能路线图，以确保它不会制约运营商的数字化能力成熟度发展。

关键流程

这一转型旅程中，很可能逐渐通过小型、临时团队来开创敏捷的数字文化。建立新的创新流程，为大型组织孵化敏捷流程和伙伴关系。这一旅程还将要求运营商采用 DevOps、精益、Design Thinking 流程和方法。

关键技能

组织和文化的转型旅程无疑需要对组织结构和技能现状进行重大变革。组织很可能变得更小、更扁平，“孤岛式”人才减少，复合型人才增加。“快速试错”（Fast Failing）等概念在数字文化中可能变得更为重要，这也需要更多的“颠覆性技能”来颠覆组织原有的各个“孤岛”部门。

转型旅程 9：从关注传统渠道向多市场渠道转型

随着数字化服务组合扩展到多个垂直行业市场，数字化运营商将需要开辟新的市场渠道，以实现收入最大化。这些渠道可能是以某个特定的垂直行业市场为基础，可能需要新的运营流程和员工激励方式，以及新的途径来对齐业务标准与垂直市场预期，而不是墨守成规，如图 38 所示。

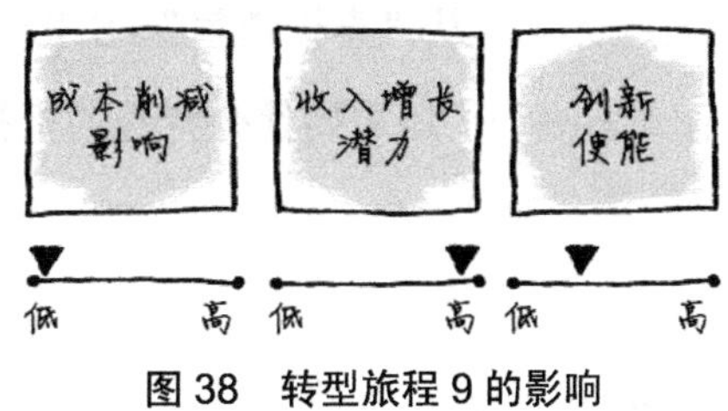

图 38　转型旅程 9 的影响

这一转型旅程的重点并不是削减成本，尽管通过其他渠道更有效地销售可能会出现一些降低成本的机会。该转型的重点是开拓可能存在的长尾收入，通过更广泛的渠道提供现有服务，并通过开放更适合新型数字化服务的新渠道来增加收入。开辟新渠道可能会带来新机遇，有助于促进创新。

进行这一转型旅程时，必须考虑以下的关键问题。

- **零售策略**

  在运营商的渠道转型中，零售将扮演什么样的角色？需要考虑的因素包括：通过零售来推动改变品牌认知，以及子公司零售在不同垂直市场服务的品牌推广。

- **发展战略**

  建立和实施多渠道销售方式的发展战略是什么？如何开始并确保成功？是否考虑到通用产品目录的作用，以及集中化数据和营销资产将带来的挑战或益处？

- **客户数据策略**

  全渠道销售的数据策略是什么？存在哪些特殊的数据要求，这对数据架构有何影响？对于主要客户身份/标识的策略是什么？如何用好优化的数据分析结果，以及采用哪些新的平台或业务发放指标？

- **特定服务渠道**

  需要开发哪些非运营商渠道，最大限度地提高新型数字化服务的回报率？例如，利用医疗保健零售渠道（如药店）出售运营商电子医疗服务，或者利用汽车零售渠道出售车联网服务——从“直接销售”（Sell To）模式转为“特许销售”（Sell Through）模式。另外，还需要什么特殊的折扣体系和激励机制来发展特定服务渠道？

- **低成本渠道**

  为实现现有服务的长尾销售，应推行哪些低成本渠道？未来将如何使用和激励渠道？

- **社交网络**

  社交网络未来将在运营商与客户、运营商与社会的接触中扮演什么样的角色？社交网络会成为销售渠道，还是会成为促销和品牌提升机制？会在企业社会责任中发挥作用吗？

- **技术策略**

  多渠道销售策略涉及复杂的合作伙伴生态系统和普遍深入的客户自助服务，需要哪些新技术来支撑？人工智能、数据分析、增强的安全性和移动应用程序开发都可能发挥重要作用。此外，在全渠道客户自助服务转型中，呼叫中心的使用情况会有什么变化？会带来什么样的技术影响？

- **电子商务策略**

  作为数字化运营商，电子商务策略将如何改变？为支持这一战略需要进行哪些投资？对于自助型交易、数字化服务/软件销售流程、销售/运营即服务（SOaaS，Sales-support and Operations as a Service）新模式，其定位和价值是什么？

- **跨业务连锁反应**

  多渠道策略将如何影响业务的其他领域？例如促进数据驱动的营销，重新定义 IT 流程（安全性、数据治理、网络管理），为客户服务和支撑团队、客户导向的工程或产品团队提供自助支持和多渠道支持等。

- **商业案例**

  怎样估量多渠道策略对总体收入和净利润的影响程度？如何量化降低的运营

开支等？

- **专有销售团队**

  这一转型旅程对我们的专有销售团队的水平和技能有什么影响？需要考虑的因素包括团队人数减少、重心由 B2C 向 B2B 技能转移等。

除了以上问题，还需要考虑如下一些关键因素。

技术

为了参与这一转型旅程，运营商将需要培养一系列技术能力，包括高级分析能力、人工智能和深度学习能力，以及自动化和预测数据驱动能力。其他需要的技术能力包括，开发和集成 API 服务和微服务、呼叫中心技术，以及移动应用程序。

关键指标

向多渠道转型的旅程将需要能够有效衡量宣传活动和客户向上或交叉销售效果。指标还应包括近实时地评估渠道有效性的能力，以及在所有网络和移动平台上测量客户活跃度和点击流的能力。另外需考虑的是，客户（包括企业和消费者）将如何连接到物联网？连接频率如何？

关键流程

除了后台架构建立、数据整合和前端体验创造等与销售效益有关的关键流程外，这一旅程还将要求运营商利用敏捷、DevOps、设计思维和精益过程及方法。产品和市场营销需要集中的业务智能流程，用以支持多种渠道的开发和维护。还需要流程来支持客户微细分和管理，以及数据驱动的预测营销和支持。

关键技能

除了销售和伙伴关系发展需要的明显的技能之外，这一转型旅程还需要人工智能、聊天机器人、UI/UX 设计等方面的顶尖人才。数字营销技能也非常重要，这需要数据科学家、数据架构师、机器学习和分析/数据驱动技术方面的专家组成的团队提供支持。

转型旅程 10：从单维度客户关系管理向 360° 全渠道客户体验管理转型

从单维度的客户关系管理向 360° 全渠道的客户体验管理转型，我认为许多运营商已经开启了这条转型旅程。这一旅程给运营商的几乎所有方面都带来了变化，涉及系统、流程、数据管理和文化等诸多方面，如图 39 所示。

由于能够更有效地促进客户关系管理，这一转型旅程无疑将有助于运营商削减成本。不过，这一转型带来的真正影响将是增强客户接触、减少客户流失和提升交叉销售和向上销售的机会，并最终带动潜在的收入增长。

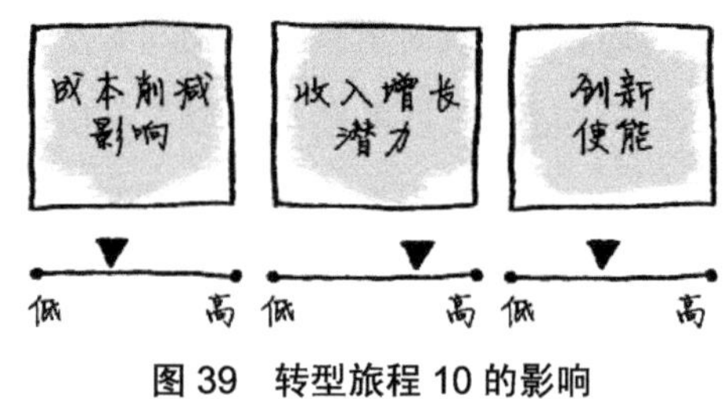

图 39　转型旅程 10 的影响

进行这一转型旅程时，必须考虑以下方面的关键问题。

- **价值主张**

  是否清楚地表达出这一转型将给运营商和客户带来的价值？通过数据分析获取信息，是否专注于提供平滑一致的端到端客户体验，并能实现更主动的客户关系管理？是否期望这种转型能够提供更高的每用户平均收入（ARPU，Average Revenue Per User），或更高的运营效率，或两者兼而有之？我们能以某些方式量化这些指标吗？

- **发展战略**

  建立和实施全渠道平台的发展战略是什么？如何开始并确保成功？是否考虑了以 API 为主导的架构重构、业务逻辑共享、产品服务目录简化、数据集中化和资产市场化将带来的挑战或益处？

- **客户数据策略**

  全渠道客户接触的数据策略是什么？存在哪些特殊的数据要求，以及这对数据架构有何影响？对于主要客户身份/标识的策略是什么？如何用好优化的数据分析结果，将采用哪些新的平台或业务发放指标？每个运营管辖区内的隐私监管框架将会是什么？

- **货币化**

  计划如何从全渠道平台中获取收入？数据货币化策略是什么？如何利用交叉销售和向上销售的机会？在开发电子商务、视频、存储等附加服务时，我们将采用哪些策略？

- **跨业务连锁反应**

  全渠道平台将如何影响业务的其他领域？例如促进数据驱动的营销，重新定义 IT 流程（安全性、数据治理、网络管理），为客户服务和支撑团队、客户导向的工程或产品团队提供自助支持和多渠道支持等。

- **商业案例**

  如何量化减少的运营支出、降低的客户流失（更少的客户获取和市场营销成本）、客户关系管理（CRM）整合和端到端（E2E）流程自动化等？

- **用户界面和体验设计**

  构成用户界面增值体验的不同元素是什么？如何利用单页面应用、响应式设计、跨多渠道服务接触点的直观导航、个性化、统一营销、虚拟代理、预测支持和自助门户？

除了以上问题，还需要考虑如下一些关键因素。

技术

为了参与这一转型旅程并深入了解客户体验历程，运营商需要培养一系列技术能力，包括高级分析能力、人工智能和深度学习能力，以及自动化和预测数据驱动能力。

关键指标

向全渠道客户体验转型的旅程将需要能够以比净推荐值（NPS，Net Promoter Score）更有意义的方式来有效地衡量客户满意度，包括对客户流失倾向的预测分析等。度量指标还应当包括衡量客户获取、参与度、特殊客户的数量、客户保有量、活跃度和点击流。

关键流程

除了后台架构建立、数据整合和前端体验创造等与客户体验管理有关的关键流程外，这一旅程还将要求运营商利用敏捷、DevOps、设计思维和精益过程及方法。产品和市场营销需要集中的业务智能流程，用以支持 360° 客户管理渠道的开发和维护。还需要流程来支持客户微细分和管理，以及数据驱动的预测营销和支持。

关键技能

除了客户管理需要的明显的技能之外，这一转型旅程还需要人工智能、聊天机器人、UI/UX 设计等方面的顶尖人才。敏捷、DevOps、精益、设计思维、数字营销技能也非常重要，这需要数据科学家、数据架构师、机器学习和分析/数据驱动技术方面的专家组成的团队提供支持。

致谢

图书创作并非仅凭作者一己之力就能完成，其他人的鼓励、支持和贡献也至关重要。

首先，我要衷心感谢编辑 Aileen Smith，她的不懈努力使本书更加完美——她长期参与核心技术研究，并持续关注本书的写作，确保书中信息的相关性和简洁性。我还要感谢许多评审专家：David Mohally、赵波、吴建军、Martin O'Brien、Brendan Dillon、George Greenlee、Thierry Decae、Panagiotis Syros、Trevor Graham 和 Tim Croy。他们都无私地花费大量宝贵时间，确保本书整体内容和数字化服务分析的实效性和准确性。此外，我想向 David Trevitt 表达最诚挚的谢意，感谢他在多次审校中的辛勤付出，并给予了许多有价值的建议。

其次，我要感谢在过去几年中帮助我拓展写作思路的所有合作伙伴。感谢华为对于本书创作给予的极大支持，他们分享了华为 SPO 实验室业务研究团队过去两年的出色研究成果。感谢哈佛商学院的 Marco Iansiti 和 Karim Lakhani 教授，他们对数字经济的商业模式和数字化转型途径的研究做出了贡献。感谢 Dan Donahue 以及 Keystone Consulting 团队，他们对运营商的新型数字化服务机会进行了深入研究，成果斐然。还要感谢麻省理工学院“数字经济倡议”团队的 Marshall Van Alstyne 和 Geoff Parker，他们在平台商业模式上展现了卓越的洞察力。感谢埃森哲战略咨询公司（Accenture Strategy）的 Christian Kelly 与 Eddie Gonzales，两位对未来数字化运营商模式有深刻见解。感谢 TM Forum 的徐俊杰，他于 2015 年翻译了我的前一本著作《跨界与融合》(*Delivering the Digital Economy*)，在本书中文版的出版过程中也付出了诸多努力。

最后，我要感谢我的妻子 Carmel。如果没有她的慷慨支持，我不可能开始创作，更不可能完成本书。除了在本书写作过程中给我鼓劲、督导任务和提供参谋外，她还设计并绘制了书中所有精美的插图。